干旱荒漠区公路建设关键技术

包卫星 来弘鹏 张莎莎 郭 强 等 编著

人民交通出版社股份有限公司

北京

内 容 提 要

本书针对干旱荒漠区公路建设面临的问题，以新疆阿克苏至喀什高速公路、三岔口至莎车高速公路、清水河至伊宁高速公路、奇台至木垒高速公路等工程为依托，介绍了干旱荒漠区公路建设关键技术。本书共10章，主要内容包括绪论、干旱荒漠区高速公路勘测与设计、风积沙路基稳定性能、粗颗粒盐渍土路基变形性状、低液限粉土路基处治技术、天然砂砾路基压实质量控制、低标号沥青在高温地区的路用性能、砂岩用于沥青面层的路用性能、荒漠区高速公路运营安全控制技术、干旱荒漠生态脆弱区公路工程环境保护技术。

本书图文并茂，资料全面，参考性强，可供干旱荒漠区公路研究人员与勘察、设计、施工、检测等相关技术人员参考，也可作为高等学校岩土工程、路基工程等专业师生的学习用书。

图书在版编目(CIP)数据

干旱荒漠区公路建设关键技术 /包卫星等编著. —北京：人民交通出版社股份有限公司, 2019.12
ISBN 978-7-114-15863-6

Ⅰ.①干… Ⅱ.①包… Ⅲ.①荒漠—干旱地区筑路—道路建设—研究—新疆 Ⅳ.①U419.91

中国版本图书馆 CIP 数据核字(2019)第 227616 号

书　　名：	干旱荒漠区公路建设关键技术
著 作 者：	包卫星　来弘鹏　张莎莎　郭　强　等
责任编辑：	李　喆
责任校对：	赵媛媛
责任印制：	张　凯
出版发行：	人民交通出版社股份有限公司
地　　址：	(100011)北京市朝阳区安定门外外馆斜街3号
网　　址：	http://www.ccpress.com.cn
销售电话：	(010)59757973
总 经 销：	人民交通出版社股份有限公司发行部
经　　销：	各地新华书店
印　　刷：	北京虎彩文化传播有限公司
开　　本：	787×1092　1/16
印　　张：	15.75
字　　数：	304 千
版　　次：	2019 年 12 月　第 1 版
印　　次：	2019 年 12 月　第 1 次印刷
书　　号：	ISBN 978-7-114-15863-6
定　　价：	80.00 元

(有印刷、装订质量问题的图书由本公司负责调换)

《干旱荒漠区公路建设关键技术》
编著委员会

主　　编：包卫星　来弘鹏　张莎莎　郭　强

副 主 编：李　杰　寋永明　李茂文　王宏江　楚建勋

　　　　　贺建国　李海燕　薛　军　杜磊强　张建娟

编　　委：(排名不分先后)

　　　　　王　成　翁文忠　申爱琴　冯立群　杨新龙

　　　　　陈　锐　张崇新　李　鹏　曾　峰　李道红

　　　　　王正伟　冯　俊　杨　凡　魏红刚　刘　健

　　　　　刘宏超　杨志刚　马万飞　李廷斌　樊波波

　　　　　郭小龙　周　虎　李　宁　库洪涛　刘建军

　　　　　李　遽　刘长溪　董　玺　李　静

新疆位于欧亚大陆腹地,地形上具有"三山夹两盆"的特征,由北到南为阿尔泰山、准格尔盆地、天山、塔里木盆地和昆仑山脉,其中南疆的塔里木盆地坐落着我国最大的沙漠——塔克拉玛干沙漠。新疆属于典型的大陆性干旱气候,其冬季漫长寒冷,夏季短促炎热,春秋气候变化剧烈,冷热悬殊。由于远离海洋,四周又有高山阻隔,湿气不易进入,新疆部分地区的降雨量为全国最低。新疆地区日温差大,最大昼夜温差可达20~30℃,而年温差一般也在40℃以上,同时风大沙多,日照时间长,年均蒸发量远大于降水量。基于新疆独特的地理、气候和气象条件,使得筑路工作者在该地区修筑公路时需要做针对性和特殊性的研究。

本书以新疆阿克苏至喀什高速公路、三岔口至莎车高速公路、清水河至伊宁高速公路、奇台至木垒高速公路等工程为依托,采用现场踏勘、理论分析、数值模拟、室内试验与现场试验等手段,从干旱荒漠区公路勘测与设计、特殊性岩土路基稳定性评价、沥青路面使用性能、干旱荒漠区公路运营安全控制、环境保护技术等方面系统地对干旱荒漠区公路建设面临的相关问题进行了研究,主要成果如下:针对干旱荒漠区的自然环境特点、工程地质条件,将新的设计理念完全融入项目勘察设计中,合理掌握和灵活运用技术指标;揭示了风积沙路基变形及强度变化规律、风积沙路基结构长期性能的演变规律;提出了粗颗粒盐渍土的盐胀温度敏感区间、起胀含盐量和破坏含盐量、溶陷特性;提出了适合干旱荒漠区特点的低液限粉土路基修筑技术;得出了影响天然砂砾振动压实的主要因素,给出了适用于天然砂砾路基各种检测方法的评价标准;提出了修筑低标号沥青混合料路面的关键技术;给出了砂岩用于沥青面层的路用性能;提出了干旱荒漠区公路运营安全控制技术;总结了干旱荒漠生态脆弱区适宜的水土保持综合治理技术。

本书相关成果的研究得到了天山雪松计划、天山英才工程、新疆维吾尔自治区交通运输厅科技项目、新疆维吾尔自治区交通建设管理局科技项目的资助,同时也得到了长安大学、新疆路桥建设集团有限公司、新疆交通科学研究院、新疆维吾尔自治区交通规划勘察设计研究院、交通运输部干旱荒漠区公路工程技术交通行业重点实验室、交通运输部公路科学研究院、交通运输部科学研究院、山东省路桥集团有限公司、中铁二十三局集团有限公司等相关单位的大力支持与协助,在此表示衷心的感谢。另外,书中参考了部分国内外同行的有关论文、著作,引用和借鉴了他们的研究成果,在此一并表示感谢。

编著者
2019 年 10 月

目 录
Contents

第1章 绪论 ··· 001
  1.1 引言 ··· 001
  1.2 本书主要内容 ·· 002

第2章 干旱荒漠区高速公路勘测与设计 ·· 005
  2.1 综合勘察方法 ·· 006
  2.2 测量技术 ··· 007
  2.3 干旱荒漠区高速公路总体设计 ··· 008
  2.4 本章小结 ··· 019

第3章 风积沙路基稳定性能 ·· 021
  3.1 既有沙漠公路使用性能 ·· 022
  3.2 高速公路风积沙路基建设技术 ··· 030
  3.3 高速公路风积沙路基稳定性数值分析 ································ 033
  3.4 风积沙路基稳定性离心模型试验验证 ································ 043
  3.5 风积沙路基长期性能观测及演变规律分析 ·························· 048
  3.6 本章小结 ··· 053

第4章 粗颗粒盐渍土路基变形性状 ··· 055
  4.1 粗颗粒盐渍土的盐胀特性 ··· 056
  4.2 粗颗粒盐渍土的溶陷特性 ··· 062
  4.3 本章小结 ··· 077

第5章 低液限粉土路基处治技术 ·· 079
  5.1 低液限粉土物理力学性质 ··· 079
  5.2 低液限粉土改良技术 ·· 080
  5.3 改良低液限粉土稳定性离心模型试验 ································ 086
  5.4 改良低液限粉土路基变形数值分析 ··································· 090
  5.5 改良低液限粉土路基现场测试 ·· 093
  5.6 本章小结 ··· 095

第 6 章 天然砂砾路基压实质量控制 …… 097
6.1 天然砂砾颗粒组成 …… 097
6.2 天然砂砾振动压实影响因素 …… 098
6.3 天然砂砾路基压实效果离散单元法模拟 …… 102
6.4 天然砂砾路基压实质量检测与分析 …… 106
6.5 天然砂砾路基压实质量检测方法与评价标准 …… 116
6.6 天然砂砾路基压实质量快速检测技术 …… 122
6.7 天然砂砾路基压实质量快速检测技术评价标准 …… 129
6.8 本章小结 …… 130

第 7 章 低标号沥青在高温地区的路用性能 …… 131
7.1 低标号沥青结合料的优选及性能测试 …… 132
7.2 低标号沥青混合料配合比优化设计 …… 150
7.3 新疆高温区低标号沥青混合料抗车辙路用性能评价 …… 159
7.4 路面结构分析及寿命评估 …… 172
7.5 低标号沥青混合料在新疆高温区路面上的应用 …… 182
7.6 本章小结 …… 189

第 8 章 砂岩用于沥青面层的路用性能 …… 191
8.1 砂岩的物理力学性质 …… 192
8.2 砂岩沥青混凝土的配合比设计 …… 196
8.3 砂岩沥青混凝土试验段铺筑 …… 201
8.4 本章小结 …… 205

第 9 章 荒漠区高速公路运营安全控制技术 …… 207
9.1 道路安全性评价 …… 207
9.2 运营期安全保障 …… 217
9.3 本章小结 …… 218

第 10 章 干旱荒漠生态脆弱区公路工程环境保护技术 …… 219
10.1 干旱荒漠生态脆弱区水土保持综合治理技术 …… 219
10.2 干旱荒漠生态脆弱区水土保持监测技术 …… 225
10.3 干旱荒漠生态脆弱区水土保持对策 …… 232
10.4 本章小结 …… 234

参考文献 …… 235

第1章

绪论

1.1 引言

我国在平原地区修建高速公路技术方面取得了丰硕的成果,积累了宝贵的建设经验。进入21世纪后,我国高速公路建设重心逐步向中西部转移,而中西部干旱荒漠区地质灾害多发、气候条件恶劣、冰冻期长,项目建设条件十分复杂。干旱荒漠区特殊性岩土路基的稳定性、大温差区域路面的耐久性、干旱荒漠生态脆弱区环境保护等技术,成为公路建设者们必须面对的难题与挑战。新疆地域辽阔,占我国国土面积的16.7%,地形复杂,气候多变,极端高温和极端低温发生于多地的情况十分突出。随着国家"一带一路"倡议的逐步实施,新疆作为陆上"丝绸之路"的重要途径,其交通建设迎来重要发展机遇,截至2018年年底,新疆高速公路里程突破4800km。新疆属于典型的大陆性干旱气候,其冬季漫长寒冷,夏季短促炎热,春秋气候变化剧烈,冷热悬殊。基于新疆独特的地理、气候和气象条件,使得筑路工作者在该地区修筑公路时需要做针对性和特殊性的研究。

为破解干旱荒漠区公路建设的难题,新疆维吾尔自治区交通运输厅、新疆维吾尔自治区交通建设管理局于2010年陆续立项"利用风积沙修筑高速公路应用技术研究""粗颗粒盐渍土路用性能研究""新疆粉黏土地基处治技术研究""天然砂砾路基压实质量控制及快速检测技术""低标号沥青在干旱荒漠区的高温抗车辙应用研究""砂岩、石灰岩用于沥青面层的路用性能研究"等建设关键技术课题，依托新疆阿克苏至喀什高速公路、三岔口至莎车高速公路、清水河至伊宁高速公路、奇台至木垒高速公路等工程，联合科研、高校、设计、施工等单位就工程建设中的重大关键技术问题，共同攻关，以期形成干旱荒漠区高速公路建设核心技术。项目研究成果不仅对新疆高速公路的建设具有重要的指导意义，而且将进一步推动我国干旱荒漠区公路建设领域整体技术进步和技术标准体系的丰富与完善。

1.2 本书主要内容

本书针对干旱荒漠区公路建设中亟待解决的问题，以新疆阿克苏至喀什高速公路、三岔口至莎车高速公路、清水河至伊宁高速公路、奇台至木垒高速公路等工程为依托，采用现场踏勘、理论分析、数值模拟、室内试验与现场试验等手段，从干旱荒漠区公路勘测与设计、特殊性岩土路基稳定性评价、沥青路面使用性能、干旱荒漠区公路运营安全控制、环境保护技术等方面系统地对干旱荒漠区公路建设面临的相关问题进行研究，分别从以下4个方面有针对性地开展论述：

（1）干旱荒漠区高速公路勘测与设计典型案例分析

以阿克苏至喀什高速公路勘测设计为例，针对干旱荒漠区的自然环境特点、工程地质条件，通过采用遥感、工程地质调绘、钻探、原位测试及室内试验等综合勘察方法，以及航空摄影测量技术，结合戈壁荒漠区生态环境较为脆弱，环境保护及水土保持要求较高，长途行车驾驶员易疲劳和困倦等特点，将新的设计理念完全融入项目勘察设计当中，合理掌握和灵活运用技术指标。

（2）干旱荒漠区特殊性岩土路基稳定性评价

以新疆首次大规模采用风积沙修筑的高速公路项目——三岔口至莎车高速公路为依托，采用工程调研与资料调研相结合、室内试验与现场试验相结合、理论分析与数值分析相结合等技术手段，对风积沙路基整体强度变化规律、长期性能的演变规律进行分析，揭示风积沙路基结构长期性能的演变规律。针对粗颗粒盐渍土工程特性，紧密结合盐渍土地区公路建设的生产实践，通过大型模型试验，从土、水、盐、温、力5个方面对粗颗粒盐渍土的盐胀和溶陷特性进行研究，提出粗颗粒盐渍土的盐胀温度敏感区间、起胀含盐量和破坏含盐量，以及溶陷特性。通过对低液限粉土的物理力学性质、路用性能参数及其变化范围、改良加固方法及技术参数等方面的研究，提出适合干旱荒漠区特点的低液限粉土路基修筑技术，并通过对多种改良方案下路基变形情况的对比，总结低液限粉土改良路基的变形规律。针对天然砂砾的级配组成特性,基于现场试验的结果,得出影响天然砂砾振动压实的主要因素,给出适用于天然砂砾路基各种检测方法的评价标准。

(3)干旱荒漠高温地区抗车辙路面结构材料试验分析

结合新疆高温地区的气候环境状况,对低标号沥青及其沥青混合料在该地区的应用与推广进行研究,提出低标号沥青混合料路面修筑的关键技术。针对新疆很多地方缺乏优质面层集料的现状,进行砂岩材料的物理力学性质试验,给出砂岩用于沥青面层的路用性能。

(4)干旱荒漠区高速公路安全控制技术与环境保护技术

针对干旱荒漠区高速公路环境和气候特点,为保证项目建成通车后运营期的安全,提出干旱荒漠区公路运营安全控制技术。干旱荒漠区自然降水少,植被稀疏,水土流失严重,生态环境十分脆弱,以阿克苏至喀什高速公路为例,结合干旱荒漠区公路建设水土流失的特点及防治重点,总结干旱荒漠生态脆弱区适宜的水土保持综合治理技术。技术内容如图1.1所示。

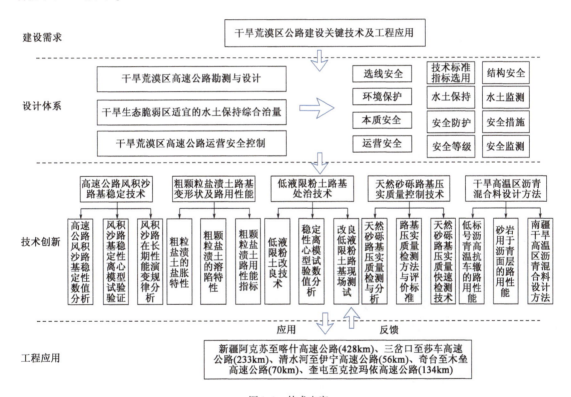

图1.1 技术内容

本书从以上多个方面对干旱荒漠区公路建设关键技术进行了全面深入的研究,对于降低建设工程造价、提高干旱荒漠区高速公路建设质量、保障公路安全运营都具有十分重要的社会经济意义,也可为其他类似工程的研究治理提供一定的借鉴和思路,具有重要的理论意义和工程实践价值。

第 2 章

干旱荒漠区高速公路勘测与设计

阿克苏至喀什高速公路是国家高速公路网连云港至霍尔果斯高速公路吐鲁番至和田及伊尔克斯坦联络线的一段,也是亚洲公路网和新疆干线公路网的重要组成部分。项目位于新疆维吾尔自治区塔里木盆地北缘的阿克苏、阿图什、喀什 3 座新疆南疆重要的极具发展潜力的新型城市,是南疆公路干线交通的重要节点。同时,该项目是中国内陆通往中亚、欧洲的又一条重要通道,在国家高速公路网中占据重要地位。

公路沿线大部分地区为戈壁荒漠区,植被稀少,生态环境较为脆弱,环境保护及水土保持要求较高;沿线自然景观单调,长途行车驾驶员易疲劳和困倦,从行驶交通安全角度出发,结合该项目特点,总体设计方案应以安全适用、保护环境、景观协调、经济合理为原则,坚持"以人为本""安全、环保、节约、和谐"的设计指导思想。在勘察设计过程中,重点突出以下设计理念:

(1)处理好人、车、路的关系,提高道路使用的安全度。
(2)处理好规划与总体方案的关系,保证方案完善、合理。
(3)服务社会、保护环境。
(4)合理掌握和灵活运用技术指标,提高道路的服务水平。

(5)处理好建设与环境保护、水土保持等各方面的关系。

(6)树立全寿命周期成本的理念。

2.1 综合勘察方法

该项目位于塔里木盆地与天山山脉之间的天山南麓山前冲积、洪积平原地带,路线总的走向为由东向西,总体地势为北高南低,由北向南倾斜,地表多为砾石土,地表自然横坡为0.5%~3.0%,局部靠山较近,地表横坡为5%~10%,地表植被较少。路线经过地区地形地貌主要有冲洪积扇、冲洪积扇前倾斜平原、冲积扇平原及微丘等。沿线地形开阔,地势变化较小,大部分路段为戈壁沙漠,仅在西克尔、巴甘、阿图什市、喀什市呈绿洲景观。

路线沿线地表水流主要有通古孜阿格孜河、巴甘河、博古孜河、恰克玛克河。沿线水系主要发源于天山南坡,由天山冰川融水和低山暴雨径流混合形成,洪水发生在每年的6~9月份,属次稳定性河流。沿线地下水主要为第四系松散岩类浅层滞水和半承压水。在山前冲洪积扇及扇前倾斜平原区,地下水的埋藏较深,在下游山前冲洪积扇前平原区及绿洲区,地下水的埋深较浅。路线经过地区勘探深度范围内主要为第四系松散沉积物及第三系沉积岩。

路线经过地区主要不良地质及特殊性岩土为泥石流、沙土液化及盐渍土、湿陷性土、软弱土。通过采用遥感、工程地质调绘、钻探、简易勘探、原位测试及室内试验等综合勘察方法,查明了路线经过地区不良地质及特殊性岩土的分布范围及发育特征,路线沿线及桥涵构造物地基的地质结构、工程地质及水文地质条件,准确提供了工程和基础设计、施工所必需的地质参数。

(1)在方案研究阶段,采用遥感解释手段,对测区工程地质条件进行解释,为公路选线提供宏观和直观的依据。

(2)路线 K1302~K1326 段发育多处泥石流。对于泥石流的勘察,在遥感解释的基础上进行工程地质调绘,并结合钻探、挖探等手段,查明泥石流的类型、分布、规模、成因等,为道路选线及桥涵结构物的设置提供地质依据。

(3)项目所在区域地震烈度为Ⅷ度,地震动峰值加速度为 $0.20g$、$0.30g$。沿线部分路段地下水位较浅,埋深 20m 以内存在砂类土及饱和粉土。通过勘察,根据现场原位测试及室内试验成果对饱和粉土、砂类土进行液化判别,判定其液化等级,为桥梁桩基设计及填方路基地基处理提供了依据。

(4)沿线主要的特殊性土为盐渍土。对于盐渍土的勘察,沿路线纵向布置勘探点,一般间距不超过 500m,在盐渍土地表特征有明显变化路段加密勘探点。盐渍土取样自地表往下按 0~0.05m、0.05~0.25m、0.25~0.50m、0.50~0.75m、0.75~1.00m 逐层连续取样。根据试验成果，判定沿线盐渍土的类别及等级。

(5) 路线 K1404~K1420 段存在湿陷性粉土。对于湿陷性粉土的勘察主要采用钻探、坑探的勘察方法，采取原状土样进行湿陷试验分析，并根据试验结果计算其湿陷量，判定湿陷等级。

(6) 沿线局部路段地势低洼，雨季易积水，易形成浅表层软弱土。对于软弱土的勘察主要采用简易勘探(麻花钻)的方法，查明了软弱土层的厚度。

2.2 测量技术

2.2.1 1:2000 地形图航空摄影测量技术

针对严酷的工作环境、工期紧、线路长等工作难题，若该项目采用常规的 1:2000 地形图测量技术，则难以满足设计、施工的要求。因此，采用了航空摄影测量技术(图 2.1)，通过该项目的实践，体现了航空摄影测量技术在干旱荒漠区开展测量工作的优势，主要集中在以下几个方面：

(1) 大大缩短了出图时间，工作效率高，降低了生产成本。

(2) 降低了测量技术人员外业工作强度，把工作重心由外业工作转到内业工作。

(3) 影像记录的物体目标客观、信息丰富、图像清晰，可以比较方便地获得所需要的几何或物理信息。将影像信息作为制图的依据具有非常突出的优势。地形图精度高，客观逼真。

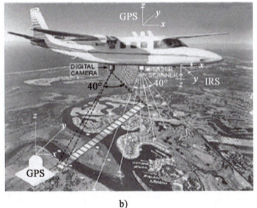

图 2.1 航空摄影测量

该项目成功应用航空摄影测量技术，既满足了设计、施工对地形图的精度和工期的要求，又降低了作业成本和测量外业工作强度。

2.2.2 具有抵偿高程面的任意带坐标系技术

该项目测区高程在1060～1490m之间,高差约430m。为满足测区内投影长度变形值不大于2.5cm/km的要求,平面控制网坐标系统采用"阿喀高速公路抵偿坐标系",椭球半径$R=6378137$m,扁率$=1/298.257223563$,测区中心坐标为$X=4425000$m,$Y=248000$m。第三合同段"阿喀高速公路抵偿坐标系"分为"阿喀7712-1200抵偿坐标系"和"阿喀7626-1360抵偿坐标系",具体参数见表2.1。

"阿喀高速公路抵偿坐标系"参数 表2.1

坐标系名称	坐标系应用范围	抵偿面高程(m)	中央子午线	高程系统
阿喀7712-1200抵偿坐标系	K1302～K1372	1200	77°12′	1985 II 国家高程系统
阿喀7626-1360抵偿坐标系	K1372～K1454	1360	76°26′	

2.3 干旱荒漠区高速公路总体设计

2.3.1 合理选用技术指标

阿克苏至喀什高速公路顺接库尔勒—库车—阿克苏高速公路,推进了吐鲁番至喀什国家高速公路通道的形成,优化了区域公路网格局。从近期看,将有效地推动项目沿线社会经济持续平稳发展,推进高速公路网络效益整体的发挥,使得地州市之间及地州市与乌鲁木齐之间安全、舒适、高效、便捷的联系,进一步推进南疆三地州区域经济持续快速发展;从远期看,待全线高速公路通道贯通后,交通发展潜力较大,因此在技术标准的选择上,应充分考虑远期交通需求(该项目2033年预测交通量为32211pcu/d)。由于路线走廊带资源的不可再生与珍贵,为避免公路重复建设再次占用,技术标准选择应适当超前。同时,根据沿线地形条件,该项目位于塔里木盆地与天山山脉之间的天山南麓山前冲积、洪积平原地带,沿线地形比较平缓,属平原微丘地区,总的地势为北高南低,自然降坡比较小,因此,该项目设计速度拟采用100～120km/h。

综上所述,根据该项目工程可行性研究报告结果以及该项目在国家高速公路网中的功能、作用,并结合区域社会经济特点、沿线地形条件,经通行能力及服务水平分析,该项目起点K1025+415～K1420+100路段按双向四车道高速公路标准建设,设计车速采用120km/h,路基宽度采用28m;K1420+185～K1454+250路段(路线终点)对原有国道314线进行封闭,按双向四车道高速公路标准建设,设计车速采用100km/h,路基宽度采用25.5m;K1420+100～K1420+185路段,路基宽度由28m渐变为25.5m,渐变率为1/34。各路段技术标准见表2.2,主要技术指标采用情况见表2.3。

各路段技术标准一览表　　　　　　　　　　　　表2.2

路　段	公　路　等　级	设计速度(km/h)	路基宽度(m)	路段长度(km)	备　注
起点～阿图什东 (K1025+415～K1420+185)	高速公路	120	28	394.77	新建段
阿图什东～喀什 (K1420+185～K1454+250)	高速公路	120	25.5	34.065	利用G314线进行"一改高"
合计		428.835			—

主要技术指标采用情况一览表　　　　　　　　　　表2.3

指标名称		单位	规范值		采用值		备注
公路等级			高速公路		高速公路		
设计速度		km/h	120	100	120	100	—
路基宽度(整体式)		m	28	25.5	28	25.5	—
平曲线一般最小半径		m	1000	700	2000	810	—
平曲线极限最小半径		m	650	400	—	—	—
不设超高的平曲线最小半径		m	5500	4000	6500	6000	路拱为1.5%
平曲线最小长度	一般值	m	600	500	825.536	256.328	—
	最小值	m	200	170			—
停车视距		m	210	160	210	160	—
最大纵坡		%/m	3/900	4/800	2.5/970	2.84/540	—
最短坡长		m	300	250	400	300	—
竖曲线一般半径	凸形	m	17000	10000	20000	8400	—
	凹形	m	6000	4500	12000	11500	—
竖曲线最小长度	一般值	m	250	210	250.618	201	—
	最小值	m	100	85			—
设计荷载			公路—Ⅰ级		公路—Ⅰ级		—
设计洪水频率	特大桥		1/300		1/300		—
	大、中桥及路基		1/100		1/100		—

2.3.2　总体选线思路

选线主要依据工程可行性研究所确定的路线走廊带和主要控制点，同时结合勘测前收集沿线资料、地方发展规划、路网布局，并结合现场踏勘资料。在选线时已经充分了解并掌握了沿线规划，以及地形、地貌、初步地质情况、水文、气候、地下埋藏、地面建筑设施等情况。将具有特殊要求和控制的地点，必须绕避不良地质路段、规划区、重要建筑物等进行实地踩点控制，标注于图上，对高程要求严格的互通式立交、重要分离式立交等进行踩点控制，据此进行选线工作。

1）路线布设总体原则

根据该项目的地位、功能和作用，结合建设条件以及控制路线方案的主要因素，拟订该项目路线方案的选定原则如下：

（1）充分认识和重视该项目在国家高速公路网、新疆干线公路网和亚洲公路网规划中的重要地位和功能，力争提供较高的服务水平，并符合规划的总体走向。

（2）注重与国家、省区市等地方道路公路网规划的协调，根据各自的功能和建设情况，处理好与国道314线、省道213线、省道306线及省道309线的衔接，使整个区域公路布局合理，充分发挥整体效益。

（3）路线走向力争顺直舒畅，在技术可行、增加工程量不多的情况下，尽量提高技术指标，尽可能多地串联城镇及居民区，最大限度地发挥高等级公路的带动与辐射功能。

（4）合理选择高速公路过境方案，采取"离而不远，近而不进"的原则，尽可能减少对城镇现有格局和规划的影响，使地方交通出行方便，促进地方经济发展。

（5）充分考虑与其他运输方式的协作配合，线位布局应有利于发挥综合交通运输效益。

（6）贯彻地形选线、地质选线、安全选线、生态选线的原则。

（7）坚持可持续发展、最大限度节约土地的原则，尽量减少拆迁，少占耕地。

（8）在满足主干线功能的前提下，兼顾地方的合理要求，促进沿线经济发展。

2）路线布设思路

该项目的建设体现"资源节约，经济耐久，安全舒适，环境融合"的理念，体现"六个坚持，六个树立"的公路勘察设计新理念。设计中始终坚持"地形、地质选线，经济选线，人文选线等选线思路"。

（1）地形、地质选线

该项目位于塔里木盆地与天山山脉之间的天山南麓山前冲积、洪积平原地带。路线总的走向为由东向西，公路沿线地形比较平缓，属平原微丘地貌，总体地势为北高南低，由北向南倾斜，地表多为砾石土。地表自然横坡为0.5%～3%，局部靠山较近，地表横坡为5%～10%，地表植被较少。夏季暴雨引起的洪水挟带大量的砂石由北向南流下，具有时间短、洪峰流量大的特点，容易阻塞桥涵和冲毁路基。

路线走廊内，拟建的路线自东向西与现有国道314线及南疆铁路基本平行布设，为减少由于暴雨引起的泥石流对高速公路形成危害，路线基本布设在国道314线南侧，远离山前的冲洪积扇面，并以国道作为高速公路的天然防护屏障。同时，在国道314线涵洞的下游设置适当的拦水坝和贯通沟道，通过高速公路的涵洞将水或泥石流排走，减少泥石流对路线的危害。对局部在山前通过的路段，根据勘察结果，将路线布设在泥石流危害较小的扇缘及其尾部，并做好完善的排、防泥石流设施，防止涵洞淤堵，冲毁路基。

该项目位于戈壁区和农业区,沿线地势较平坦,基本上是填方路基,路基填土高度是制约工程费用和占地规模的重要因素。该项目的路基填土受季节性洪水位、盐渍土区填土最小高度、泥石流防治及涵洞、通道的设置净空等因素控制。路线纵面设置时应控制路基填土高度,填土高度既要满足盐渍土路段最小填土高度的要求,同时应避免较高的填土高度和在戈壁中开挖路基,以降低工程费用。

(2)经济选线

该项目路线里程较长,大部分路段受地形及地物等因素控制较少,路线布设时应将缩短路线长度、提高路线顺直性作为选线的主要思路。

如项目在八盘水磨段,为减少路线长度,设计阶段对工程可行性研究方案进行优化,路线里程较工程可行性研究该路线长度缩短450m,如图2.2所示。

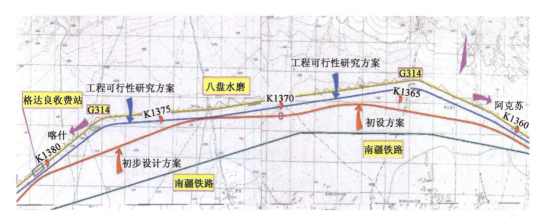

图2.2 八盘水磨段方案比选图

如在大山口路段提出的K线与C4线路线方案比选中(图2.3),由于K线方案较C4线方案路线里程缩短400m,平纵面指标较高,因此,该路段推荐K线方案。

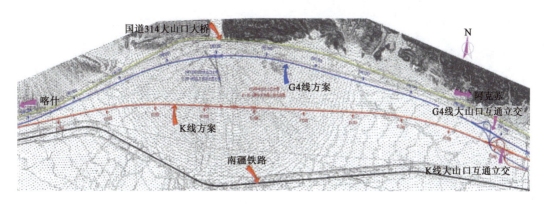

图2.3 K线与C4线路线方案比选图

(3)人文选线

该项目所经区域,虽然地形开阔,人烟稀少,但路线需穿越伽师县的西克尔镇、阿图什市、喀什市城市北侧边缘,为减少对沿线乡镇现状的干扰,设计阶段收集了相关规划资料,路线布设时充分征求了地方政府的意见,重点路段布设如下:

①西克尔镇规划区。为避免路线对西克尔镇规划区的干扰,路线在西克尔镇北侧山脉前缘通过,绕避了规划区,如图2.4所示。

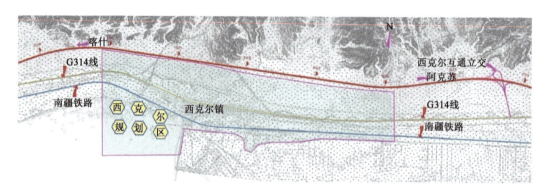

图2.4 西克尔镇规划区路线方案比选图

②文物遗址。现有国道314线库曲湾大桥南侧200m东侧存在一处新疆维吾尔自治区文物——亚吾鲁克遗址,西侧存在一处喀什市文物——达克雅鲁斯夏雷寺院遗址。虽然该段路线对原国道一级公路进行封闭改造为高速公路,但两侧需修建辅道供地方车辆进行交通转换。因此,设计中详细测定了走廊带内文物遗址的界限,布设的辅道绕避了文物遗址,对文物遗址无干扰,如图2.5所示。

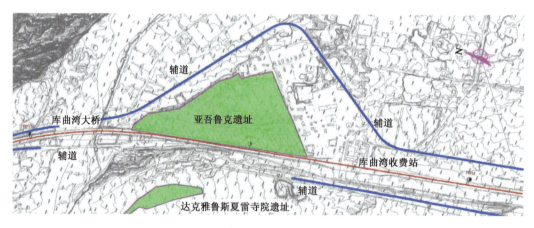

图2.5 亚吾鲁克遗址路线方案比选图

2.3.3 典型路段路线方案布设

该项目路线全长428.499km,根据工可批复,路线起点至阿图什东段为新建路段,阿图什东至项目终点库曲湾收费站南侧为改建现有一级公路段。下面结合项目特点,分别选取项目中新建及改建段中较典型路段的路线方案比选、论证、布设情况,论述如下。

1)红旗农场过境段(新建)

(1)该段路线布设的难点

该路段位于天山支脉山前冲积扇地带,处于平原地区,地形变化不大,走向为北高南低,地表植被稀少。国道北侧地表横坡为0.5%~6%,冲刷明显,土质为砾石土,暴雨易引起泥石流;国道南侧地势平坦,横坡约0.2%,分布有农田、居民区。该段国道与南疆铁路基本平行,相距35~700m。

考虑到将路线布设在国道南侧能远离山前冲、洪积扇地带,受泥石流危害的风险较小,但由于国道距离南疆铁路较近(最近位置仅为35m),若将路线布设在国道与铁路之间,需将国道向北侧改移,留出高速公路通过的走廊,且路线应尽量靠近铁路布设,以减少对国道与铁路之间土地的分割,减少房屋拆迁。

若将路线布设在国道北侧,路线虽然避免了对国道南侧村庄的拆迁及国道的改移,但由于路线需两次跨越国道,桥梁规模较大,且路线穿越北侧的冲洪积扇地带,高速公路受泥石流潜在的危害较大。

(2)路线方案论述

通过以上分析,初设阶段对该段路线提出了布设在国道北侧C2线与布设在国道南侧的K线、C5线3个方案进行同深度比选,如图2.6所示。

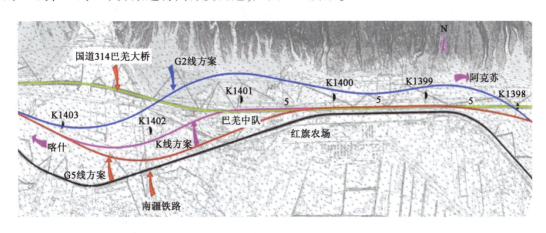

图2.6 红旗农场过境段路线方案比选图

①C2线。该方案路线下穿改移的国道(改移国道1207.48m)至北侧山坡,然后路线向西设线,在国道巴孜大桥桥头以东500m处,路线跨越国道至巴孜大桥南侧,然后路线向西布线至比较段终点,路线长度为15.102km,如图2.7所示。

②K线。考虑到C2线需设置两处分离立交与国道交叉,桥梁规模较大,且大部分路段通过山脚下的冲积扇、洪积扇地带,受泥石流潜在危害较大,因此,提出将路线布设在国道南侧的K线方案。K线占现有国道的位置,并将国道改移至高速公路的北侧(改移国道3480.584m),路线在巴孜交警中队东侧与国道分离,在国道南侧穿越巴孜村后向西布线至

比较段终点,路线长度为 15.000km,如图 2.8 所示。

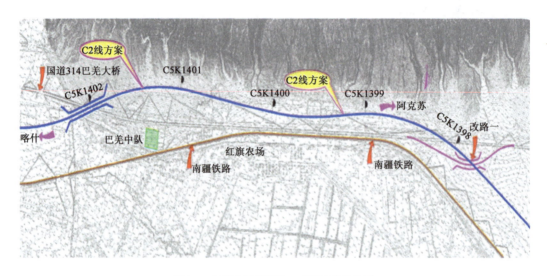

图 2.7 红旗农场过境段 C2 路线方案比选图

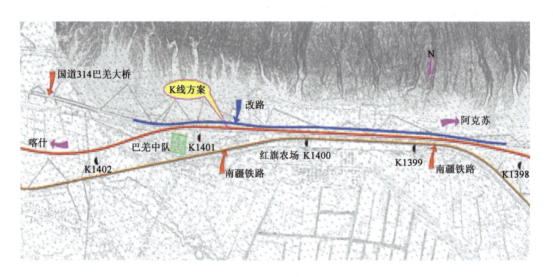

图 2.8 红旗农场过境段 K 路线方案比选图

③C5 线。针对 K 线方案改移国道较长,且 K 线方案从国道南侧巴羌村中间穿越,拆迁较大,不利于村庄居民之间的相互沟通及人们的出行需求。同时,由于高速公路的修建,原国道南侧的巴羌交警中队仅能通过高速公路上的车行通道与国道连接,交警中队人员出行受到极大影响。同时,由于该段为保证高速公路南侧的居民与国道之间联通,需修建多处车行及人行通道,造成该段主线填土高度较高,纵面指标较低,路基工程量较大,因此,设计阶段提出 K 线优化方案 C5 线。

C5 线方案占原国道位置向西设线,并将国道改移至北侧(改移长度为 2703.132m),然后在国道 K1403+750 处,与国道线分离,靠近铁路向西设线并穿越巴羌交警中队至比较段终点,路线长度为 15.020km。该方案需将巴羌交警中队拆除,选择新的位置进行重建,如图 2.9 所示。

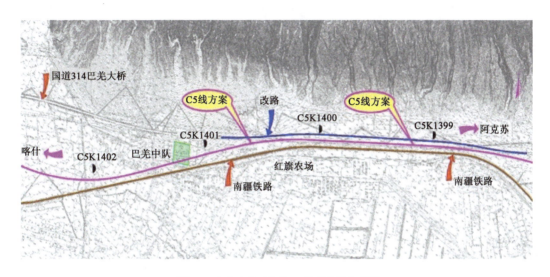

图 2.9　红旗农场过境段 C5 路线方案比选图

(3)路线方案比选

初步设计通过对该段提出的 K 线、C2 线、C5 线进行经济技术综合比选后,认为 C2 线虽然避免了国道改移以及减少了对国道南侧村庄及厂矿的干扰,但路线需两次跨越国道,且路线布设在山前的冲积扇、洪积扇地带,受泥石流危害的风险较大,工程造价最高。K 线方案改移国道最长,对国道与铁路之间的土地分割严重,对巴羌村干扰最大。C5 线紧邻铁路设线,减少了国道与铁路之间的土地分割,对巴羌村干扰较小,虽然该方案需拆迁巴羌交警中队,但通过协调,可以另选址修建,社会影响较小,因此,该段路线推荐 C5 线方案。K 线与 C2 线、C5 线方案比较见表 2.4。

K 线与 C2 线、C5 线方案比较表　　表 2.4

工程项目		单位	K 线方案	C2 线方案	C5 线方案
起讫点桩号		—	K1391+000.000～ K1406+000.000	C2K1391+000.000～ C2K1406+102.269	C5K1391+000.000～ C5K1406+020.321
路线	路线长度	m	15000.000	15102.269	15020.321
	最小平曲线半径	m/处	2000/2	2000/3	2000/1
	最大纵坡	%/m/处	1.95/500/1	2.55/950/1	1.98/547/1
	平均填土高度	m	3.20	2.98	2.90
	路基土、石方数量(填/挖)	万 m³	143.96/0.06	114.48/99.82	136.38/0.17
	路基防护工程量	万 m³	0.8	0.49	0.84

续上表

工程项目	单位	K线方案	C2线方案	C5线方案
桥梁规模	m/座	658/20	696/22	658/20
分离立交	m/座	—	419/2	—
改移国道314线	m/处	3480.584/1	1207.48/1	2703.132/1
改移国道最小平曲线半径	m/处	1380/1	400/3	1380/1
拆迁房屋	m²	970	0	1807
工程造价	万元	38960.95	39835.68	36000.82
比选结论	—	放弃	放弃	推荐

2）阿图什过境段（改建）

根据工程可行性研究批复，该项目起点至阿图什东段全部采用全幅新建方案。阿图什东至喀什段，考虑到该段路线为城市过境路段，现有国道在阿图什至喀什段于2004年按四车道一级公路标准完成改造，路基路面及桥涵使用状况总体良好，且该段受地形地物等制约，走廊带内无法另辟新线。因此，结合项目交通量预测结果及区域路网布局规划等，该段通过将国道进行封闭改造为高速公路，同时在两侧设置辅道能够满足项目交通需求，且可充分发挥投资效益。

在一级公路利用段中，由于阿图什过境段（帕米尔东路—帕米尔西路）已完全城市化，两侧房屋及厂矿分布密集，并需通过"平改立"的方式改变现有地方道路与国道之间的交通转换方式，同时需修建辅道实现地方交通的转换，因此设计过程中，结合城市规划、立交布设条件、辅道设置情况等因素对该段进行了深入研究。

（1）路线方案比选

该段位于天山支脉喀拉铁热克山山前冲积扇地带，路线东西走向，东低西高，北侧为喀拉铁热克山，山坡坡面上为阿图什绿化带，左侧为阿图什市市区，地面横坡为2%~8%，纵面地形起伏较大。现有国道与阿图什市地方道路存在3处较大的平面交叉。在现有国道两侧修建辅道，对两侧的房屋、厂矿拆迁较大，同时，现有国道封闭成高速公路，将压缩阿图什市城市向北发展的空间。因此，提出在国道北侧山坡布线的方案：该方案路线在阿图什东，跨越国道后沿北山坡向西布线至阿图什西，设置桥梁跨越博古孜河后再与一级公路相接，如图2.10所示。

该方案的最大优势在于保留原有一级公路，路线在北山坡另辟新线，为阿图什市提供了另一个过境通道，且东西互通立交布设条件较好，不存在"平改立"方案。但由于国道北侧山前冲积扇地带含有大量的砾石土，遇暴雨极易形成泥石流，对高速公路形成较大的安全隐患。同时，北侧山坡为阿图什规划的绿化带，因此，将高速公路布设在过道北侧，不仅存在工程安全风险,且对阿图什市城市的规划产生较大的干扰,所以该段过境段路线方案推荐采用原工可提出的利用原有一级公路进行封闭改造为高速公路,并设置辅道的方案。

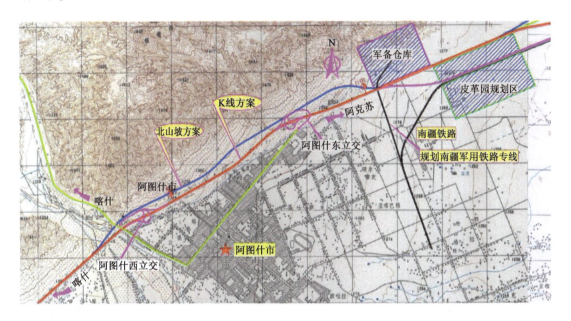

图 2.10　阿图什过境段路线方案比选图

(2)阿图什过境段路线方案

该段一级公路上存在 3 处较大的平交口,设计中应进行"平改立"工程,实现市区交通与高速公路之间的快速转换。

①阿图什东出入口。原阿图什东出入口的车辆主要通过帕米尔东路与国道上的平交进行交通转换。该项目的修建,需对国道进行封闭,为解决阿图什城东的车辆上下高速公路,需将该平交口改造为互通立交,同时应修建辅道,实现地方交通之间的交通转换。

受地形限制,现有帕米尔东路纵坡较大,帕米尔东路不具备上跨国道改造的条件,因此该段"平改立"方案通过将现有国道路基改成桥梁,对帕米尔东路进行改造后下穿国道,然后再设置阿图什东互通立交与高速公路相接,实现"平改立"工程,同时在高速公路北侧修建辅道,通过与改造后的帕米尔东路相接,实现地方交通之间的快速转换,如图 2.11 所示。

②友谊路口。友谊路口位于帕米尔东西路口之间,受地形限制,友谊路北高南低,纵坡较大,通过改造友谊路跨越国道将造成友谊路纵坡更大,改建友谊路长度较长;若下穿现有国道,友谊路需下挖 7 m 才能穿越国道与北侧辅道连通,且对北侧山坡坡面开挖较大,因此通过综合比选,最终将该段主线纵段抬高,采用分离立交跨越友谊路,实现"平改

立"工程,并使两侧辅道与友谊路能够较为便捷地在主线桥下进行交通转换,如图2.12所示。

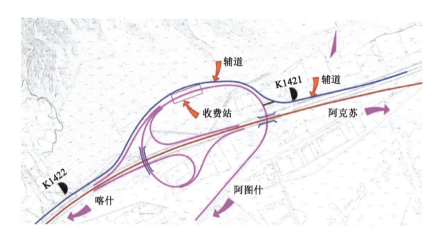

图2.11 阿图什过境段东出入口路线方案比选图

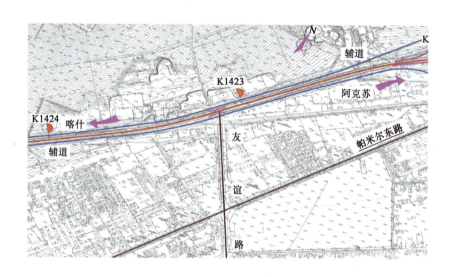

图2.12 阿图什过境段友谊路口路线方案比选图

③阿图什西出入口。原阿图什西出入口主要通过帕米尔西路、国道314、阿湖乡县道形成的十字交叉进行交通转换。本项目的修建,对国道314封闭进行"一改高",并设置阿图什西互通立交实现"平改立"工程。

受地形限制及帕米尔西路纵坡限制,帕米尔西路仅能下穿国道,因此,设计中将帕米尔西路进行改造下穿国道后,再设置阿图什西互通立交与高速公路相接,实现"平改立"工程,同时通过改造阿湖乡县道及修建辅道,解决阿湖乡方向的车辆上下高速公路以及与市区进行连接,如图2.13所示。

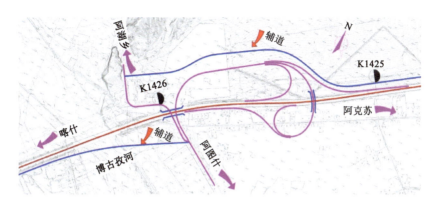

图 2.13 阿图什过境段西出入口路线方案比选图

2.4 本章小结

本章以阿克苏至喀什高速公路为例,针对干旱荒漠区的自然环境特点、工程地质条件,通过采用遥感、工程地质调绘、钻探、原位测试及室内试验等综合勘察方法,查明了路线经过地区不良地质及特殊性岩土的分布范围及发育特征,查明了路线沿线及桥涵构造物地基的地质结构、工程地质及水文地质条件,准确提供了工程和基础设计、施工所必需的地质参数。采用航空摄影测量技术,体现了航空摄影测量技术在干旱荒漠区开展测量工作的优势。总体设计方案以安全适用、保护环境、与景观协调、经济合理为原则,结合戈壁荒漠区植被稀少,生态环境较为脆弱,环境保护及水土保持要求较高,沿线自然景观单调,长途行车驾驶员易疲劳和困倦等特点,灵活应用现有的规范、标准,将"资源节约,经济耐久,安全舒适,环境融合"设计理念完全融入项目勘察设计当中,合理掌握和运用技术指标,处理好人、车、路的关系,保证方案完善、合理。

第 3 章

风积沙路基稳定性能

　　交通运输部开展了对沙漠地区公路建设的成套技术研究,使我国在沙漠地区筑路技术水平实现了突破,研究成果已在新疆、内蒙古、陕西的公路建设项目中得到广泛应用[1-12]。国内外针对风积沙的工程性质也有了较为全面的研究,并逐步形成了较为完善的风积沙压实理论和修筑技术,但是针对高速公路风积沙路基高度、包边土尺寸形式对风积沙路基长期使用性能研究,以及高速公路风积沙路基整体强度变化规律的研究尚处于起步阶段,特别是在交通荷载、气候环境等各类因素综合作用下的风积沙路基路面长期性能的研究甚少[13-22]。随着国家"一带一路"建设发展,大量高等级公路需要穿越沙漠或沙漠边缘地区,需要采用风积沙填筑路基,使用风积沙修筑高速公路的长期路用性能如何,风积沙在高速公路路基中力学参数的取值范围是多少、风积沙在高速公路路基施工中的关键控制技术如何确定等问题都需亟待解决。为了丰富和完善风积沙的变形理论,减小风积沙路基产生的病害,并使风积沙合理地应用于实际工程建设,需要对风积沙的长期使用性能及路基整体强度变化规律做进一步的理论分析。现以大规模采用风积沙修建的三岔口至莎车高速公路为依托工程,对风积沙路基典型结构稳定性能及整体强度变化规律开展研究,其研究成果将为类似地区高速公路风积沙路基设计施工提供科学依据。

3.1 既有沙漠公路使用性能

我国沙漠地区所处的自然环境温差变化十分剧烈,夏季炎热,地表最高温度高达70℃左右;冬季严寒,地表温度降至-30℃以下。沙漠公路处于这样特殊的气候环境条件下,自然环境因素对路基路面结构的影响有时比车轮荷载破坏更为严重。根据沙漠公路路基路面结构特点并结合路面使用情况,从路基路面结构性能以及路面功能性能两方面出发,对既有阿拉尔至和田沙漠公路的路基路面使用性能和三岔口至莎车高速公路风积沙段路基路面使用性能进行分析。

3.1.1 阿拉尔至和田沙漠公路路况调查

阿拉尔至和田沙漠公路沿和田河东岸布设,路线全长425km,其中沙漠段全长约400km,二级公路,设计速度80km/h,路基路面结构为风积沙路基+土工布+20~32cm天然砂砾+12cm级配砾石+4cm沥青混凝土,如图3.1所示。建设工期为2005年6月—2007年11月,已于2007年11月通车运营。

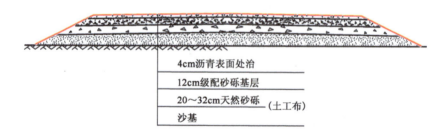

图3.1 阿拉尔至和田沙漠公路路面结构形式

经过多年的通车运营,阿拉尔至和田沙漠公路全线存在着一定的路面病害,路面破损形式可归纳为横纵向裂缝、龟裂、推移、包边土与路面间收缩缝等。

1)路面横纵向裂缝

阿拉尔至和田沙漠公路路面的横向裂缝很普遍,分布于全线,横向裂缝间距6~30m,如图3.2所示。纵向裂缝主要有两种形式:一是通行车辆在行驶过程中轮胎爆裂后导致轮毂直接剪切破坏路面产生的纵向开裂;二是由于疲劳破坏产生的纵向开裂。

2)路面龟裂

阿拉尔至和田沙漠公路在重载交通及温差的影响下,路面网裂迅速,逐渐发展成块裂缝,严重影响路面的使用性能。加之沙漠公路沥青面层早期老化现象,沥青面层表现出脆裂无黏结性,低温时在重载交通的影响下造成路面龟裂,如图3.3所示。

图 3.2　阿拉尔至和田沙漠公路路面横纵向裂缝

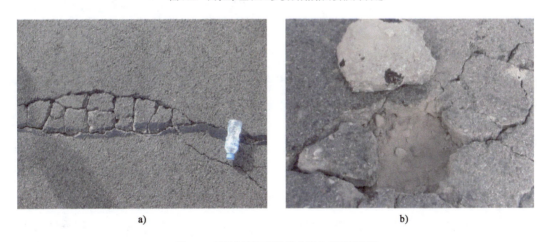

图 3.3　阿拉尔至和田沙漠公路上的局部龟裂

3）路面局部推移

在阿拉尔至和田沙漠公路全线发生了不同程度的推移现象,形成推移的原因主要是沥青面层与基层之间黏结不好,在重车水平力作用下产生了沥青面层的推挤、拥包。加之路面修补不及时，逐渐由小面积脱落发展成大面积剥落，如图3.4所示。

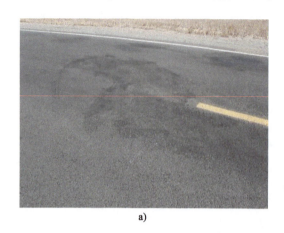

图3.4　阿拉尔至和田沙漠公路上的局部推移、层间结合情况

4）包边土与路面间收缩缝

在阿拉尔至和田沙漠公路全线普遍存在包边土与路面接缝处收缩现象，如图3.5所示。由于砾石包边土与风积沙模量的不同，路基填料与包边土共同作用及其变形不一致，路基的潜在滑动究竟是仅包边土滑动，还是连同填沙路基一块滑动，增加了分析的不确定性。同时，由于施工条件限制，路基边缘部位的压实困难，压实质量问题也容易引起路基边坡局部滑塌。

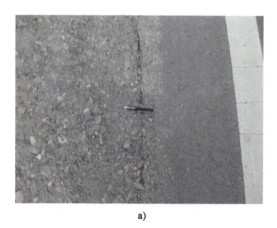
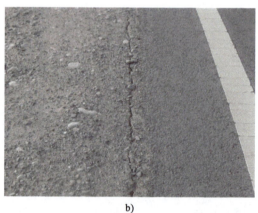

图3.5　阿拉尔至和田沙漠公路包边土与路面间收缩缝

由于阿拉尔至和田沙漠公路特有的自然环境条件(如夏季路表温度高、冬季昼夜温差大、冻融循环剧烈等)、道路行驶特性(如重载车辆较多、车速高等)以及设计标准较低等原因，阿拉尔至和田沙漠公路出现以上病害是外部环境因素和内在工程性质综合作用的结果。

3.1.2　三岔口至莎车高速公路路况调查

1) 病害现状

三岔口至莎车高速公路项目位于莎车南立交与喀叶一级公路相交处,全长233.616km。沿线主要经过巴楚、麦盖提和莎车3个县。全线为整幅高速公路,设计速度120km/h,路基宽度28m,如图3.6所示。全线路基分别采用砾类土和风积沙填筑,路面结构采用4cm中粒式SBS改性沥青混凝土表面层(AC-13C)+5cm中粒式沥青混凝土中面层(AC-20C)+7cm粗粒式沥青混凝土下面层(AC-25F)+1cm沥青表面处治下封层+32cm 4.5%水泥稳定砂砾基层+19~26cm天然砂砾底基层。

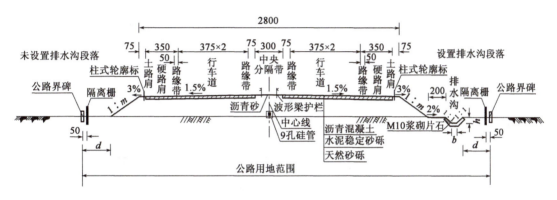

图3.6　三莎高速路基横断面(尺寸单位:cm)

三岔口至莎车高速公路项目于2014年10月通过主体工程交工验收,进入试运营期。随后相继出现路面拱胀现象,2015年4月至5月开始出现极少数轻微隆起问题;2015年7月至8月隆起陆续出现,但不明显;2015年12月至2016年3月隆起情况变化不明显;2016年4月初至6月底,隆起数量和程度进一步增加,入夏以来最为严重。

三岔口至莎车高速公路一合同段路面拱胀79道,三合同段111道,四合同段186道,全线共计376道。路面拱胀高度主要在1.5~4cm之间,拱胀宽度为23~100cm,拱胀分布段落间距变化较大,没有固定的规律。路面拱胀以沿横断面条形隆起为主约占95%,贯穿整幅路面,部分段落分布有少量的Z字形和不规则错位。隆起部位处沥青面层一般仅发生变形,其中约25%在隆起处或附近有裂缝,对此,管养单位进行了表处,如图3.7~图3.9所示。

乘车测试:以120km/h驾车通过,1cm以下感觉不明显,1~2cm有轻微颠簸,2~3cm有明显跳动,大于3cm人会从座位上弹起。

2) 路面拱胀病害分析

为查清路面拱胀内部结构变化,采用挖探、钻探、原位测试、取样室内试验等手段对高速公路路面拱胀病害现状开展调查。对高速公路4处拱胀段落开挖检查,从开挖情况看路面拱胀是因基层上部拱胀引起的路面隆起,基层下部未发现破损和拱起现象。现以典型拱胀段为例进行详细分析,如图 3.10 所示。

图 3.7 三莎高速公路出现的沿横断面单条形拱胀　　　图 3.8 三莎高速公路出现的沿横断面双条形隆起

a)　　　　　　　　　　　　　　　　　　b)

c)　　　　　　　　　　　　　　　　　　d)

图 3.9 路面拱胀测量

该段拱胀为一字现状。通过开挖土路肩,以期从水稳结构侧面观察沿拱胀线位处水稳结构变化情况。土路肩开挖剖面对应拱胀段有明显局部挤碎现象,说明拱胀段水稳结构有破坏。为进一步验证拱胀段下部水稳破坏面积大小,在硬路肩位置揭去了沥青面层露出水稳上基层,观察水稳上基层破坏情况。由图3.11可知,上基层破碎宽度为5~15cm,路面拱胀高度约为2cm,破碎处不是施工接缝处。

在拱胀区对应的水稳上基层挤压碎裂处沥青路面上钻芯。由图3.12可知,通过对拱胀区钻芯取样,可得到完整的沥青混凝土面层芯样,但上基层无法取出完整芯样,说明上基层在拱胀区破碎。

图3.10 土路肩开挖剖面对应拱胀段局部挤碎现象

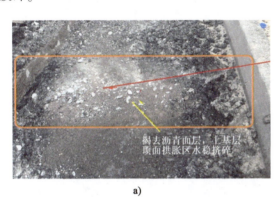

a)

b)

图3.11 上基层顶面拱胀区段水稳挤碎现象

a)

b)

c)

图3.12 拱胀区沥青面层完整,上基层破碎无法取出

为验证下基层结构的完整性,挖去上基层,观察下基层结构变化,并钻芯取样分析。由图3.13可知,拱胀区下基层结构表观完好,芯样完整,说明拱胀区下基层结构完好,路

面拱胀主要发生在上基层。但有个别挖验处下基层也出现了收缩裂纹,裂纹处也非施工接缝处。

图3.13　拱胀区下基层完整

通过对拱胀区域旁未拱胀路面钻芯取样(图3.14),可以发现路面未拱胀区域上下水稳结构层均完好,说明拱胀区外路面结构完整,未破坏。

图3.14　拱胀区域旁水泥稳定砂砾层芯样完整

由图3.15~图3.18可知,三莎高速公路拱胀段水泥稳定砂砾上基层挤碎破坏,并斜向上错位运动,导致路面隆起。水泥稳定砂砾下基层保持完整,无松散现象。从开挖现场看,上基层剪切错位破碎处非施工接缝处。

从查阅施工控制资料情况看,结合此次挖验和试验情况,施工中水稳基层的集料级配(料偏细)和水泥用量(剂量偏大)控制不到位,造成水泥稳定砂砾基层强度过高、回弹模量大,是导致水稳基层出现拱胀和裂缝的主要原因之一。

图 3.15　三莎高速公路 K185+190 水泥稳定砂砾上基层挤碎,斜向上错位运动

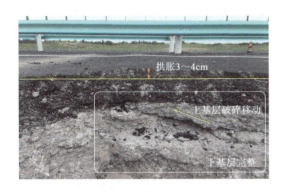

图 3.16　三莎高速公路 K185+190 侧方全断面结构水泥稳定砂砾上基层挤碎,斜向上错位运动,沥青面层拱起 3~4cm

图 3.17　三莎高速公路 K194+400 拱胀段上基层变形全断面图

从上述分析看,路面 30cm 以内受温度应力影响较大,三岔口至莎车高速公路的水泥稳定砂砾上基层及沥青面层正好在 30cm 范围内,且上下基层的结合部在路表下 32cm 处。加之三岔口至莎车高速公路水泥稳定砂砾基层大部分是在春秋季低温时段施工,结合现场挖验情况可以得出,三岔口至莎车高速公路运营阶段沙漠区域大温差结构温度应力是导致水稳上基层挤压剪切破坏、路面产生拱胀的主要原因之一。沙漠地区路面设计要充分考虑大温差对结构的影响,控制好水泥稳定砂砾基层水泥含量。

图 3.18　三莎高速公路 K194+400 拱胀段上基层破碎、下基层完整

3.2 高速公路风积沙路基建设技术

针对高速公路风积沙路基建设的复杂性,开展了风积沙路基施工方案、试验参数、碾压工艺、洒水方式、压实系数、施工区段长度、检测时间的试验段研究。三岔口至莎车高速公路试验段起讫里程为 K179+460～K179+680,长度为220m。路基中心填筑高度为 2.18～4.09m,共计填筑8层,93区4层、95区2层、97区2层。试验段填筑路基断面如图3.19所示。

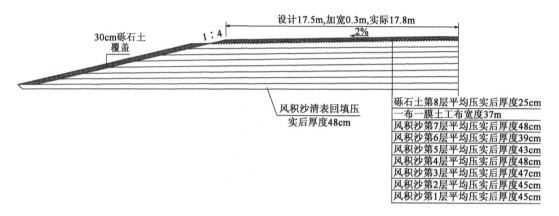

图3.19 三岔口至莎车高速公路试验段填筑路基断面图

3.2.1 风积沙路基施工工艺

1)施工准备

(1)从试验室原地面、取料场取样做标准击实试验,易溶盐等检测,现场用水检测,现场原地面断面复核测量。

(2)施工主便道到达现场,料场至现场便道修通,现场补水、料场闷料水源及上水设备等问题解决。

2)测量放样

(1)清表线放样。放样清表边线(两侧各加宽50cm),每20m一断面,用竹竿做边线标记,同时量出边桩护桩。

(2)施工过程中放样。基底处理完放样中桩和边桩,每20m一断面,桩位处插旗,如图3.20所示。风积沙填筑时放样中桩、边桩,检查控制路基宽度及中线偏位。

3)清表

(1)清表厚度。原地面清表30cm厚,清除地表草根、草甸、腐殖土、盐渍土等。

(2)清表方法。对于裸露的沙漠表面不进行清表,地势较平缓处采用推土机清除

30cm 厚表土,有较大、较深坑洼或较大沙丘时用挖机清除表土,开挖台阶,台阶宽度不小于 2m,台阶面上设置向内侧倾斜 3% 的坡度,清表由便道一侧向另一侧施工。台阶开挖示意图如图 3.21 所示,实体图如图 3.22 所示。

a)

b)

图 3.20　风积沙路基施工测量放样

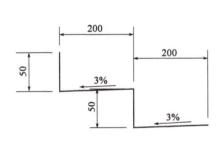

图 3.21　风积沙路基台阶开挖示意图(尺寸单位:cm)

图 3.22　风积沙路基台阶开挖实体图

4) 基底处理

(1) 平整。清表完成后用推土机平整基底,坑洼深度小于 50cm 处用推土机直接推平。

(2) 洒水。按照现场不同情况而定。原地表含水率接近天然含水率,补水量较大时采用灌水闷料法或喷灌法。原地表含水率高于天然含水率,补水量较少时,较平整、密实,易于行车地段采用水车补水。坡度较大、较松散地段采用喷灌补水,如图 3.23 所示。

(3) 碾压。基底补水平整完成后及时碾压。压路机按由两边向中间的顺序进行碾压,根据试验段数据,用 22t 压路机静压 1 遍,弱振 1 遍,再收面静压 1 遍进行检测,振动碾压采用高频率低振幅。湿压法碾压风积沙压路机宜选用前后驱动型或中型,以减少或防止陷车。碾压过程中轮迹重叠均以钢轮的 1/3 进行,压路机碾压速度控制在 4km/h 以内,如图 3.24 所示。

a)

b)

图 3.23　风积沙路基洒水

a)

b)

图 3.24　风积沙路基碾压

3.2.2　风积沙路基包边砾石土施工技术

该试验段路基采用顶宽为 2m 的砾石土包边,路床 30cm 范围内采用砾石土填筑施工。换填完毕后,分层进行两侧包边砾石土的施工,如图 3.25 所示。

包边土施工采用人工、机械相结合的方法,施工中必须严格控制包边土的内边线,在包边土内侧挂线,包边砾石土松铺厚度按 33cm 计,压实厚度为 30cm。两侧各超宽 ≥ 50cm,以保证路基的碾压宽度。采用自卸车卸料,并用装载机或小型推土机推平,最后人工整形、找平。洒水、碾压至设计要求压实度后再进行中央路基风积沙填筑。

a)　　　　　　　　　　　　　　　　b)

图 3.25　包边砾石土施工

3.3　高速公路风积沙路基稳定性数值分析

通过 FLAC 三维有限差分程序、ABAQUS 有限元软件建立分析模型，相互验证，从潜在滑动面和安全系数两个角度对风积沙路基的稳定性规律进行研究。通过分析得出了风积沙路基边坡稳定性的变化规律，并对风积沙路基稳定性的影响因素进行了分析，提出了提高风积沙路基边坡稳定性的设计方法。

3.3.1　计算模型与工况所用参数的选定

试验段的路面宽度为 28m，根据实际工况，边坡坡率有 4 种，即 1:1.5、1:2、1:3 和 1:4，填土高度有 2m、4m、6m 和 8m。由于几何模型具有对称性，可以采用 1/2 模型进行分析，即取单侧路堤为计算对象。根据对风积沙的压实试验效果可知，路堤分层填筑虚铺厚度取值 50cm。数值模拟过程中用到的土样参数见表 3.1。

材料计算参数　　　　　　　　　表 3.1

土的类别	模型中各土样分组名	体积模量（K/MPa）	剪切模量（G/MPa）	密度（kg/m³）	剪胀角（°）	黏聚力（kPa）	内摩擦角（°）
软土	Soil	4.167	3.57	1800	0	30	20
风积沙	Sand1	83.3	38.5	1750	15	5	35
	Sand2	83.3	38.5	1800	15	5	35
	Sand3	83.3	38.5	1720	15	5	35
	Sand4	83.3	38.5	1730	15	5	35
	Sand5	83.3	38.5	1750	15	5	35
	Sand6	83.3	38.5	1760	15	5	35

续上表

土的类别	模型中各土样分组名	体积模量（K/MPa）	剪切模量（G/MPa）	密度（kg/m³）	剪胀角（°）	黏聚力（kPa）	内摩擦角（°）
风积沙	Sand7	83.3	38.5	1830	15	5	35
	Sand8	83.3	38.5	1810	15	5	35
	Sand9	83.3	38.5	1850	15	5	35
包边土	Gravel	72.2	54.2	2450	15	5	18.6
路面层	Surface	93.3	56	2500	15	300	60

3.3.2 典型高速公路风积沙路基结构稳定性分析

1）工况1

原型路基高度4m，路基宽度28m，包边土的坡率为1∶2，包边土投影至水平面的宽度为3.05m（图3.26）。根据建模规则，取长度0.6m为一个网格的长度，分别进行计算并得出各分组的网格数量值。由于地基下部沿高度方面可以适当减少网格的数量，故采用ratio命令降低网格密度，适当提高FLAC 3D 3.00的模拟计算速度，比率取0.93。在远离路堤的水平方向比率取1.05。根据试验段试验结果可知，当风积沙虚铺厚度为50cm时，压实效果较好，故需对路堤的风积沙进行分层，共分为7层。由于路面的自重会对整个路基产生约22kPa的压力，以路面密度为2200kg/m³统计，大概需要1m厚的面层才能施加相同压力。

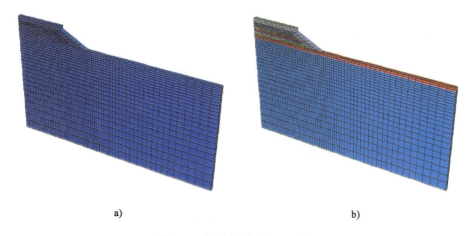

图3.26 风积沙路基高度4m建模

由图3.27可以看出，在整个施工过程中，刚开始的时候这3个关键点的沉降都是呈线性变化的，以中心点的沉降最快，其次是包边土外侧，最后为包边土内侧。就整个路基而言，以路基中心处的沉降最大，达到了0.27m，小于0.30m的限定值，满足相关要求。

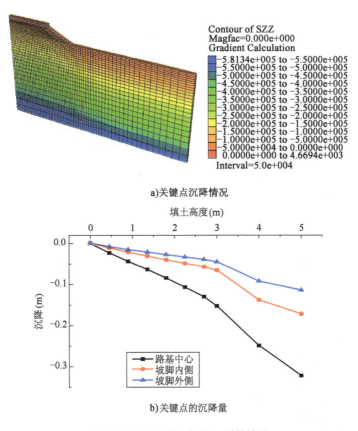

图 3.27 风积沙路基高度 4m 计算结果

安全系数计算出的 $k_s = 1.1796875 < 1.2$。就剪切变形增量云图而言,其产生破坏的过程如图 3.28 所示,在边坡的边缘处产生一个滑面。

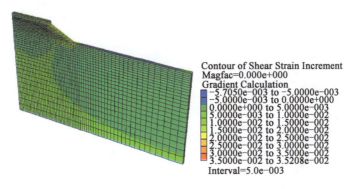

图 3.28 风积沙路基高度 4m 剪切变形增量云图

2)工况 2

路基高度 8m,路基宽度 28m,包边土的坡率为 1:2,包边土的厚度为 3.05m。该工况中路面材料及路基地表与原型工况均保持一致。建模的过程类似于原型路基的过程,只是由于路基的高度不同,产生的路基分层的层数不同,分为 15 层,如图 3.29 所示。

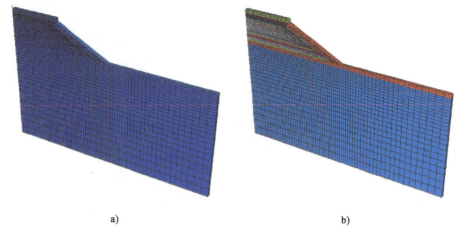

图 3.29　风积沙路基高度 8m 建模

由图 3.30 可以看出,在整个施工过程中,刚开始的时候这 3 个关键点的沉降都是呈线性变化的,以中心点的沉降最快,其次是包边土外侧,最后为包边土内侧。就整个路基而言,以路基中心处的沉降最大,达到了 0.56m,大于 0.30m 的限定值,不满足相关要求。

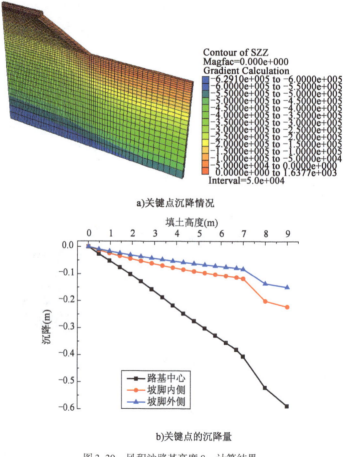

图 3.30　风积沙路基高度 8m 计算结果

安全系数计算出的 $k_s = 1.0078125 < 1.2$。就剪切变形增量云图而言,其产生潜在的滑动形式如图 3.31 所示,在边坡的边缘处产生一个滑面。

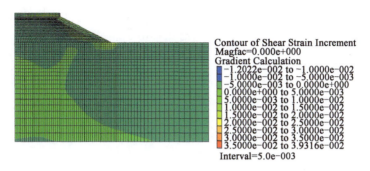

图 3.31 风积沙路基高度 8m 剪切变形增量云图

3.3.3 不同条件下高速公路风积沙路基稳定性有限元数值分析

1）计算模型与工况所用参数的选定

路基顶宽度 28m,路基填高分 4m 和 8m 两种工况,路基边坡坡比为 1∶1.5；路面结构：4cm 细粒式沥青混凝土（AC-13C 型）+ 5cm 中粒式沥青混凝土（AC-20C 型）+ 7cm 粗粒式沥青混凝土（AC-25F 型）+ 1cm 下封层 + 32cm 水泥稳定砂砾 + 26cm 天然砂砾,风积沙顶面以上还有 25cm 天然砂砾。各层结构等效成风积沙路基上附加应力 $22kN/m^2$。风积沙路基路面典型结构体系如图 3.32 所示。

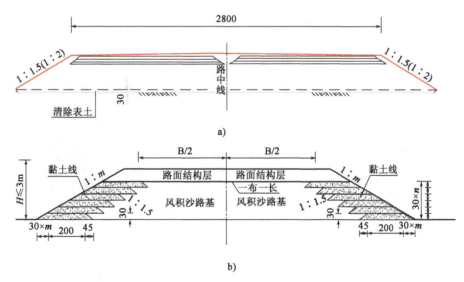

图 3.32 风积沙路基路面典型结构体系（尺寸单位：cm）

用 Abaqus 建模,模型取整个路基横断面的一半。将包边土简化成平行四边形。由于风积沙黏聚力较小,采用 M-C 模型,边界条件如图 3.33 所示,约束侧边横向位移,约束地面竖向、横向位移。

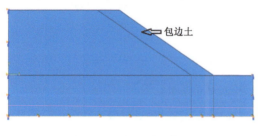

图3.33 风积沙路基模型

风积沙理论最大干密度为$1.6g/cm^3$,压实度93%时为$1.488g/cm^3$,压实度95%时为$1.52g/cm^3$,压实度97%时为$1.55g/cm^3$。风积沙黏聚力一般为0~15(kPa),波动性较大。根据试验结果,模型计算取黏聚力压实度93%:c:1(kPa),压实度95%:c:3(kPa),压实度97%:c:4(kPa),风积沙内摩擦角一般为30°~41°;根据试验结果,模型计算取压实度93%:φ:32°,压实度95%:φ:33°,压实度97%:φ:35°。

2)不同高度和坡率条件下风积沙路基稳定性分析

(1)路基填筑高度4m时

当路基填筑高度为4m时,将风积沙路基按93区、95区、97区3种不同工况考虑,模型如图3.34、图3.35所示。

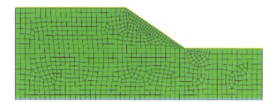

图3.34 无包边土

图3.35 有包边土

提取的等效塑性应变云图如下:

①93区。93区PEEQ如图3.36所示。

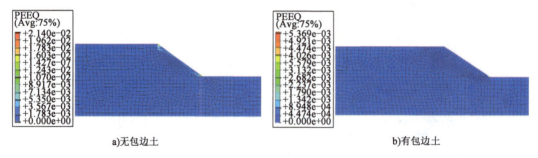

a)无包边土   b)有包边土

图3.36 93区PEEQ

路基边坡位置局部PEEQ等值阴影如图3.37所示。

由图3.36、图3.37可以看出,当路基压实度在93%时,没有包边土的风积沙路基边坡处已经出现了整体塑性变形区,此时风积沙路基边坡是不稳定的,边坡很有可能已经产生破坏和滑移。当加上包边土以后,塑性变形区仅仅出现在坡脚处很小的范围内,产生这种情况的原因可能是由于建模的坡脚处角度较小,产生应力集中。因为范围较小,所以这一区域的塑性变形不影响路基边坡的整体稳定性。

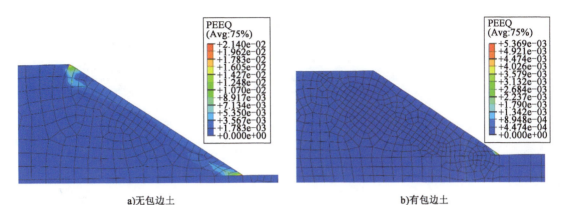

图 3.37　93 区边坡局部 PEEQ

② 95 区。95 区 PEEQ 如图 3.38 所示。

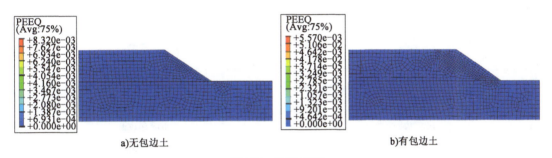

图 3.38　95 区 PEEQ

路基边坡位置局部 PEEQ 等值阴影如图 3.39 所示。

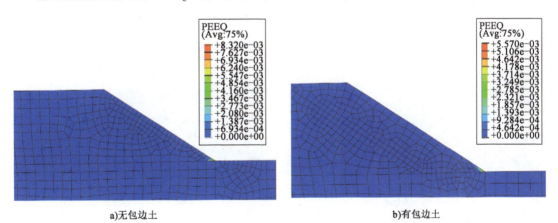

图 3.39　95 区边坡局部 PEEQ

③ 97 区。97 区 PEEQ 如图 3.40 所示。

路基边坡位置局部 PEEQ 等值阴影如图 3.41 所示。

通过图 3.38～图 3.41 可知,当压实度达到 95% 以上时,风积沙路基的塑性变形区仅仅出现在坡脚很小的范围内,整体边坡的稳定性没有破坏。

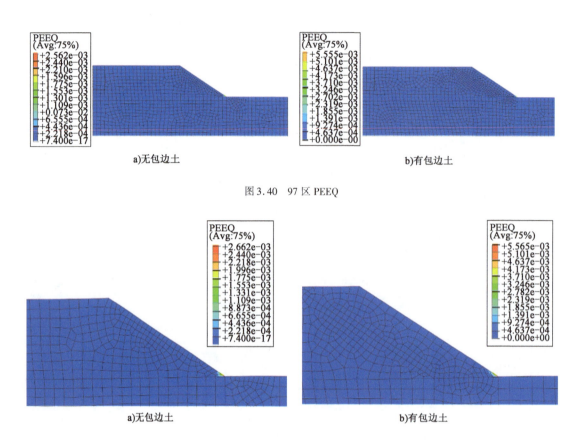

图 3.40 97 区 PEEQ

图 3.41 97 区边坡局部 PEEQ

(2)路基填筑高度 8m 时

当路基填筑高度为 8m 时,同样将风积沙路基按 93 区、95 区、97 区 3 种不同工况考虑,模型如图 3.42、图 3.43 所示。

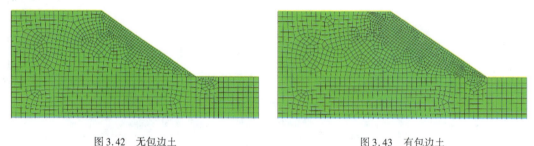

图 3.42 无包边土　　　　　　　　图 3.43 有包边土

提取的等效塑性应变云图如下:

①93 区。93 区 PEEQ 如图 3.44 所示。

路基边坡位置局部 PEEQ 等值阴影如图 3.45 所示。

这里需要特别说明的是,当无包边土,路基填筑高度为 8m 时,模型计算时不收敛,说明此模型已经破坏,这种工况下路基是破坏的,在实际施工中应避免出现这种工况。

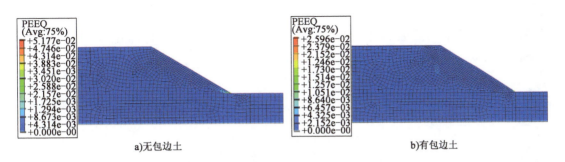

图 3.44　93 区 PEEQ

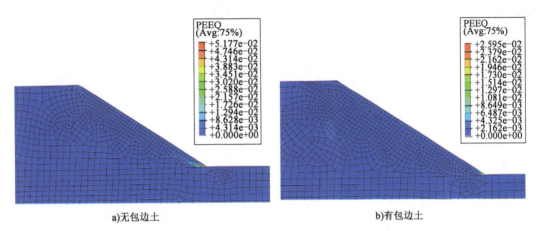

图 3.45　3 区边坡局部 PEEQ

②95 区。95 区 PEEQ 如图 3.46 所示。

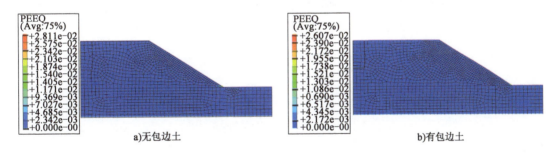

图 3.46　95 区 PEEQ

路基边坡位置局部 PEEQ 等值阴影如图 3.47 所示。

③97 区。97 区 PEEQ 如图 3.48 所示。

路基边坡位置局部 PEEQ 等值阴影如图 3.49 所示。

由图 3.46～图 3.49 可以得到与路基填筑高度为 4m 时相似的结论,当压实度达到 95% 以上时,风积沙路基的塑性变形区仅仅出现在坡脚很小的范围内,整体边坡的稳定性没有破坏。

通过以上对等效塑性应变 PEEQ 值的分析可知,风积沙在路基压实度小于 93% 时,路基是不稳定的，特别是当路基填筑高度为 8m 时，路堤模型计算已经不收敛，路基已经产生了破坏。包边土对路基稳定性起到了很大作用，通过有无包边土的对比，在同等工况下，有包边土路基的塑性变形区会减小，93 区的工况尤为明显。

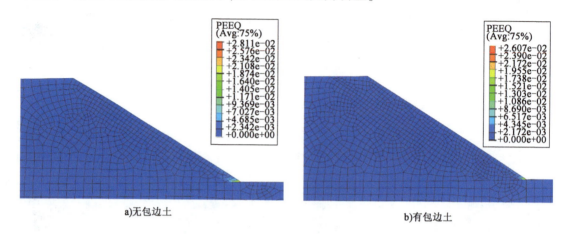

图 3.47　95 区边坡局部 PEEQ

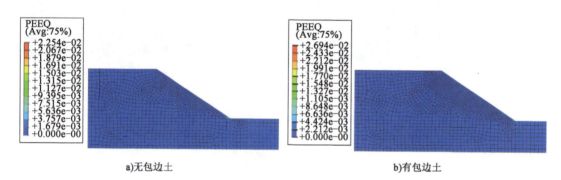

图 3.48　97 区 PEEQ

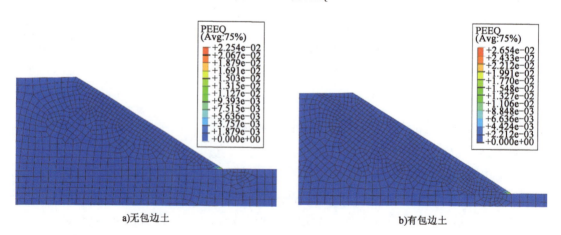

图 3.49　97 区边坡局部 PEEQ

3.4 风积沙路基稳定性离心模型试验验证

3.4.1 离心模型试验的原理

离心模型试验的原理在于通过施加在模型上的离心惯性力使模型的重度变大,从而使模型的应力场与原型一致,不需要对材料的强度进行折减,仅通过尺寸的改变,就可以达到用模型表示原型的目的。同以往的模型试验方法相对比,离心模型试验在各类物理模型试验中具有很好的相似性。

对于路基工程,失稳大多数是在自重作用下产生的,现场所看到的一般是失稳发生之后的现象,很难看到具体失稳的过程,同时失稳也是我们所不愿看到的灾害,所以对于路基失稳的应力调整等问题仅仅停留在数值计算"假想"上,利用传统的手段无法真实模拟路基的失稳过程。现有的研究手段中,离心模型试验具有能够真实再现路基边坡失稳过程的优势,即通过增加离心惯性力的形式,增加路基边坡的重度使边坡失稳。若能够利用离心模型试验研究风积沙路基的破坏过程,将能够分析风积沙路基失稳过程中内部应力场的变化规律。

土工离心模型试验基本原理就是将试样置于高速旋转的离心机中,借助于离心机产生的离心加速度 a_n 来增加模型中的重力场,从而来补偿因试验模型尺寸缩小导致的土工构筑物自重的损失,以便使土工模型具有与原型相似的边界条件和应力状态,并能显示出与原型相似的自重效应。一个客观物理现象中各个物理量间是互为影响的;相似物理现象间的各个特征物理量之间也存在着一定的关系,这种关系就是两个物理现象间的相似条件,即在进行模拟试验时应该遵守的相似定理。

试验相似定理包括相似正定理、π定理及相似逆定理。相似正定理定义彼此相似条件,用于描述相似现象的性质,决定着模型试验必须测量哪些量,相似的准数数值相同或其相似的指标等于1。π定理即量纲定理,将物理量间的关系公式转换成无量纲的形式,其关系方程中各项就是相似准数,用于描述现象研究结果如何向同类现象推广,决定着模型试验中整理试验结果的原则。相似逆定理则表明对于同一类的物理现象,当单值条件即系统中几何性质、介质的物理性质、起始和边界条件彼此相似,且由单值条件各物理量组成的相似准数在数值上相同时,物理现象相似,用于描述现象实现相似的根据,决定着模型试验所应遵守的条件。

3.4.2 试验目的及主要研究内容

为了研究高速公路典型风积沙路基高度、包边土尺寸形式对风积沙路基的长期稳定性影响,在室内开展离心模型试验。从三岔口至莎车沙漠高速公路取料风积沙10t,在室内分层填筑成模拟路基,进行不同施工工艺、不同坡比情况下的路基承载力及边坡破坏试验,得出不同条件下风积沙路基稳定性的变化规律。试验设备采用TLJ-3型土工离心试验机,最大离心加速度为200g,最大容量为60gt(g为重力加速度,t为吨),有效半径为2.0m,模型箱尺寸为大模型箱70cm×50cm×36cm,小模型箱50cm×40cm×36cm,根据试验模型的大小,采用不同的模型箱进行试验,如图3.50所示。

a)

b)

图3.50 离心模型试验设备

3.4.3 离心模型试验的相似比尺和试验材料的相似性

1)离心模型试验的相似比尺

此次离心模型试验采用大模型箱[尺寸标准为700mm(长)×360mm(宽)×500mm(高)]。根据离心模型试验箱的大小、试验理论和实际工程的对比分析,初定离心加速度为50g(考虑到砾类土包边尺寸材料的黏聚性来自集料与集料之间的咬合力)。所有试验均保持50g的离心加速度,模拟风积沙路基在长期运营下稳定性情况。离心加速度分为5级,每级10g,用于模拟路基的施工过程,每级加载稳定运行约5min。

2)试验材料的相似性

由于风积沙颗粒主要集中在0.075~0.250mm之间,颗粒较细小,不存在颗粒尺寸效应问题,所以,可以使用现场取样的风积沙土料。而路基包边材料采用砂砾料,筛选出粒径不大于10mm的粗粒料,并保证其级配良好。

当模拟的路基高度>5m时,则在该试验中将会涉及土工布、土工格栅以及土工格室。若涉及土工布,可采用塑料薄膜模拟。土工格室采用TGLG-10-40代替现场的土工格室,试验中考虑到土工格栅主要起加筋作用,因此,土工格栅采用塑料纱网。

3.4.4 离心模型试验方案

此次离心模型试验以半幅路基为研究对象,完全模拟原型的工况,以原型起讫里程 K179+460~K179+680 为研究对象的半幅路基模型试验。离心模型试验分为三大工况,具体细节如下所述:

工况一(原型):三工区试验段起讫里程为 K179+460~K179+680,长度为220m。路基中心填筑高度为2.18~4.09m(采用4m的原型路基高度),共计填筑8层,93区4层、95区2层、97区2层,路基边坡坡率为1:2,砾石土包边,路基顶面以下1.0m处设置两布一膜。

①路面。模型中路面采用与原型一致的荷载以达到试验目的。原型路面作用在路基上的应力值为22kPa,可以采用整块材料(与路面荷载一致的塑料或钢板,即重量等效,约0.44kPa,即约每平方米43kg)代替路面。

②路基。高度8cm(模拟实际路基4.0m),路基填土采用风积沙,包边土采用粒径值为2~10mm的粗集料模拟,包边土厚度为6.1cm(原型路基包边土厚度为305cm)。压实度与原型路基保持一致,上路基为97%(风积沙标准干密度为1.63g/cm³),下路基为93%(风积沙标准干密度为1.66g/cm³)。

③地基。根据原型地基土的分布特点,模型地基土从上到下的分布为0.7cm的风积沙,压实度控制在93%~95%之间。试验模型的具体尺寸如图3.51所示。

工况二:采用其路基高度为5m,路基边坡坡率为1:2,采用戈壁料包边,其中包括在路基顶面以下1.0m和1.6m处设置两布一膜以及在相应位置处设置土工格室和土工格栅,如图3.52所示。

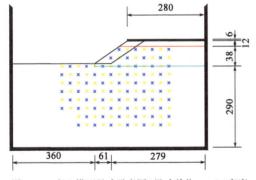

图3.51 离心模型尺寸示意图(尺寸单位:mm)(高度4m,坡率1:2)

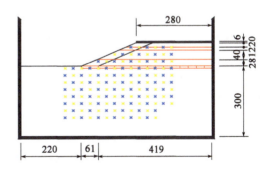

图3.52 离心模型尺寸示意图(尺寸单位:mm)(高度5m,坡率1:2)

工况三:采用其路基高度为4m,路基边坡坡率为1:1.5,采用戈壁料包边,其中包括在路基顶面以下1.0m和1.6m处设置两布一膜,如图3.53所示。

本次试验测试元件有:

①激光位移传感器。测试土体表面变形。

②土压力。采用 DYB-1 型电阻应变式土压力盒测试。

③土体内部变形。用数码相机定点拍摄运动模型箱内模型变化,计算机对数字图像进行处理,利用测量软件处理后得到位移,停机后对土体上绘制的格栅进行测量。

3.4.5 离心模型试验结果分析

从相机中可复制出各工况在不同加速度条件下,模型中各标记点的位置,如图 3.54 所示。

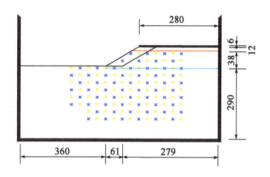 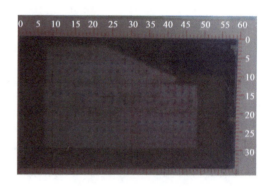

图 3.53 离心模型尺寸示意图(尺寸单位:cm) 　　图 3.54 50g 加速度下的模型图片
　　　　（高度 4m,坡率 1:1.5）

对所得出的数据和图片进行数字化处理,如把每张图片加载进入 getdata 软件中,完成图片的数字化工作,最后导出图上各标记点的位置坐标,而后通过 Excel 表格进行数据坐标的生成作业,最后将各标记点的坐标导入至 CAD 程序中,即可完成图片的数字化过程。

最终得到的模型内部沉降图如图 3.55 ~ 图 3.58 所示。

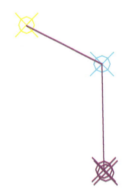 

图 3.55 路基边坡在模拟运营不同时间情况下　　图 3.56 路基坡脚在模拟运营不同时间
　　　　沉降大致趋势　　　　　　　　　　　　　　　情况下沉降大致趋势

根据离心试验结果可得出,当模型加载到 50g 时,离心机运行约 1.5h 左右模型内部的风积沙沉降已经完成。模型的最大沉降量为 0.6mm 左右,其对应的现实工况为 0.6mm × 50 = 30mm,其坡度为 1:2,路基的稳定性良好,说明使用风积沙修筑路基是完全合理的。

图 3.57 路基顶面在模拟运营不同时间情况下沉降大致趋势

图 3.58 地表在模拟运营不同时间情况下沉降大致趋势

随后将运行完成后的风积沙路基模型的不同位置用环刀进行取样操作,每个模型取的位置分别有坡脚位置处、路堤位置处和地基位置处。将取回的试样进行直接剪切试验,如图 3.59～图 3.62 所示。

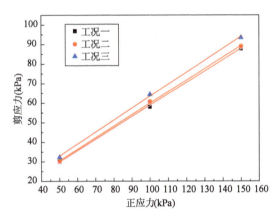

图 3.59 风积沙路基模型坡脚位置处的直剪强度

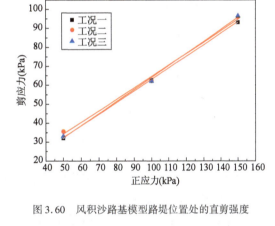

图 3.60 风积沙路基模型路堤位置处的直剪强度

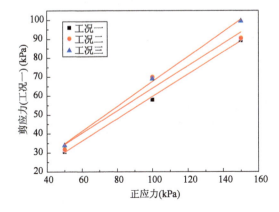

图 3.61 风积沙路基模型地基位置处的直剪强度

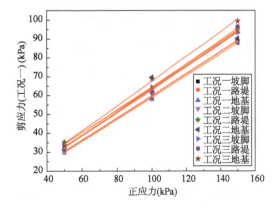

图 3.62 离心试验风积沙取样直剪试验结果

以上结果表明,风积沙在其最优含水率的附近,即 $w_{op} \pm 2\%$ 时,风积沙的稳定性和沉降均能满足相关要求,风积沙压实后,其模量较高。在模型制样的过程中采用相同的压实度,而经过离心试验后,其抗剪强度变化幅度较大,坡脚的抗剪强度最差,其次为路堤的抗剪强度。

3.5 风积沙路基长期性能观测及演变规律分析

3.5.1 实施计划

采取近期(2~3年)、中期(3~8年)与远期(8~15年)统筹规划、分阶段实施的策略,开展近期各目标的研究,为后续开展中期、远期阶段的研究奠定基础。

(1)根据新疆不同地域的气候、地质环境、交通荷载和公路等级等条件,开展沥青路面长期使用性能研究(收集在役道路的交竣工资料及养护管理资料,同时对典型路段进行路用性能的调查),总结新疆路基路面长期性能的主要影响因素及变化规律。

(2)在调查研究的基础上,分别按照重点观测路段和一般观测路段两种类型进行路基路面长期性能研究,同时全面采集新疆典型沥青路面结构及一般观测路段的服役环境数据、内部响应数据以及使用性能数据。

3.5.2 路基路面监测方案

以三岔口至莎车高速公路风积沙路基段为示范点,通过在路基、路面实体工程的观测点上安装压力传感器、应变传感器等多种传感设备来采集观测对象的交通荷载、环境信息等指标。沥青路面结构监测的传感器布置如图3.63所示。

主要监测内容如下:

(1)沥青应变监测。在沥青层底部进行布设,获取沥青混合料层底动态的弯拉应变数据,应变计横向布置,方向有纵向排列和横向排列,以测量垂直方向上的应变。

(2)混凝土应变监测。在沥青层下部的水稳层表层,与沥青应变测试位置对应布设,获取路基层三向应力动态响应数据。

(3)土压力监测。用于测量动态荷载作用下路床层的垂直压力,压力盒布置在路床层顶面及下层,位于内轮道的中心位置,因为预期在该位置车轮对路面结构产生的应力最大。

(4)土壤水分监测。在外车道路床土层布设土壤水分传感器,测量土层含水率。

(5)多点位移监测。测量水稳层及路床层的沉降位移。在行车道外路肩布置多点沉降计,测量基层的变化位移。

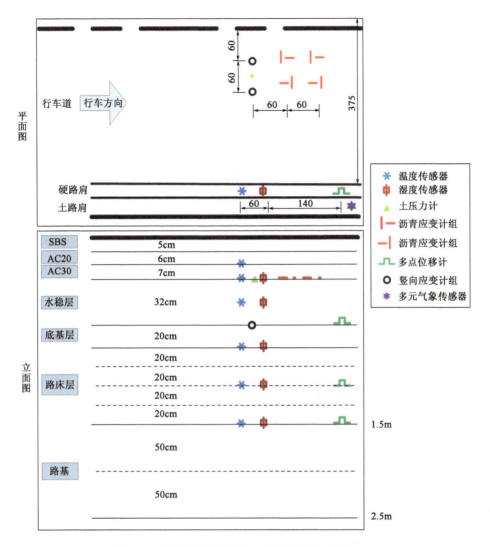

图3.63 沥青路面传感器布置一般示意图(尺寸单位:cm)

(6)温度监测。在车道外硬路肩,从沥青层到路床土层,分层测量。

沥青路面力学响应状态基本均进行动态数据采集,个别结构的底基层进行静态数据采集,环境响应状态均进行静态数据采集。根据动态、静态采集方式的不同,以及不同结构传感器配置方案的不同,需针对各个试验结构配置与之相应的数据采集单元。各结构响应监测所需的动态和静态监测通道数,以及配置的采集单元方案见表3.2。

系统仪器设备数量表　　　　　　　表3.2

序号	设备名称	型号规格	配置数量	安装埋设位置
1 路基路面信息传感子系统				
1.1	内部温度传感器	PT100	6	按层分布,每层1个
1.2	土壤水分传感器	FDS	5	按层分布,每层1个

续上表

序号	设备名称	型号规格	配置数量	安装埋设位置
1.3	沥青应变传感器	KM-100HAS	8	沥青层底8个
1.4	竖向应变计	KM-50F	2	水稳层底2个
1.5	土压力盒	L141	1	水稳层顶1个
1.6	多点沉降计	KLA-100A	1	水稳层底、路床层中、底,各1个
1.7	气象传感器	组合	1	路边监测房附近
2 多元数据集成采集子系统				
2.1	远程静态监测单元	DTMCU80-20	1	路边监测房
2.2	自动测量集线箱	DTCEM-20	1	路边监测房
2.3	太阳能供电系统	RE120W	1	监测杆
3 多元数据传输子系统				
3.1	3G无线传输系统	datataker	1	监测杆
3.2	专业软件	DTs_Monitor	1	
3.3	防雷接地系统		1	
4 其他附属设备				
4.1	电缆	2×0.35	700	
4.2	保护钢管	φ50mm	80	
4.3	PVC护管	φ20mm	20	
4.4	PVC护管	φ160 mm	10	
4.5	监测房	1.5×2,带门锁	1	路边

3.5.3 长期性能观测点建设

结合高速公路风积沙路基典型结构稳定性能及整体强度变化规律研究,2016年7月21日—2016年8月4日,课题组对新疆典型区域沥青路面长期使用性能研究项目一般观测点(三岔口至莎车高速公路风积沙路基段)的观测设备进行了埋设。

根据调研,将埋设断面选择在K194+025右幅,该段地处沙漠段,路堤、路床采用风积沙填筑,天然砂砾包边。路基顶层采用天然砂砾填筑,26cm天然级配砂砾底基层,35cm水泥稳定砂砾基层,4cmSBSAC-13+5cmAC-20+7cmAC-25+1cm碎石同步封层。观测段基础开挖如图3.64所示。

在路基顶以下40cm、80cm处分别埋设一层温、湿度传感器。路面底基层底部埋设一层温、湿度传感器;水泥稳定砂砾层底埋设一层竖向应变计,中部埋设一层温、湿度传感器;沥青下面层底部安设温度传感器、土压力计、沥青应变计组合,中面层底部安设温度传感器,如图3.65所示。

路基、底基层传感器埋设均利用开挖出来的原填筑材料夯实回填。压实度控制在规范要求范围内。

图 3.64 观测段基础开挖

图 3.65

c)   d)

图 3.65　观测段仪器设备埋设

3.5.4　风积沙路基长期性能演变规律分析

风积沙路基长期性能观测点于 2016 年 11 月 9 日正式开始监测,结合目前数据监测情况,以及在站工作时间原因,对 2016 年 11 月 9 日—2017 年 7 月 31 日的数据进行了路基性能演变规律分析。

1）路基温度监测数据分析

路基温度监测数据分析见表 3.3。

路基温度随时间变化数据　　　　　　　　　　表 3.3

深度 (cm)	路基温度随时间变化(℃)								
	2016.11	2016.12	2017.1	2017.2	2017.3	2017.4	2017.5	2017.6	2017.7
9	17.56	1.43	0.69	11.95	24.81	23.95	25.33	46.02	47.33
16	14.11	2.73	1.21	12.93	25.92	26.24	27.50	40.12	43.76
32	11.47	3.71	0.93	11.94	23.80	27.23	31.25	34.08	37.87
74	14.95	4.01	0.40	8.96	18.73	24.94	33.66	34.40	36.50
110	17.73	6.02	2.07	8.28	16.47	23.37	31.81	34.03	35.33
160	19.89	8.24	4.06	8.17	14.74	21.39	29.18	32.73	33.51

2）路基水分监测数据分析

路基水分监测数据分析见表 3.4。

路基湿度随时间变化数据　　　　　　　　　　表 3.4

深度 (cm)	路基湿度随时间变化(%)(质量百分数)								
	2016.11	2016.12	2017.1	2017.2	2017.3	2017.4	2017.5	2017.6	2017.7
16	0.02	0.01	0.01	0.01	0.14	0.14	0.14	0.03	0.14
32	0.14	0.14	0.20	0.15	0.15	0.18	0.13	0.21	0.15

续上表

深度 (cm)	路基湿度随时间变化(%)(质量百分数)								
	2016.11	2016.12	2017.1	2017.2	2017.3	2017.4	2017.5	2017.6	2017.7
74	0.12	0.09	0.16	0.09	0.10	0.12	0.12	0.15	0.13
110	0.08	0.07	0.07	0.07	0.08	0.08	0.08	0.09	0.09
160	0.16	0.14	0.14	0.14	0.15	0.16	0.17	0.18	0.18

3)各结构层的竖向变形监测数据分析

各结构层的竖向变形监测数据分析见表3.5。

各结构层的竖向变形随时间变化数据 表3.5

深度 (cm)	路基沉降位移随时间变化(mm)								
	2016.11	2016.12	2017.1	2017.2	2017.3	2017.4	2017.5	2017.6	2017.7
48	0	−0.65	−0.93	−0.45	−0.13	−0.21	0.27	0.72	0.96
110	0	−0.94	−1.69	−1.10	−0.84	−0.31	0.617	1.08	2.33
160	0	−0.69	−1.50	−1.05	−0.56	−0.21	0.627	1.14	1.22

4)动态荷载作用下路床层的垂直压力监测数据分析

动态荷载作用下路床层的垂直压力监测数据分析如图3.66所示。

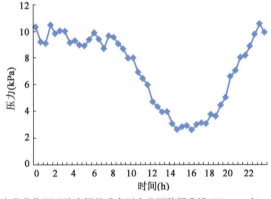

图3.66 动态荷载作用下路床层的垂直压力监测数据曲线(以2017年7月1日为例)

由表3.3～表3.5和图3.66可以看出,风积沙路基中的温度随季节变化明显,路基中含水率较低,随深度变化不明显;各结构层的竖向变形量小,动态荷载作用下路床层的垂直压力随车辆运行变化明显。从路基变形数据可以看出,风积沙路基稳定性较好。

3.6 本章小结

本章以新疆首次大规模采用风积沙修筑的高速公路项目省道215线三岔口至莎车高速公路为依托工程,对高速公路风积沙路基典型结构稳定性能及整体强度变化规律开展研究。采用工程调研与资料调研相结合、室内试验与现场试验相结合、理论分析与数值分析相结合等技术手段,对风积沙路基力学行为特征、风积沙路基变形发展、风积沙路基整体强度变化规律、风积沙路基结构长期性能的演变规律以及路面长期性能进行了系统分析。

(1)风积沙在路基压实度小于93%时,路基是不稳定的,特别是当路基填筑高度为8m时,路堤模型计算已经不收敛,路基已经产生了破坏。

(2)包边土对路基稳定性起到了很大作用,通过有无包边土的对比,在同等工况下,有包边土路基的塑性变形区会减小,尤其是路基压实度在93%时的工况尤为明显;没有包边土的风积沙路基边坡处已经出现了整体塑性变形区,此时风积沙路基边坡是不稳定的,边坡已经产生破坏和滑移。

(3)通过离心模型试验验证,典型结构风积沙路基坡度为1∶2时,路基的稳定性可达到较好效果。

第 4 章

粗颗粒盐渍土路基变形性状

西部地区独特的自然地理环境和气候特征，使盐渍土的形成和分布较为广泛，多集中在山前冲(洪)积扇倾斜砾质平原前沿细土平原区、扇间过渡带低地以及干涸湖盆地带。西部地区存在着大面积的粗颗粒盐渍土，但对于粗粒盐渍土工程特性的掌握较少，高等级公路在盐渍土地区的迅猛发展又使粗颗粒盐渍土的工程性质、路基填料的可用性及分类评判标准等问题随之出现。通过近几年来对盐渍土地区工程地质研究及公路工程实践发现，公路工程作为线形构筑物需跨越不同的地质地貌单元、气候区域，盐渍土的工程性质差异很大，单纯的沿用过去针对工业与民用建筑地基基础设计而制定的盐渍土分类进行公路工程勘察设计存在很多不足[23-36]。盐渍土在水、热、力学等方面均表现出较大的不稳定性[37-43]，为丰富和完善粗颗粒盐渍土的工程理论，避免片面夸大粗颗粒盐渍土的危害，紧密结合盐渍土地区公路建设的生产实践，通过大型模型试验，从土、水、盐、温、力 5 个方面对粗颗粒盐渍土的盐胀和溶陷特性进行深入研究[44-46]，提出合理的粗颗粒盐渍土用于路基填料的评判指标及其综合分类系统。

4.1 粗颗粒盐渍土的盐胀特性

盐胀试验土样中的细粒土均按照土分类的极限值进行配制。其中,含细粒土砂中细粒土的含量取15%,细粒土质砂和细粒土质砾中细粒土的含量均取50%。同时,筛出粒径为2mm>d≥0.075mm的粗颗粒土来配制砂类土,而用粒径在40mm>d≥0.075mm的粗颗粒土配制砾类土,并开展若干次自来水与蒸馏水洗盐烘干处理,以降低土中其他盐分对试验结果的不确定性,添加天然黄土(过0.075mm土壤筛)作为细粒土。具体的配土方案见表4.1和表4.2。

砂类土配土方案

表4.1

粒径(mm)	2>d≥1	1>d≥0.5	0.5>d≥0.25	0.25>d≥0.075	d<0.075
含细粒土砂(%)	10	30	30	15	15
细粒土质砂(%)	10	15	15	10	50

砾类土配土方案

表4.2

粒径(mm)	40>d≥20	20>d≥10	10>d≥5	5>d≥2	2>d≥1	1>d≥0.5	0.5>d≥0.25	0.25>d≥0.075	d<0.075
质量(%)	5	10	10	5	5	10	2.5	2.5	50

配制好试验所需要的素土后,进行重型击实试验,通过绘制干密度与含水率击实关系曲线,得出含细粒土砂、细粒土质砂及细粒土质砾素土土样的最大干密度与最佳含水率,试验结果见表4.3。

土样击实特性

表4.3

土 样	最大干密度(g/cm^3)	最佳含水率(%)
含细粒土砂	1.975	11.0
细粒土质砂	2.125	8.4
细粒土质砾	2.224	6.4

盐胀试验以DW-40型高低温试验箱(可控温度为-40~60℃)为基础,采用内径24cm,高25cm的有机玻璃桶作为试验容器,如图4.1所示,盐胀降温等级依次为25℃→20℃→15℃→10℃→5℃→0℃→-5℃→-10℃→-15℃,并记录每一级的盐胀量以便于分析。按照上述试验的配土方案及试验装置分别展开温度、含盐量、含水率、压实度、附加荷载等5个因素作用下的盐胀试验。

4.1.1 温度变化单因素盐胀特性

为了探索粗颗粒盐渍土盐胀的起胀温度、温度敏感区间范围以及持续降温时间对盐胀率的影响,分别配制仅添加Na_2SO_4和仅添加$NaCl$的两种类型盐渍土,此时含水率取最佳含水率，压实度为93%，盐量初始值根据已有的研究成果取0.5%，控制其他因素一定，且不添加附加荷载。通过试验结果可得，含细粒土砂、细粒土质砂和细粒土质砾3种类型土样盐胀率与逐次降温时间关系曲线如图4.2～图4.4所示。

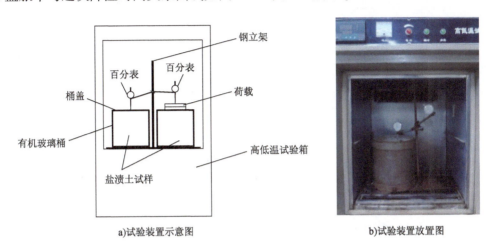

图4.1 盐胀试验图

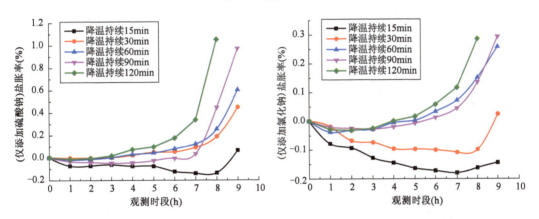

图4.2 含细粒土砂盐渍土的盐胀率与逐次降温时间关系曲线

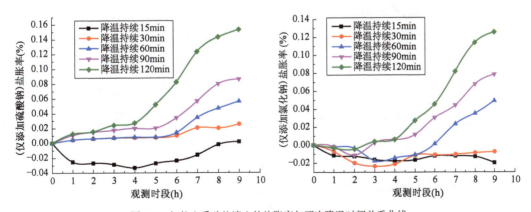

图4.3 细粒土质砂盐渍土的盐胀率与逐次降温时间关系曲线

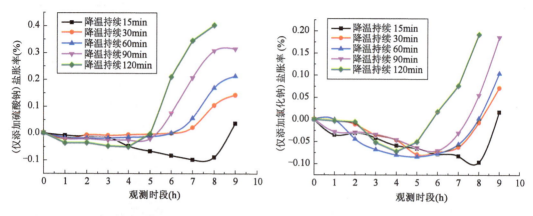

图 4.4　细粒土质砾盐渍土的盐胀率与逐次降温时间关系曲线

由图 4.2～图 4.4 可知,随着各级降温持续时间的变长,各试样的盐胀率均有不同程度的增加,且当降温持续时间为 120min 时,盐胀率最大。其中,对于 3 类土试样,仅添加硫酸钠的盐渍土和仅添加氯化钠的盐渍土的盐胀起胀温度范围在 0～-5℃之间,当温度降到 -10℃时,盐胀最为敏感。由图 4.2～图 4.4 可以看出,3 种类型土样的试验结果都是硫酸钠盐渍土最终的盐胀率明显大于氯化钠盐渍土的盐胀率。由于当逐次降温持续时间为 60min 时,试样已经具有较大的盐胀率,且盐胀率居于其他持续降温时间所测盐胀率之间,可见此盐胀试验结果对探究盐胀量的大小已具有代表性,为便于试验操作,在后续试验中,单次降温持续时间均取 60min。

4.1.2　含盐量变化单因素盐胀特性

基于上述降温速率,取试样压实度为 93%,含水率取素土的最佳含水率,附加荷载为 0kPa,配置硫酸盐渍土(仅添加 Na_2SO_4)和亚硫酸盐渍土($Cl^-/SO_4^{2-}=0.5$),并改变易溶盐的含量,以探索含细粒土砂、细粒土质砂、细粒土质砾 3 种不同类土的硫酸和亚硫酸盐渍土的盐胀规律。试验结果如图 4.5～图 4.7 所示。

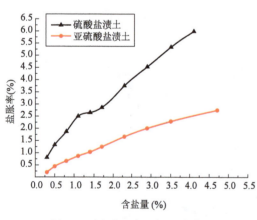

图 4.5　含细粒土砂盐渍土盐胀曲线

从图 4.5～图 4.7 中可以看出,在其他条件一定的情况下,粗粒盐渍土的盐胀率随着含盐量的增加而增加,硫酸盐渍土的盐胀率均大于亚硫酸盐渍土。当含盐量为 0.5% 时,3 类盐渍土试样都开始出现一定量的盐胀,故起胀含盐量均取 0.5%。同时,为了便于后续相关试验的开展,按照高等级公路容许盐胀率为 1% 的标准确定破坏含盐量,含细粒土砂硫酸及亚硫酸盐渍土的破坏含盐量分别取 2.2%、1.4%，细粒土质砂硫酸及亚硫酸盐渍土的破坏含盐量分别取 2.2%、2.6%，细粒土质砾硫酸及亚硫酸盐渍土的破坏含盐量分别取 2.3%、2.6%。

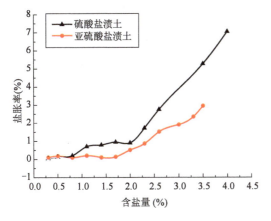

图 4.6　细粒土质砂盐渍土盐胀曲线

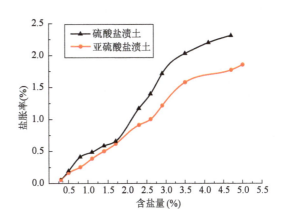

图 4.7　细粒土质砾盐渍土盐胀曲线

4.1.3　含水率变化单因素盐胀特性

为了探究含水率对不同盐渍土盐胀的影响，此次试验同样以硫酸盐渍土和亚硫酸盐渍土为研究对象，在压实度为 93%，附加荷载为 0kPa 的条件下，针对上述试验所得的起胀含盐量和破坏含盐量两种情况，通过调节试样的含水率，以观测其在最佳盐胀温度区间和降温速率下的盐胀变化。根据试验结果可得图 4.8～图 4.13 所示曲线图。

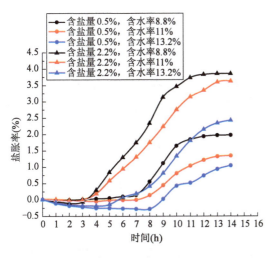

图 4.8　含细粒土砂硫酸盐渍土

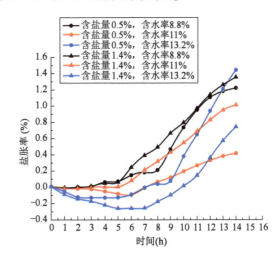

图 4.9　含细粒土砂亚硫酸盐渍土

从图 4.8～图 4.13 中可以看出，任何一种盐渍土的试样随着温度的降低，均会发生不同程度的盐胀，且对于含盐量相同的同一种盐渍土，随着土体含水率的增大，土样产生盐胀的起胀温度会降低。当含盐量为破坏含盐量时，在 3 类盐渍土中，不论是硫酸盐渍土还是亚硫酸盐渍土,都是含水率低的试样所产生的最终盐胀率大于含水率高的。然而,当含盐量为起胀含盐量时,这种现象并不明显,这是因为试样的含盐量很低,随着温度的降低,尤其是温度降到0℃以下时,试样的含水率越高,产生的冻胀越大,且因含水率较高所产生的冻胀比温度较低,所产生的盐胀对试样的影响更大,故而变形并非全是盐胀所致。

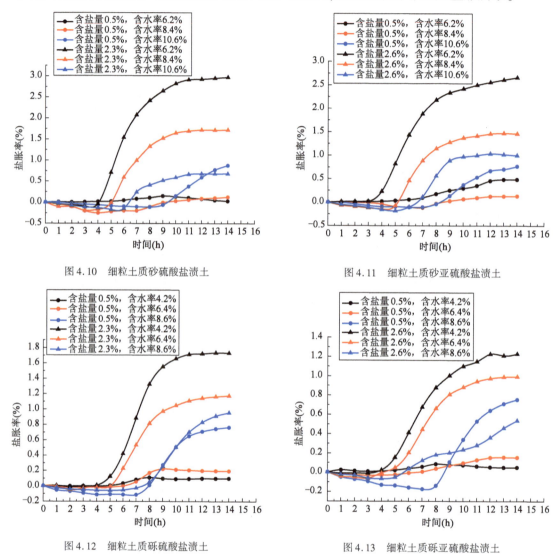

图4.10 细粒土质砂硫酸盐渍土

图4.11 细粒土质砂亚硫酸盐渍土

图4.12 细粒土质砾硫酸盐渍土

图4.13 细粒土质砾亚硫酸盐渍土

4.1.4 压实度变化单因素盐胀特性

根据试验方案,在试样为最佳含水率且无加附加荷载的条件下,通过调节土样的压实度,开展了土体密实程度对粗粒硫酸和亚硫酸盐渍土盐胀率影响的试验。其中试样的压实度分别为89%、93%、97%,含盐量分别取起胀含盐量和破坏含盐量。根据试验结果,绘制曲线图见图4.14~图4.19。

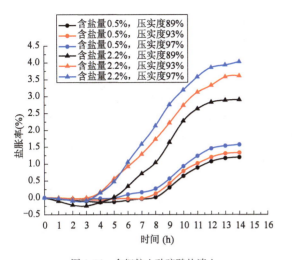

图 4.14　含细粒土砂硫酸盐渍土

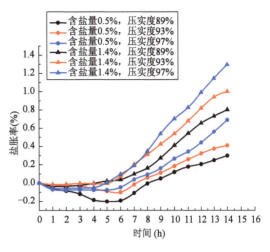

图 4.15　含细粒土砂亚硫酸盐渍土

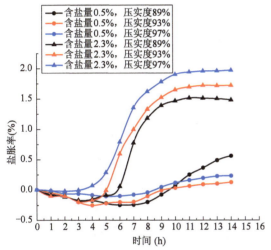

图 4.16　细粒土质砂硫酸盐渍土

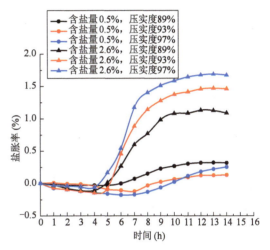

图 4.17　细粒土质砂亚硫酸盐渍土

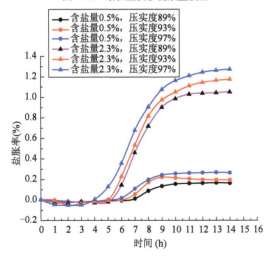

图 4.18　细粒土质砾硫酸盐渍土

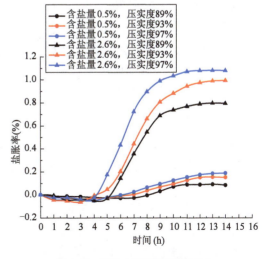

图 4.19　细粒土质砾亚硫酸盐渍土

从图 4.14～图 4.19 中可以看出,对于同一类盐渍土,当含盐量、含水率相同,而压实度不同时,硫酸盐盐渍土和亚硫酸盐盐渍土的盐胀起胀温度区间基本相同。可见,压实度对粗粒盐渍土的盐胀起胀温度区间影响较小。对于细粒土质砂,当含盐量(0.5%)较小时,压实度(89%)较小的试样最终盐胀率大;当含盐量较大时,试样的盐胀率随着压实度的减小而减小。对于含细粒土砂和细粒土质砾,不论含盐量为多少,最终盐胀率均随着压实度的增大而增大。这是由于压实度越大,试样越密实,孔隙率则越小,随着盐分吸水结晶,芒硝晶体很容易填充孔隙进而产生膨胀,导致盐胀量较大。且当压实度相同时,同一种盐渍土的含盐量越大,对应的盐胀率也越大。

4.1.5 附加荷载变化单因素盐胀特性

对于附加荷载这一影响盐胀因素的研究,是在破坏含盐量、最佳含水率、压实度为 93% 的条件下开展的,通过附加荷载等级的变化,分别分析其对硫酸盐渍土和亚硫酸盐渍土盐胀率的影响作用。根据试验结果,绘制附加荷载与盐胀率的关系曲线,如图 4.20～图 4.22 所示。

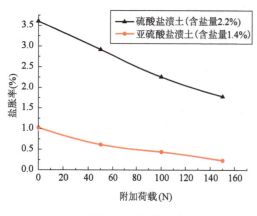

图 4.20 含细粒土砂

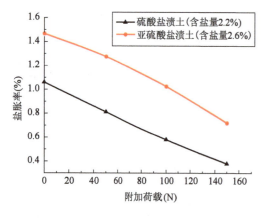

图 4.21 细粒土质砂

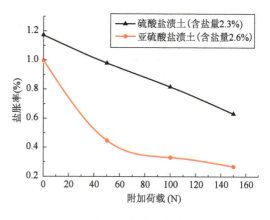

图 4.22 细粒土质砾

从图 4.20～图 4.22 中可以看出,对于 3 类盐渍土而言,其上覆荷载的添加,对盐渍土的盐胀具有一定的抑制作用,且附加荷载越大,对应盐渍土的盐胀率越小。可见,通过增加盐渍土地基的上覆荷载,在一定程度上能抑制其沉降变形。

4.2 粗颗粒盐渍土的溶陷特性

溶陷作为粗颗粒盐渍土区别于细粒盐渍土的另一个典型工程特性,其溶陷变形量的大小,在一定程度上决定着粗颗粒盐渍土的路基适用范围。与盐胀相同,溶陷也是影响其用于路基填料的一个重要指标。以粗颗粒硫酸盐及亚硫酸盐渍土为研究对象,通过对试验仪器进行改造,同时确定各因素合理的试验范围,开展室内大型溶陷试验。利用溶陷系数对其溶陷性进行评价,以分析粗颗粒盐渍土的溶陷与各影响因素间的关系。

4.2.1 溶陷试验设计

1) 试验配土方案

为了使试验结果更具一致性和代表性,便于分析对照,故溶陷试验所用含细粒土砂、细粒土质砂、细粒土质砾的配土方案均与盐胀试验相同。

2) 试验设计

由于现有规范的溶陷试验都是针对细粒土开展的,而此次试验对象为粗颗粒盐渍土,若按细粒土的试验方法进行取样试验,则与实际工况严重不符,不能反映原粗颗粒盐渍土的实际工程特性。为了使试验结果更具真实性与可靠性,在原溶陷试验的基础上对试验所用的仪器进行了设计改造,通过考虑粗颗粒土间的颗粒效应,制作了适用于粗粒盐渍土的溶陷试验仪器。粗颗粒盐渍土的溶陷试验仪器主要由电脑控制系统、加压系统和粗颗粒土样盛放容器三部分组成。其中,粗颗粒盐渍土的盛放容器为有机玻璃桶,其直径为28cm,容器的上、下面可以自由排水,并且在上面加钢排水板,使试样均匀负荷。同时,为了避免试样装置在受力后产生侧向变形而影响试验结果,故在有机玻璃桶外侧安装一个铁箍。加压系统为电子万能试验机,其可以通过电脑控制系统输入编写的程序进行自动加载控制,如图4.23所示。

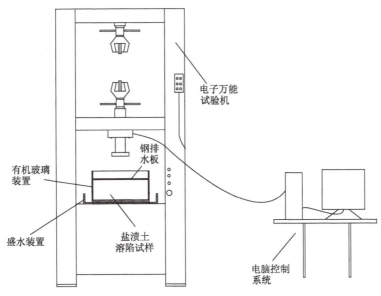

图4.23 溶陷试验装置示意图

根据《盐渍土地区公路设计与施工指南》中的规定,溶陷试验的总压力应根据建筑场地地基承受的自重压力和附加压力的大小来定,一般不宜小于200kPa。因此,利用室内压缩试验进行盐渍土溶陷系数的计算时,浸水稳定加载压力取200kPa。试验采用单线法进行,其中,0~200kPa,每50kPa为一级荷载施加,逐级加载,以试样每小时不超过0.01mm为压缩稳定标准,再施加下一级荷载。在200kPa荷载下,试样变形稳定后加无离子水由上而下浸湿试样,待变形稳定之后逐级加载(每级100kPa),至300kPa停止,读取各级荷载下的稳定变形量。200kPa之前每50kPa加载,加载时间为10min,稳定时间为1h;200kPa加载稳定时间为1h,加水后浸湿3d;300kPa加载时间为10min,稳定1h。根据试验数据结果,绘制溶陷试验曲线,如图4.24所示。

按式(4.1)计算盐渍土的溶陷系数。

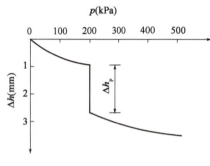

图 4.24 溶陷试验曲线图

$$\delta = \frac{\Delta h_p}{h_0} = \frac{h_p - h_p'}{h_0} \times 100\% \qquad (4.1)$$

式中:h_0——盐渍土试样原始高度;

h_p——压力 p 稳定变形试样高度;

h_p'——压力 p 浸水溶陷变形稳定后试样高度。

3)试验安排方案

根据已有的试验条件及试验需要,分别配置不同含盐量和含水率条件下的含细粒土砂硫酸及亚硫酸盐渍土、细粒土质砂硫酸及亚硫酸盐渍土、细粒土质砾硫酸及亚硫酸盐渍土,并养护48h以上。表4.4~表4.6分别列出了试验所需的各个因素及具体的试验安排。

含细粒土砂盐渍土溶陷试验安排 表4.4

试验编号	硫酸盐渍土			亚硫酸盐渍土		
	含盐量(%)	含水率(%)	压实度(%)	含盐量(%)	含水率(%)	压实度(%)
1	0.5	7	93	0.5	5	93
2	0.5	8	93	0.5	7	93
3	0.5	9	93	0.5	9	93
4	0.5	11	93	0.5	11	93
5	0.5	13	93	0.5	13	93
6	1	11	93	0.8	11	93
7	1.5	7	93	1	7	93
8	1.5	9	93	1	9	93
9	1.5	11	93	1	11	93
10	1.5	13	93	1	13	93

续上表

试验编号	硫酸盐渍土			亚硫酸盐渍土		
	含盐量(%)	含水率(%)	压实度(%)	含盐量(%)	含水率(%)	压实度(%)
11	1.5	13	89	1	13	89
12	1.5	9	89	1	9	89
13	2.2	7	93	1.4	5	93
14	2.2	8	93	1.4	7	93
15	2.2	9	93	1.4	9	93
16	2.2	11	93	1.4	11	93
17	2.2	13	93	1.4	13	93
18	2.2	13	89	1.4	13	89
19	2.2	9	89	1.4	9	89
20	3	11	93	2	11	93

细粒土质砂盐渍土溶陷试验安排 表4.5

试验编号	硫酸盐渍土			亚硫酸盐渍土		
	含盐量(%)	含水率(%)	压实度(%)	含盐量(%)	含水率(%)	压实度(%)
1	0.5	8.4	93	0.5	8.4	93
2	1	8.4	93	1	8.4	93
3	1.5	2.4	93	1.5	2.4	93
4	1.5	4.4	93	1.5	4.4	93
5	1.5	6.4	93	1.5	6.4	93
6	1.5	6.4	89	1.5	6.4	89
7	1.5	8.4	93	1.5	8.4	93
8	1.5	10.4	93	1.5	10.4	93
9	1.5	10.4	89	1.5	10.4	89
10	2.2	2.4	93	2.6	2.4	93
11	2.2	4.4	93	2.6	4.4	93
12	2.2	6.4	93	2.6	6.4	93
13	2.2	6.4	89	2.6	6.4	89
14	2.2	8.4	93	2.6	8.4	93
15	2.2	10.4	93	2.6	10.4	93
16	2.2	10.4	89	2.6	10.4	89
17	3	8.4	93	3	8.4	93

细粒土质砾盐渍土溶陷试验安排 表4.6

试验编号	硫酸盐渍土			亚硫酸盐渍土		
	含盐量(%)	含水率(%)	压实度(%)	含盐量(%)	含水率(%)	压实度(%)
1	0.5	6.4	93	0.5	6.4	93
2	1	6.4	93	1	6.4	93

续上表

试验编号	硫酸盐渍土			亚硫酸盐渍土		
	含盐量(%)	含水率(%)	压实度(%)	含盐量(%)	含水率(%)	压实度(%)
3	1.5	2.4	93	1.5	2.4	93
4	1.5	4.4	93	1.5	4.4	93
5	1.5	4.4	89	1.5	4.4	89
6	1.5	6.4	93	1.5	6.4	93
7	1.5	8.4	93	1.5	8.4	93
8	1.5	8.4	89	1.5	8.4	89
9	1.5	10.4	93	1.5	10.4	93
10	2.3	2.4	93	2.6	2.4	93
11	2.3	4.4	93	2.6	4.4	93
12	2.3	4.4	89	2.6	4.4	89
13	2.3	6.4	93	2.6	6.4	93
14	2.3	8.4	93	2.6	8.4	93
15	2.3	8.4	89	2.6	8.4	89
16	2.3	10.4	93	2.6	10.4	93
17	3	6.4	93	3	6.4	93

根据上述的试验方案依次开展粗颗粒硫酸盐渍土和亚硫酸盐渍土的溶陷试验,其中,试验流程依次为配土、添加盐分、拌样、土样击实、土样加载、浸水及实时监测变形等,具体试验实物图如图4.25所示。待每种粗颗粒盐渍土的试验全部完成后,对试验数据结果进行整理分析。

(1)拌样

(2)制样

图 4.25

(3)装钢板　　　　　　　　　(4)加载

a)试样制作过程图

b)试验装置全图

图 4.25　溶陷试验装置实物图

4.2.2　含细粒土砂硫酸盐渍土溶陷特性

当压实度为93%时,考虑不同含盐量盐渍土的溶陷系数随初始含水率变化的关系,如图 4.26 所示。

从图 4.26 中可以看出,当含盐量和压实度一定时,随着含水率的增加,含细粒土砂硫酸盐渍土的溶陷系数呈现先减小后增大的趋势。当土样初始含水率较小时,盐渍土的溶陷系数却比较大,且含盐量越高,这种现象越明显。这是由于刚开始土体中的骨架结构整体比较大且部分盐分以晶体存在,当压力加至200kPa稳定加水后,土样结构水被浸泡变软,导致连接强度降低。与此同时,土样中的盐分随着水的渗入被溶解带走,导致土体中出现孔隙,随着盐分的不断流出,最终导致土体不能承受原载荷,出现较大的沉降变形。而对于含水率和压实度相同的试样,在试验的范围内,整体上表现为含盐量越大,溶陷系数也越大。

当含水率为最佳含水率11%,压实度为93%时,含细粒土砂硫酸盐渍土的含盐量与溶陷系数的关系曲线如图 4.27 所示。

由图 4.27 可知,随着含盐量的逐渐增大,含细粒土砂硫酸盐渍土的溶陷系数在含盐量小于1%时增长较快,从1%到破坏含盐量2.2%,其溶陷系数变化较缓,当超过破坏含盐量2.2%后,溶陷系数又以较快的速度增长。然而,即使含细粒土砂硫酸盐渍土达到盐胀破坏含盐量,其溶陷系数仍不足1%。

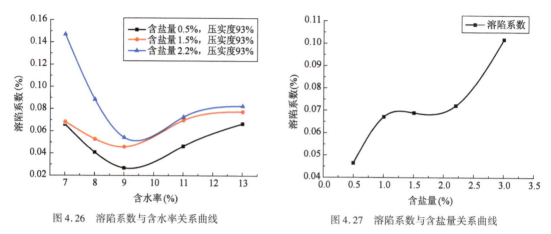

图4.26 溶陷系数与含水率关系曲线　　　图4.27 溶陷系数与含盐量关系曲线

为了对比不同压实度下盐渍土的溶陷变形量的大小,根据试验结果数据,绘制如图4.28所示的溶陷曲线。

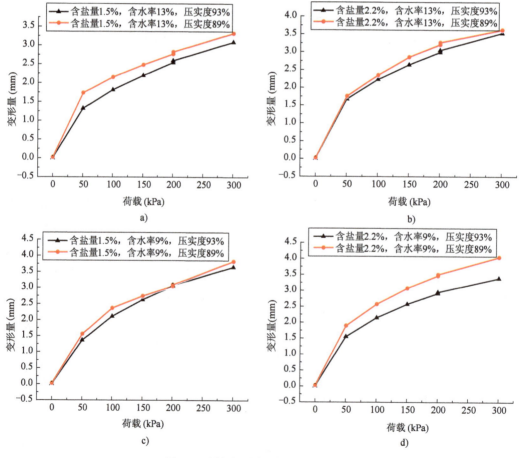

图4.28 压实度不同时溶陷变形对比曲线

从图 4.28 中可以看出,当含盐量和含水率相同时,压实度不同会对盐渍土总变形量产生一定的影响,并且正常情况下压实度为 89% 的试样所产生的总变形量大于压实度为 93% 的试样。若是压实度为 93% 的试样上面的钢排水板没有与试样紧密接触,存在一定的缝隙,随着各级载荷的不断加大至 200kPa,两者间的间隙被逐渐压缩,在 200kPa 稳定加载并且还未加水前,也可能导致产生较大的变形,但这非溶陷所致,最终盐渍土的溶陷量总是压实度大的试样溶陷系数相对较小。与此同时,从图 4.28 中可以看出,在 200kPa 稳定加载并加水后,图 4.28a) 中,压实度为 93%、89% 试样的溶陷系数分别为 0.077%、0.084%;图 4.28b) 中,压实度为 93%、89% 试样的溶陷系数分别为 0.082%、0.086%;图 4.28c) 中,压实度为 93%、89% 试样的溶陷系数分别为 0.045%、0.063%;图 4.28d) 中,压实度为 93%、89% 试样的溶陷系数分别为 0.054%、0.056%。由此可见,压实度越大的盐渍土试样所产生的溶陷量越小。

4.2.3　含细粒土砂亚硫酸盐渍土溶陷特性

按照试验安排对人工配置的含细粒土砂亚硫酸盐渍土展开溶陷试验,并根据试验数据进行分析。当压实度为 93% 时,考虑不同含盐量盐渍土的溶陷系数随初始含水率变化的关系,绘制曲线如图 4.29 所示。

从图 4.29 中可以看出,当含盐量和压实度一定时,含细粒土砂亚硫酸盐渍土的溶陷系数随着含水率的增加整体呈下降趋势,直至含水率超过 11% 时,溶陷系数又随着含水率的增加而增加,且同一含水率所对应含盐量高的溶陷系数大。

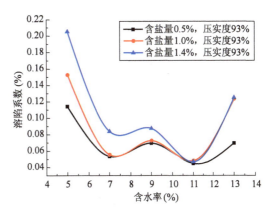

图 4.29　溶陷系数与含水率关系曲线

当含盐量和含水率相同时,根据试验数据所绘压实度对照曲线如图 4.30 所示。

从图 4.30 中可以看出,当含盐量和含水率相同时,压实度为 89% 的试样所产生的总变形量大于压实度为 93% 的试样,并且所产生的溶陷变形量也满足这种关系。其中,图 4.30a) 压实度为 93%、89% 试样的溶陷系数分别为 0.123%、0.155%;图 4.30b) 中,压实度为 93%、89% 试样的溶陷系数分别为 0.125%、0.207%;图 4.30c) 中,压实度为 93%、89% 试样的溶陷系数分别为 0.072%、0.073%;图 4.30d) 中,压实度为 93%、89% 试样的溶陷系数分别为 0.088%、0.152%。由此可见,压实度越大的盐渍土试样所产生的溶陷量越小。

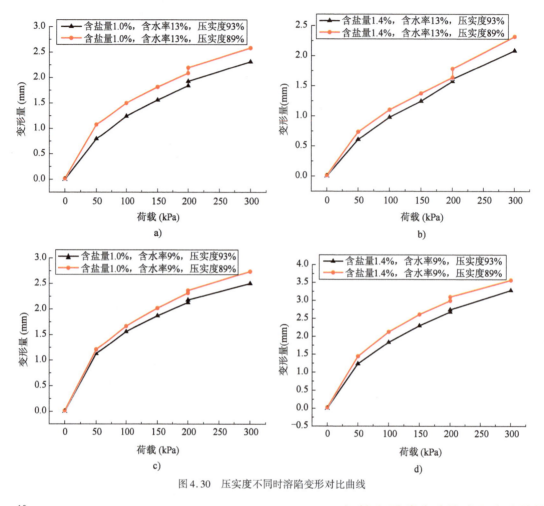

图 4.30 压实度不同时溶陷变形对比曲线

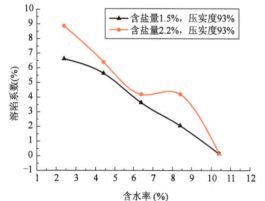

图 4.31 溶陷系数与含水率关系曲线

4.2.4 细粒土质砂硫酸盐渍土溶陷特性

按照试验安排对人工配置的细粒土质砂盐渍土展开溶陷试验,根据试验数据结果进行分析。当压实度为93%时,考虑不同含盐量硫酸盐渍土的溶陷系数随初始含水率变化的关系,绘制曲线如图 4.31 所示。

从图 4.31 中可以看出,当细粒土质砂硫酸盐渍土的含盐量一定且压实度为93%时,随着土体中初始含水率的增加,盐渍土的溶陷系数逐渐减小,且含盐量高的盐渍土试样所产生的溶陷量较大。这是因为当初始含水率较低时,盐渍土体中的易溶盐盐分没有完全溶解,直至加载到200kPa压力稳定并不断加水后,土体中的盐分才逐渐溶于水中并被水流带走,土中出现孔隙。与此同时,土体骨架逐渐被软化,当不足以承受上覆荷载时,促使土颗粒产生相对滑动,重新排列,直至土体内新的连接强度足以平衡外力,土体形成新的结构,而外在表现则为盐渍土发生较大的溶陷变形。

当含水率为最佳含水率 8.4%,压实度为 93% 时,细粒土质砂硫酸盐渍土的含盐量与溶陷系数关系曲线如图 4.32 所示。

从图 4.32 中可知,当细粒土质砂硫酸盐渍土处于最佳含水率 8.4%,压实度为 93% 时,盐渍土土样的溶陷系数随含盐量的增加而增大。当含盐量为 0.5% ~ 2.0% 时,溶陷系数增长速率较慢,当含盐量大于 2.0% 时,盐渍土的溶陷系数以较大速率增长。从图中亦可发现,对于细粒土质砂硫酸盐渍土而言,当含盐量超过 0.8%,其溶陷系数就已经接近 1%。

当含盐量和含水率相同时,压实度对照曲线如图 4.33 所示。

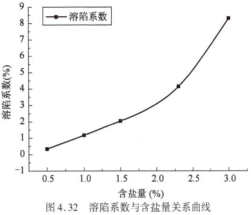

图 4.32 溶陷系数与含盐量关系曲线

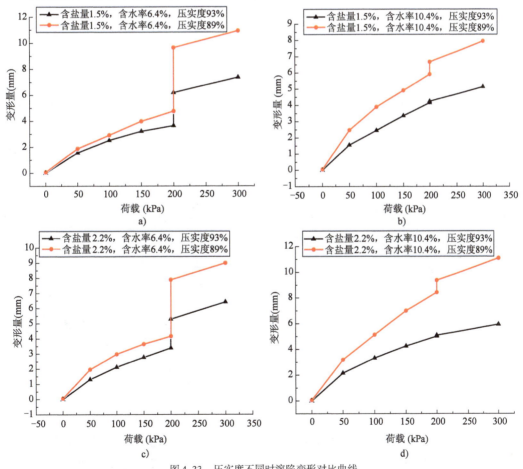

图 4.33 压实度不同时溶陷变形对比曲线

从图 4.33 中可以看出,当含盐量和含水率相同时,压实度为 89% 的试样所产生的总变形量大于压实度为 93% 的试样,且当 200kPa 稳定加载后,随着不断地渗水,压实度为 89% 的试样所产生的溶陷量明显大于压实度为 93% 的。其原因是:当压实度较小时,土体颗粒间的结构相对较为疏松,在各级荷载的不断加载过程中,土体颗粒逐渐变得密实,故产生一定的变形量。当荷载达到 200kPa 并且稳定后,随着水分不断渗入土体,土体骨架逐渐被软化,其内部的易溶盐也被随之溶解流出,这样就造成土体内出现较大的孔隙,致使土样不能承受上覆载荷的压力,从而产生较大的溶陷变形。其中,图 4.33a)压实度为 93%、89% 试样的溶陷系数分别为 3.629%、6.982%;图 4.33b) 中,压实度为 93%、89% 试样的溶陷系数分别为 0.125%、1.086%;图 4.33c) 中,压实度为 93%、89% 试样的溶陷系数分别为 2.711%、5.323%;图 4.33d) 中,压实度为 93%、89% 试样的溶陷系数分别为 0.105%、1.359%。由此可见,压实度越大的盐渍土试样所产生的溶陷量越小。

4.2.5 细粒土质砂亚硫酸盐渍土溶陷特性

当压实度为 93% 时,考虑不同含盐量盐渍土的溶陷系数随初始含水率变化的关系,绘制曲线如图 4.34 所示。

从图 4.34 中可知,细粒土质砂亚硫酸盐渍土的溶陷系数随含水率的增加呈现逐渐递减的趋势,且在最佳含水率附近溶陷系数的变化幅度较小。当含水率和压实度相同时,含盐量高的试样的溶陷系数较含盐量低的试样大。

当含水率为最佳含水率 8.4%,压实度为 93% 时,细粒土质砂亚硫酸盐渍土的含盐量与溶陷系数的关系曲线如图 4.35 所示。

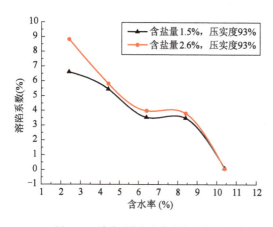

图 4.34 溶陷系数与含水率关系曲线

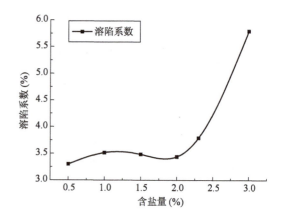

图 4.35 溶陷系数与含盐量关系曲线

从图 4.35 中可以看出,处于最佳含水率状态下的细粒土质砂亚硫酸盐渍土的溶陷系数随含盐量的增加先缓慢增加,当含盐量超过 2.0% 后,溶陷系数以较快速率增长。

当含盐量和含水率相同时,压实度对照曲线如图4.36所示。

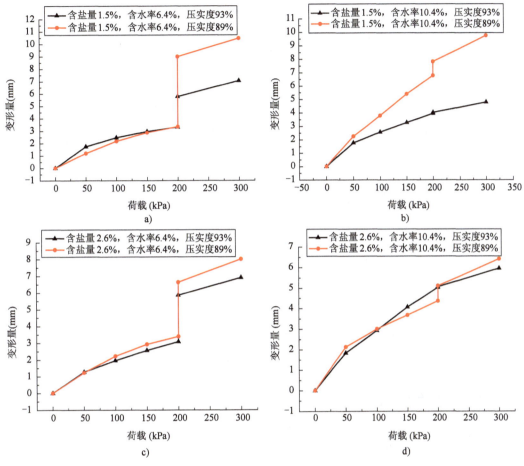

图4.36 压实度不同时的溶陷变形对比曲线

从图4.36中同样可以看出,当含盐量和含水率相同时,压实度为89%的试样所产生的总变形量大于压实度为93%的试样,且当200kPa稳定加载后,随着不断地渗水,压实度为89%的试样所产生的溶陷量明显大于压实度为93%的。其中,图4.36a)压实度为93%、89%试样的溶陷系数分别为3.536%、8.066%;图4.36b)中,压实度为93%、89%试样的溶陷系数分别为0.104%、1.482%;图4.36c)中,压实度为93%、89%试样的溶陷系数分别为3.970%、4.643%;图4.36d)中,压实度为93%、89%试样的溶陷系数分别为0.064%、1.055%。由此可见,压实度越大的盐渍土试样所产生的溶陷量越小。

4.2.6 细粒土质砾硫酸盐渍土溶陷特性

按照试验安排对人工配置的细粒土质砾硫酸盐渍土展开溶陷试验,并根据试验结果数据进行分析。当压实度为93%时,考虑不同含盐量盐渍土的溶陷系数随初始含水率变化的关系,绘制曲线如图 4.37 所示。

从图 4.37 中可以看出,当细粒土质砾硫酸盐渍土的含盐量一定且压实度为 93% 时,随着土体中初始含水率的增加,盐渍土的溶陷系数总体上呈现逐渐减小的趋势;当含水率超过 9% 时,溶陷系数又出现增大的趋势,且土中的含盐量较大时,曲线更为平滑。其理由是当初始含水率较低时,盐渍土体中的易溶盐盐分没有完全溶解,直至加载到 200kPa 压力稳定并不断加水后,土体中的盐分才逐渐溶于水中并被水流带走,土中出现孔隙。与此同时,土体骨架逐渐被软化,当其强度不足以承受上覆荷载时,促使土颗粒产生相对滑动、重新排列,致使土体形成能够平衡外力的新的结构,而外在表现则为盐渍土发生较大的溶陷变形。

当含水率为最佳含水率 6.4%,压实度为 93% 时,细粒土质砾硫酸盐渍土的含盐量与溶陷系数关系曲线如图 4.38 所示。

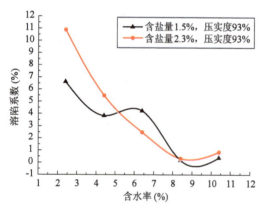
图 4.37 溶陷系数与含水率关系曲线

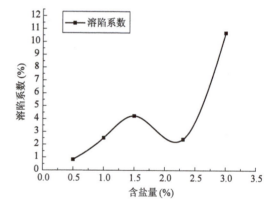
图 4.38 溶陷系数与含盐量关系曲线

从图 4.38 中可知,当细粒土质砾硫酸盐渍土处于最佳含水率 6.4%,压实度为 93% 时,随着含盐量的增加,盐渍土土样的溶陷系数出现先增大后减小再增大的变化趋势。当含盐量为 0.5% ~1.5% 时,溶陷系数增加较慢,当含盐量大于 2.3% 时,盐渍土的溶陷系数以较大速率增长。而且整个试验范围内,细粒土质砾硫酸盐渍土溶陷系数均大于 1%,溶陷变形量不容忽视。与含细粒土砂盐渍土、细粒土质砂盐渍土相比,处于最佳含水率和压实度 93% 的细粒土质砾盐渍土的溶陷系数随含盐量变化的曲线中,在含盐量为 1.5% ~2.3% 范围内出现了明显下降。这可能是由土体中不同粒径的颗粒尺寸效应所引起的。在溶陷系数下降的曲线段中,细粒土质砾中存在部分盐分并以晶体形式存在,与土颗粒紧密结合,正好填充了土中的孔隙,使盐渍土体非常密实,这直接导致水分不易将土中的盐分溶解,故在浸水并加载的条件下,即使易溶盐含量较高,也不会发生较大的溶陷变形。然而,随着含盐量的继续增大,土体中的盐分晶体更加突出,虽然能填充土中的孔隙,但是盐分晶体过多而在土中形成盐层或聚集,当浸水并加载后,盐分还是很快溶解淋滤,致使盐渍土体中出现更大的孔隙,从而发生较大的溶陷变形。

当含盐量和含水率相同时,绘制的压实度对照曲线如图4.39所示。

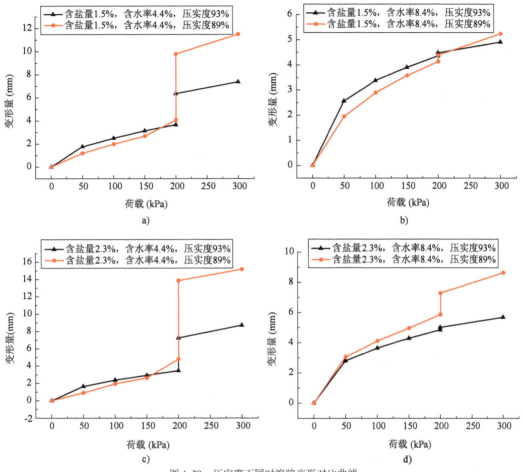

图4.39 压实度不同时溶陷变形对比曲线

从图4.39中同样可以看出,当含盐量和含水率相同时,压实度为89%的试样所产生的总变形量大于压实度为93%的试样,且当200kPa稳定加载后,随着不断地渗水,压实度为89%的试样所产生的溶陷量明显大于压实度为93%的试样。这是由于当压实度较小时,土体颗粒间的结构相对较为疏松,在各级荷载的不断加载过程中,土体颗粒逐渐变得密实,故产生较大的变形量。当荷载达到200kPa并且稳定后,随着水分不断渗入土体,土体骨架逐渐被软化,其内部的易溶盐也被随之溶解流出,这就造成土体内出现较大的孔隙,致使土样不能承受上覆载荷的压力,从而产生较大的溶陷变形。其中,图4.39a)压实度为93%、89%试样的溶陷系数分别为3.841%、8.163%;图4.39b)中,压实度为93%、89%试样的溶陷系数分别为0.179%、0.370%;图4.39c)中,压实度为93%、89%试样的溶陷系数分别为5.411%、12.975%;图4.39d)中,压实度为93%、89%试样的溶陷系数分别为0.241%、2.025%。由此可见,压实度越大的盐渍土试样所产生的溶陷量越小。

4.2.7 细粒土质砾亚硫酸盐渍土溶陷特性

当压实度为93%时,考虑不同含盐量亚硫酸盐渍土的溶陷系数随初始含水率变化的关系,绘制曲线如图4.40所示。

从图4.40中可以看出,当细粒土质砾亚硫酸盐渍土的含盐量一定且压实度为93%时,随着土体中初始含水率的增加,盐渍土的溶陷系数总体上呈现逐渐减小的趋势。当含水率超过9%时,其溶陷系数又出现增大的趋势。土中的含盐量较大时,曲线更为平滑。

当含水率为最佳含水率6.4%,压实度为93%时,细粒土质砾亚硫酸盐渍土的含盐量与溶陷系数关系曲线如图4.41所示。

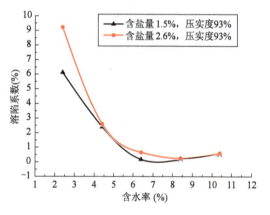 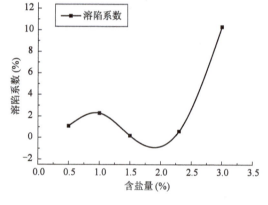

图4.40 溶陷系数与含水率关系曲线　　　　图4.41 溶陷系数与含盐量关系曲线

从图4.41中可知,当细粒土质砾亚硫酸盐渍土处于最佳含水率6.4%,压实度为93%时,随着含盐量的增加,盐渍土土样的溶陷系数出现先增大后减小再增大的变化趋势。当含盐量在0.5%~1.0%的范围内时,溶陷系数增加较慢,当含盐量大于2.0%时,盐渍土的溶陷系数以较大速率增长。曲线出现下降的原因同细粒土质砾硫酸盐渍土,此处不再赘述。

当含盐量和含水率相同时,压实度对照曲线如图4.42所示。

从图4.42中同样可以看出,当含盐量和含水率相同时,压实度为89%的试样所产生的总变形量大于压实度为93%的试样,且当200kPa稳定加载后,随着不断地渗水,压实度为89%的试样所产生的溶陷量明显大于压实度为93%的。其中,图4.42a)压实度为93%、89%试样的溶陷系数分别为2.396%、7.996%;图4.42b)中,压实度为93%、89%试样的溶陷系数分别为0.161%、1.769%;图4.42c)中,压实度为93%、89%试样的溶陷系数分别为2.541%、7.452%;图4.42d)中,压实度为93%、89%试样的溶陷系数分别为 0.179%、1.704%。由此可见，压实度越大的盐渍土试样所产生的溶陷量越小。

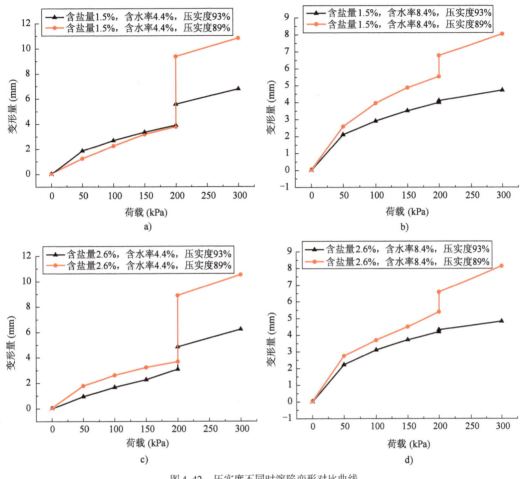

图 4.42 压实度不同时溶陷变形对比曲线

4.3 本章小结

以粗颗粒盐渍土为研究对象，分别开展了含细粒土砂、细粒土质砂和细粒土质砾硫酸盐渍土单因素盐胀试验，在研究温度、含盐量、含水率、压实度、附加荷载等因素对粗颗粒硫酸盐渍土和亚硫酸盐渍土盐胀率影响的基础上，分别提出了含细粒土砂、细粒土质砂以及细粒土质砾硫酸盐渍土和亚硫酸盐渍土的合理降温时间、温度敏感区间、起胀含盐量和破坏含盐量，同时分析了温度、含盐量、含水率、压实度、附加荷载等 5 个单一因素对粗颗粒盐渍土盐胀率的影响规律。

采用单线法对含细粒土砂、细粒土质砂、细粒土质砾的硫酸盐及亚硫酸盐渍土开展了室内大型溶陷试验。通过粗粒盐渍土大型室内溶陷试验研究表明，含细粒土砂、细粒土质砂和细粒土质砾,在其他条件相同时,压实度较大的试样所产生的溶陷变形量较小。对于含细粒土砂的溶陷系数而言,在试验条件下,即使是试样的含盐量超过其破坏盐胀量,其盐渍土试样的溶陷系数也都小于1%,且最大为0.15%;而对于细粒土质砂和细粒土质砾,试验过程中盐渍土的溶陷系数均大于1%。

第 5 章

低液限粉土路基处治技术

低液限粉土是一种介于无黏性土与黏性土间的,力学性质差异较大的土类[47-51]。低液限粉土的液限低、塑性指数小、强度低、水稳定性差,在路基施工中难以压实[52-58]。低液限粉土含水率较低时虽有黏结性,但易被压碎,土中的水分较其他细粒土易于蒸发和下渗,土层表面往往因失水而压实度降低。低液限粉土的毛细水上升高度大,在季节性冰冻地区更容易使路基产生水分集聚,造成冬季冻胀、春季翻浆[59-66]。低液限粉土的塑性指数小、易于失水和不易压实,是公路工程界需解决的技术难题之一。目前,在干旱荒漠区公路工程建设中,对于低液限粉土地基处理,基本采用挖除低液限粉土,换填砾石土的处治方式。因低液限粉土工程性质差而弃之不用,采用砾石土材料换填,则将明显增加建设投资,同时也带来增加弃土场与环境保护等问题。在干旱荒漠区后续建设的高等级公路中,还将存在大量的低液限粉土筑路技术问题。因此,研究适合区域土质特性、环境特点、经济合理的高等级公路低液限粉土路基修筑技术势在必行。

5.1 低液限粉土物理力学性质

依托国道 218 线清水河至伊宁高速公路工程,开展了粉土物理力学性质试验。该工程位于新疆伊犁,全线公路自然区划Ⅵ4b伊犁河谷副区,地貌类型以冲积、洪积平原为主,地基土以第四系冲洪积物为主。

1)颗粒分析

组成土体的土粒是大小不同粒径的集合体,土粒粒径的大小和级配与土的工程性质紧密相关。颗粒分析方法依据行业标准《公路土工试验规程》(JTG E40)中颗粒分析试验密度计法进行。由粒径分配曲线计算得到土样不均匀系数 $C_u=1.4$, $C_u<5$; $C_c=0.9$, $C_c<1$, 判断土样为级配不良。

2)界限含水率

土的界限含水率与土的机械组成、土粒的矿物成分、比表面积、表面电荷强度等一系列因素有关。界限含水率可反映出土的压缩性、胀缩性。试验采用液塑限联合仪测定土的界限含水率,由试验数据可知,液限为25.5%,小于50%;塑性指数为8.6%,$2\%<8.6\%<10\%$,属粉质土中的低液限粉土。

3)压实特性

采用重型击实试验进行最大干密度的确定。虽然粉土粒径小于20mm,但基于路基施工采用大功率的压实机械,同时考虑和其他试验的可比性,采用大试筒和小试筒进行重型击实试验。采用大试筒重型击实试验得出最佳含水率 $w=14\%$,最大干密度 $\rho_d=1.69\text{g/cm}^3$;采用小试筒重型击实试验得出最佳含水率 $w=13\%$,最大干密度 $\rho_d=1.78\text{g/cm}^3$。从两种试验的数据结果对比可以发现,虽然都是重型击实试验,击实功相同,但是采用小试筒的试验得到的最佳含水率比大试筒小,最大干密度比大试筒大。分析其原因,存在小试筒的尺寸效应,土样在小试筒中被击实时,受到的局部侧限要大于大试筒的土样,所以更容易被击实,得到的最大干密度要大。考虑到CBR承载比试验采用的是大试筒,为了保持试验的一致性,试验数据采用大试筒试验结果。

5.2 低液限粉土改良技术

5.2.1 水泥改良低液限粉土技术

1)水泥改良低液限粉土技术要求

公路路基设计应满足在预定设计标准轴载反复作用下,不会产生过大的残余变形,更不会产生剪切破坏。同时,路基要有足够的稳定性,包括水稳性、高温稳定性和低温稳定性等。固化稳定的土壤还应具备适宜的刚度,以保证路面结构层在行车荷载的作用下不致产生过大的变形而造成路面开裂。因此,在进行低液限粉土改良试验中,采用无侧限抗压强度、CBR值对粉土改良效果进行评价。

2）水泥改良低液限粉土机理分析

普通硅酸盐水泥熟料主要化学成分是CaO、SiO_2、Al_2O_3、Fe_2O_3共4种氧化物。普通硅酸盐水泥的水解和水化是一个复杂的物理、化学变化过程。在此过程中，不断生成新的水化产物并且放出热量，产生体积变化和强度增大。

(1)水解和水化反应

水泥稳定硬化过程中首先发生水解和水化反应，其熟料矿物的硅酸三钙、硅酸二钙、铝酸三钙、铁铝酸四钙和硫酸钙与水发生水解和水化反应，生成水化硅酸钙凝胶、氢氧化钙、水化铝酸钙、水化铁酸钙和水化硫铝酸钙晶体。水化物迅速溶于水，使水泥颗粒表面继续暴露，继续与水反应。生成的水化物溶于水，直至溶液达到饱和，进而成为凝胶微粒悬浮于溶液中。此后，这种凝胶微粒的一部分逐渐自身凝结硬化而形成水泥石骨架，另一部分与周围具有一定活性的土颗粒发生反应，促进土体进一步胶结。生成的水化硅酸钙和水化铝酸钙，将土颗粒包裹并连接成网络结构，使水泥土强度增加。

(2)硬凝反应

硬凝物质是含有硅和铝的物质，本身不具有固化功能，当它们在颗粒状时会和$Ca(OH)_2$在常温下发生反应，生成具有硬凝效果的新物质。水泥水解水化已生成相当多的硬凝固化物，但当土中加入$Ca(OH)_2$后，孔隙水的pH值瞬间上升，升高的pH值会激发土颗粒表面的硅和铝，使它们与其反应逐渐生成新的固化产物。如果水泥的水解和水化被视为第一级固化反应，这些新生成的化合物应被视为黏土参加的第二级固化反应的生成物。随着其逐渐硬化，增大了水泥土的强度，而且由于结构比较致密，水分不易侵入，从而也使水泥土具有足够的水稳定性。

(3)离子交换和团粒化作用

由于土为多相散布体，与水结合时一般具有胶体的特征。土中的SiO_2与水形成硅酸胶体。经过化学反应，将周围的黏土颗粒胶结起来，形成具有一定连续性的硬骨架，包裹着没有任何变化的土颗粒，较小的土颗粒逐渐形成较大的土团粒。由于水泥水化生成$Ca(OH)_2$等凝胶粒子，其表面积比原水泥颗粒的表面积大1000倍，表面能较大，吸附活性十分强烈，其结果是使大量的土粒形成土团。同时，除了水泥的水化和硬化过程外，水泥水化产物还会和黏土发生反应，生成更多的固化产物。水泥水化生成的氢氧化钙中电离出的Ca^{2+}与黏土颗粒吸附的Na^+、K^+等进行等量吸附交换，导致双电层厚度变薄，使土颗粒靠得更紧密。

3）水泥改良低液限粉土技术方案

在低液限粉土中逐步增加水泥掺加量。通过击实试验确定水泥土的最大干密度和最佳含水率，依据试验数据制备水泥土试件，测定水泥土的无侧限抗压强度及弹性模量。试验根据《公路土工试验规程》(JTG E40)和《公路工程无机结合料稳定材料试验规程》

（JTG E51）进行。无侧限抗压强度试验的试样为在最佳含水率时，用静力压实成型150mm×150mm的圆柱体，压实度为95%。CBR值采用标准击实方法，水泥采用普通硅酸盐水泥，等级为32.5。

(1)击实试验

不同水泥剂量加固粉土标准击实试验结果见表5.1。

不同水泥剂量加固粉土标准击实试验结果 表5.1

水泥剂量	2%	3%	4%	5%
$w_{opt}(\%)/\gamma_{dmax}(g/cm^3)$	14/1.74	14/1.75	14/1.75	15/1.76

(2)无侧限抗压强度试验

不同龄期的水泥土无侧限抗压强度如图5.1所示。

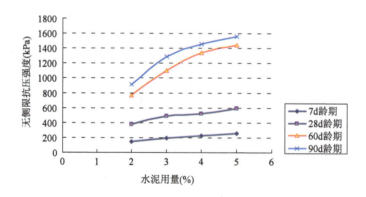

图5.1 不同龄期的水泥土无侧限抗压强度

从图5.1试验结果中可以看出，掺加水泥后的低液限粉土，无侧限抗压强度随水泥的掺配量增加而增加。掺加3%水泥后，低液限粉土的28d抗压强度已经接近0.5MPa；随着水泥掺配量从2%增长到4%，强度增长明显，从4%到5%，其强度增长幅度放缓。

(3)回弹模量

不同龄期的抗压回弹模量与水泥掺配量的关系曲线如图5.2所示。

从图5.2试验结果中可以看出，低液限粉土掺入不同剂量的水泥后，其抗压回弹模量明显增大，从2%到4%，增加平缓；从4%到5%后，回弹模量增加较大。从7d龄期到90d龄期对比来看，从7d到28d之间，是回弹模量增加量最大的时间段，这与水泥强度与其龄期的关系是一致的；从28d龄期到60d龄期还有一个增长；从60d龄期到90d龄期，回弹模量增长幅度已经很小。无侧限抗压强度变化与回弹模量有同样的对应关系。

(4)水泥土的承载比(CBR)试验

不同水泥剂量改良低液限粉土的CBR值曲线如图5.3所示。

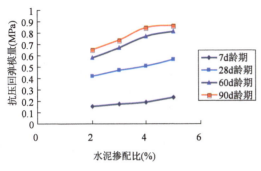
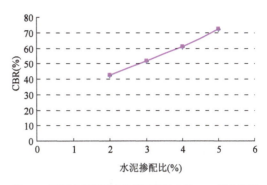

图 5.2 不同龄期的抗压回弹模量与水泥掺配量关系曲线图　　图 5.3 不同水泥剂量改良低液限粉土的 CBR 值曲线图

从图 5.3 试验结果中可以看出,低液限粉土在不加任何改良剂的情况下,不符合高速公路上路床和下路床对填料最小强度 CBR 的要求,同时路基设计规定低液限粉土不宜直接填筑于路床。当加入不同剂量的水泥时,其 CBR 值迅速增加,随着水泥剂量的增加,呈近线性增加,加入 2% 的水泥就可以达到填筑路基的要求。路基设计规范规定,高速公路和一级公路路基填料,上路床要求 CBR 达到 8% 以上,试验表明,低液限粉土中只要加入 2% 的水泥就可以满足这一要求。

5.2.2 砂砾改良低液限粉土技术

清水河至伊宁高速公路第一合同段沿线存在大量的低液限粉土和部分砾类土,利用砾类土对粉土进行改良。砾类土本身硬度大,级配良好,充分利用其骨架作用和粉土进行掺配,以达到提高低液限粉土填筑路堤的工程性能,降低工后沉降,满足填筑路基的工程要求。

1)砂砾改良粉土的机理分析

常用的级配理论主要有两种,即最大密实度理论和粒子干涉理论。

(1)最大密实度理论

最大密实曲线是在试验的基础上提出的一种理想曲线。W. B. 富勒(Fuller)研究认为,固体颗粒按粒度大小,有规则地组合排列,粗细搭配,可以得到密度最大、空隙最小的混合料。初期研究的理想曲线是:细集料以下的颗粒级配为椭圆形曲线,粗集料为与椭圆形曲线相切的直线,由这两部分组成的级配曲线,可以得到最大密度。由于这种曲线计算复杂,后简化为"抛物线最大密度理想曲线",即认为"矿料颗粒级配曲线越接近抛物线,其密度越大"。

(2)粒子干涉理论

粒子干涉理论由 C. A. G 魏矛斯 W(Yemouth)提出:为达到最大密度,前一级颗粒之间的空隙应由次一级颗粒所填充,其余的空隙又由再次一级的颗粒所填充,以此类推。但填隙的颗粒不得大于其间隙的距离,否则大小颗粒之间势必发生干涉现象。粒子干涉理论同样是以追求最大密度为目的,而且采用与最大密度曲线理论相同的假设。

2)砂砾改良低液限粉土技术方案

试验采用体积比进行掺配,分别按照砂砾与粉土3:7、4:6、5:5掺配。首先,按松装密度进行配料,进行重型击实试验,确定每种掺配比的最大干密度和最佳含水率。击实试验完成后,按照试验结果进行配料、制件,进行不同掺配比的回弹模量试验,并测定其无侧限抗压强度。为确定不同掺配比的混合料在最不利的情况下的承载能力,进行CBR承载比试验。天然砂砾粒径分配曲线如图5.4所示。

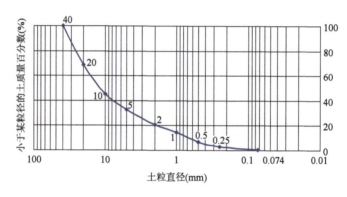

图5.4 天然砂砾粒径分配曲线

天然砂砾不均匀系数 $C_u = d_{60}/d_{10}$, $C_u = 10.5/0.6 = 17.5 > 10$,曲率系数 $C_s = (d_{30} \times d_{30})/(d_{60} \times d_{10})$, $C_s = 4 \times 4/10.5/0.6 = 2.5$, $1 < C_s < 3$,天然砂砾级配良好。

(1)击实试验

通过重型击实试验,确定不同砂砾掺配量下的最大干密度和最佳含水率。砂砾:粉土 = 3:7时,最佳含水率 $w = 9.5\%$,最大干密度 $\rho_d = 2.01 \text{g/cm}^3$;砂砾:粉黏土 = 4:6时,最佳含水率 $w = 9.0\%$,最大干密度 $\rho_d = 2.08 \text{g/cm}^3$;砂砾:粉黏土 = 5:5时,最佳含水率 $w = 6.5\%$,最大干密度 $\rho_d = 2.12 \text{g/cm}^3$。由击实试验结果可以看出,随着砂砾用量比例的增加,最佳含水率逐渐减少,最大干密度逐渐增加。

(2)无侧限抗压强度试验

由于天然砂砾的最大粒径不超过40mm,故采用150mm×150mm的大试模进行试验。按照击实试验得到的最佳含水率和最大干密度,使其达到95%的密实度。不同砂砾掺配比下的无侧限抗压极限强度见表5.2。

由表5.2可以看出,当掺配比从3:7到4:6,无侧限抗压强度增加了2倍多。从4:6到5:5,无侧限抗压强度增加了3倍,可见砂砾量越大,其骨架作用越明显。砂砾比例增加后,使粉土受力结构发生明显变化,轴向压力主要由大颗粒承受,并由相互间的摩阻力来进行向下传递,当砂砾体积超过50%时,砂砾明显成为受力主骨架。

不同砂砾掺配比下的无侧限抗压极限强度　　　　　　表5.2

试件编号	抗压极限强度(kPa) 3:7	抗压极限强度(kPa) 4:6	抗压极限强度(kPa) 5:5
1	53.82	136.57	416.29
2	68.47	142.04	394.42
3	66.55	130.91	405.55
4	63.38	151.66	398.38
5	61.11	155.62	385.93
6	62.25	140.34	391.31
平均值	62.60	136.19	407.81
偏差系数 C_v(%)	5.1	9.3	8.2

(3)抗压回弹模量试验

不同掺配比的抗压弹性模量见表5.3。

不同掺配比的抗压弹性模量　　　　　　表5.3

掺配比(体积比)	3:7	4:6	5:5
抗压弹性模量(MPa)	5.84	16.58	78.31

当砂砾掺配量从3:7增加到4:6,其抗压回弹模量由5.84MPa增加到16.58MPa,增加了近3倍。从4:6到5:5,抗压回弹模量由16.58MPa增加到78.31MPa,增长了近5倍,由此可以看出,砂砾体积增加到50%就构成了受力的主要结构,明显起到骨架作用。

(4)砂砾改良粉土CBR承载比试验

按照《公路土工试验规程》(JTG E40)承载比(CBR)试验进行。低液限粉土的CBR值见表5.4,不同砂砾掺配比下的CBR值见表5.5。

低液限粉土的CBR值　　　　　　表5.4

试件	试件1	试件2	试件3	均值	C_v(%)
CBR(%)	4.5	4.3	4.6	4.5	0.15

不同砂砾掺配比下的CBR值　　　　　　表5.5

砂砾掺配比例	试件1	试件2	试件3	CBR均值(%)	C_v(%)
3:7	25.8	26.6	26.8	26.2	0.6
4:6	39.7	41.7	43.4	41.6	1.8
5:5	91.9	95.9	96.2	94.7	2.4

当砂砾掺配量从3:7增加到4:6,其CBR由26.2增加到41.6,增加了近2倍。从4:6到5:5,CBR由41.6增加到94.7,增长了近2.5倍,由此可以看出,砂砾掺加比例增加到50%就改变了原来的受力结构,砂砾明显起到骨架作用。

5.2.3　土工格室加固低液限粉土技术

土工格室是一种由高分子聚合物经强力焊接而成的三维网状结构或者蜂窝状结构。

土工格室一般具有一定的高度(5~20cm),聚合物片材较厚(1mm以上),它的焊接强度和模量都比较大,而且伸展自如,在土工格室内填筑上砂、石、土等填料,会形成板状结构,在荷载作用下,就有一定的抗弯作用,这样上部结构的竖向应力就会被分散,是一种很好的基础工程建筑材料。

1)土工格室加筋改良土的地基承载力

土工格室加筋处理后的地基承载力均得到了提高,特别是在保证格室填料压实度的情况下($K=0.90$),地基承载力从70kPa增加到202~255kPa,增加了近3倍。

2)土工格室结构层的室内剪切试验

通过对土工格室结构层的一些室内剪切试验,由表5.6可以看出,由于土工格室的加入,摩擦角φ值提高较小;黏聚力c值显著提高,也就是说,结构层的抗剪强度得到大幅度的改善。

土工格室加固前后土体的参数变化表　　表5.6

格式型号	含水率(%)	压实度(%)	黏聚力c(kPa)	内摩擦角φ(°)
100×400	14	93	30	26
素土	14	93	5	23

注:土工格室型号表示为网高×焊距。

5.3 改良低液限粉土稳定性离心模型试验

5.3.1 水泥改良低液限粉土稳定性离心模型试验

1)离心试验模型

试验采用长安大学土工离心试验室的TLJ-3型土工离心机(图5.5)。其主要性能参数:最大容量为60g·t,有效半径为2.0m,加速度范围为10~200g,稳定度≤0.2%,大模型箱规格为700mm(长)×360mm(宽)×500mm(高)。

图5.5　离心模型试验设备

试验原型为双向四车道的全断面,路基宽28m,路堤中心高度为6m,边坡度为1:1.5,路堤底宽约为36m(图5.6)。由于路基几何模型的对称性,所以试验模型模拟路堤的一半断面,地基条件为水平地基,模型率$N=50$。模型路堤面宽280mm,底宽360mm,路堤中心高120mm。离心模型结构从上至下依次是12cm(原型6m)厚的低液限粉土改良层,其水泥的掺加剂量为3%。离心模型试验采用的模型如图5.7、图5.8所示。

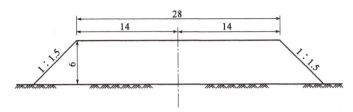

图5.6　道路路基原型图(尺寸单位:m)

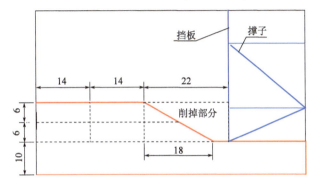

图5.7　路基离心模型图(尺寸单位:cm)

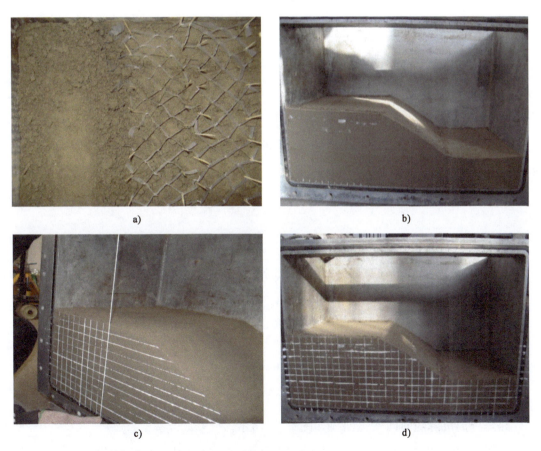

图5.8　路基离心机模型试样

为了充分考虑土体的结构性和土的应力历史对土体应力—应变性状的影响,从现场取原状土进行室内模型试验。在掺配砂砾时,剔除粒径大于20mm的颗粒,水泥采用普通的硅酸盐水泥。采用低液限粉土加20%粗砂来模拟实际地基,其厚度为10cm。

2)离心模型试验数据分析

试验过程中路堤填料的状态变化见表5.7,路基顶面沉降随时间变化曲线如图5.9所示。

模型试验过程中填料状态变化   表5.7

参　数	模型制作完成时	试验完成后
含水率w(%)	12.5	10.5
重度γ(kN/m³)	17.6	18.2

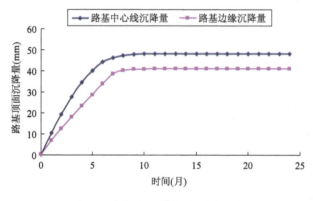

图5.9　路基顶面沉降随时间变化曲线

从图5.9中可以看出,路堤的沉降随时间的增长而增加,在第11个月时停止增加,此时路堤顶面中心线的沉降量为48.15mm,路基边缘的沉降量为40.75mm。

5.3.2　砂砾改良粉土稳定性离心模型试验

1)路堤模型状态

试验过程中路堤填料的状态变化见表5.8。

模型试验过程中填料状态变化   表5.8

参　数	模型制作完成时	试验完成后
含水率w(%)	7.1	5.4
重度γ(kN/m³)	19.1	21.2

2)试验数据

路基顶面沉降随时间变化曲线如图5.10所示。

由图5.10可以看出,顶面中心线的沉降量为35mm,路基边缘的沉降量为33mm。

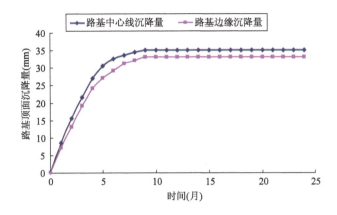

图5.10 路基顶面沉降随时间变化曲线

5.3.3 土工格室加固粉土稳定性离心模型试验

在使用土工格室加固低液限粉土时,采用填两层粉土(每层10mm厚),填一层土工格室加固土(4mm厚)的方法,如图5.11所示。

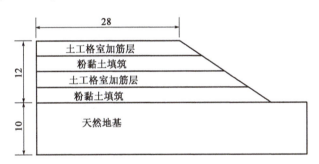

图5.11 试验模型填筑示意图(尺寸单位:cm)

1) 路堤模型状态

试验过程中路堤填料的状态变化见表5.9。

模型试验过程中填料状态变化 表5.9

参　　数	模型制作完成时	试验完成后
含水率w(%)	12.7	10.3
重度γ(kN/m³)	17.95	18.2

2) 试验数据

路基顶面沉降随时间变化曲线如图5.12所示。

由图5.12可以看出,路堤的沉降随时间的增长而增加,在第12个月时停止增加,此时路堤顶面中心线的沉降量为50.15mm,路基边缘的沉降量为49.05mm。

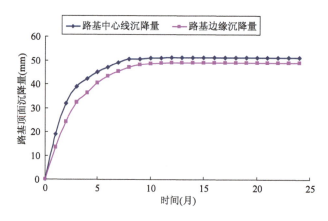

图 5.12　路基顶面沉降随时间变化曲线

5.4　改良低液限粉土路基变形数值分析

采用有限元软件 PLAXIS 对改良低液限粉土路基变形特性进行数值分析。由于高速公路工程属于平面对称的平面应变问题,故取断面的一半为研究对象,几何模型选用平面应变模型。在进行网格化分时,PLAXIS 提供 6 节点三角形单元和 15 节点三角形单元,为获得较高的计算精度,此次分析采用 15 节点三角形单元。模型建成以后,软件自动划分单元网格。由于自动生成的单元网格不够密,所以在模型进行网格划分时,在靠近边坡的地方加密网格。在建立数值模型时,取与离心模型试验中相同的路基模型,即路堤顶面宽 14m,填土高度 6m,边坡为 1∶1.5;为了充分考虑路基的影响范围,天然地基的分析范围为路基以下 10m 范围,路基坡脚外延伸 7m。计算模型的边界条件为底面为固定边界,表面为自由边界;侧面沿路线方向固定。其几何模型及网格化划分如图 5.13 所示。

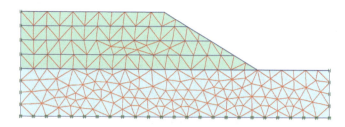

图 5.13　路基及地基的单元网格划分

采用线性摩尔-库仑屈服准则作为计算的依据,其中屈服函数 α、σ_y 为与 c、φ 值相关的试验常数。在 PLAXIS 软件中,进行分步施工的模拟,在划分单元网格时,一次生成全部路堤单元,然后通过分步施工,实现逐层填筑的模拟。

$$\alpha = \frac{\sin\varphi}{\sqrt{9 + 3\sin^2\varphi}} \tag{5.1}$$

$$\sigma_y = \frac{9c\cos\varphi}{\sqrt{9+3\sin^2\varphi}} \tag{5.2}$$

数值分析中,相关技术参数的选取见表 5.10。

数值分析选用参数表　　　　　表 5.10

数值模型	弹性模量 E MPa	泊松比 μ	天然重度 r_{unsat} kN/m³	饱和重度 r_{sat} kN/m³	黏聚力 c kPa	内摩擦角 φ °	接触面摩擦系数 R_{inter}
掺配水泥(3%)	30	0.3	17.5	19.95	20	31	0.67
掺配砂砾(5:5)	120	0.26	21.2	22.58	0.01	37	0.67
土工格室加固土	70	0.3	16.91	19.27	30	26	0.67
天然粉黏土地基	20	0.3	16.91	19.27	5	23	0.67

采用分步施工来模拟实际施工中的逐层填筑路基,分为 4 层,分步填筑去分析不同填筑高度路基对地基的影响。对于地基部分,由于已经完成自然固结,不再施加自身重量荷载,避免出现重新固结,造成沉降量过大。

1) 不同工况下的数值模拟成果图

不同工况下的数值模拟成果图如图 5.14 ~ 图 5.17 所示。

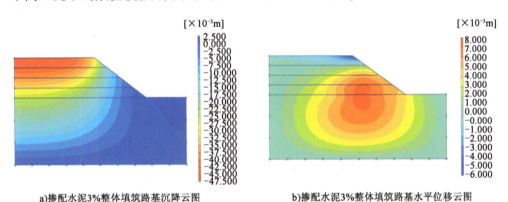

a) 掺配水泥 3% 整体填筑路基沉降云图　　　　b) 掺配水泥 3% 整体填筑路基水平位移云图

图 5.14　掺配水泥 3% 整体填筑路基数值模拟成果图

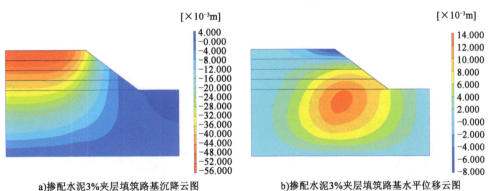

a) 掺配水泥 3% 夹层填筑路基沉降云图　　　　b) 掺配水泥 3% 夹层填筑路基水平位移云图

图 5.15　掺配水泥 3% 夹层填筑路基数值模拟成果图

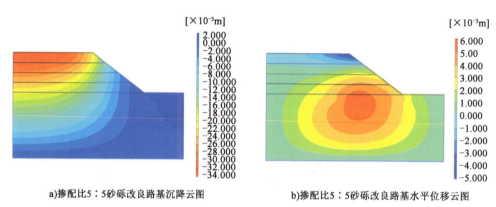

a) 掺配比5∶5砂砾改良路基沉降云图   b) 掺配比5∶5砂砾改良路基水平位移云图

图 5.16 掺配比 5∶5 砂砾改良数值模拟成果图

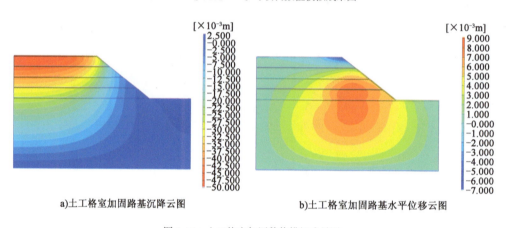

a) 土工格室加固路基沉降云图   b) 土工格室加固路基水平位移云图

图 5.17 土工格室加固数值模拟成果图

2) 数值模拟结果分析

将软件在 4 种工况下得到的数据成果导出,用表格进行分析处理,绘制在这 4 种不同工况下的曲线图,如图 5.18、图 5.19 所示。

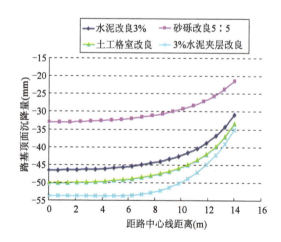

图 5.18 不同改良加固方法路基顶面沉降曲线图

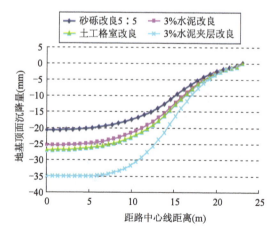

图 5.19 不同改良加固方法天然地基顶面沉降曲线图

通过两图所示的曲线来对这4种不同工况下发生的沉降变形进行比较,分析在道路路基填筑完成后,路基的沉降变形情况及其成因。

(1)路基顶面沉降变形分析

图5.18中,在4种改良加固方法下形成4条路基顶面沉降变形曲线,分别表示填筑高度为6m的路基在施工完成后沉降变形量:土工格室加固处理的,路基顶面沉降量为49.89mm;砂砾掺配比5:5改良,路基顶面沉降量为33.17mm;掺配3%水泥改良,整体填筑情况下路基顶面沉降量为46.62mm;掺配3%水泥改良,夹层填筑情况下路基顶面沉降量为53.89mm。路基在施工完成后的沉降变形是从路基中心线向路基边缘逐渐减小的,这同实际工程情况是相符合的。4种改良加固措施都能对粉土起到加固稳定作用,使路基的承载力明显提高,达到路基工程中对路基填料的要求,考虑到工程经济性和就地取材的原则,选用掺配比5:5砂砾改良粉黏土路基是最切实可行的。砂砾掺配比5:5改良的粉土使其稳定性提高,竖向沉降变形减小,承载力大幅度提升。当然,在一些砂砾料匮乏的地区,如果采用砂砾料改良,材料运距明显增大,可以考虑采用掺加3%水泥改良的粉土夹层填筑的方法。

(2)地基顶面沉降变形分析

从图5.19中可以看到,采用不同改良加固方案进行路基填筑,地基顶面沉降从道路中心线到道路边缘之间的沉降变形差别比较大,在边坡区域内沉降变形的差别逐渐减少,到坡脚附近处时已基本重合。

(3)路基水平位移分析

从4种工况的水平位移云图可以看出,每种改良方案都会产生一定的水平位移,它和竖向位移相对应,掺配比5:5砂砾改良的水平位移最小,掺配3%水泥改良整体填筑的小于土工格室加固的,掺配3%水泥改良夹层填筑的最大。

5.5 改良低液限粉土路基现场测试

通过现场沉降观测取得粉土改良路基变形的第一手资料,观测试验路基在施工过程中以及施工完毕后的沉降量,以便分析其随时间的发展变化。

5.5.1 现场测试实施方案

通过查询G218线清伊高速公路的地质勘查报告和现场调研,确定选取的典型路段,进行现场试验。填料按照天然砂砾:粉黏土=5:5的比例进行掺配。选取试验段的4个断面处进行沉降杯埋设,每个断面埋设沉降杯两层,埋设形式如图5.20所示。在路基边坡外设置观测台,用以对路基沉降进行观测。沉降杯观测在埋设后第1个月采用2d为一个周期进行观测,第2个月采用4d为一个周期进行观测,而后采用7d为一个周期进行观测。

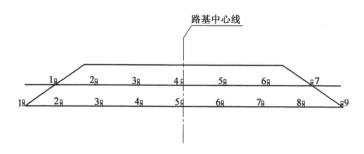

图5.20 试验断面沉降杯埋设布置图

5.5.2 观测结果与分析

将施工期180d采集的沉降观测数据和工后沉降观测数据列出,选取其中两个断面的观测数据做路基沉降量随时间变化关系曲线,如图5.21~图5.24所示。

1)实测结果

(1)K0+120断面观测数据

K0+120断面观测数据如图5.21、图5.22所示。

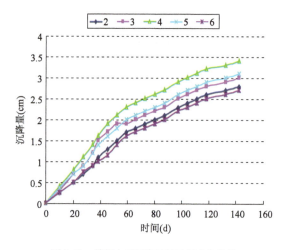

图5.21 路堤中层沉降量随时间变化曲线

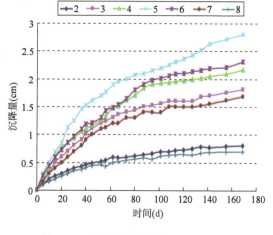

图5.22 路堤底层沉降量随时间变化曲线

(2)K0+140断面观测数据

K0+140断面观测数据如图5.23、图5.24所示。

2)实测沉降分析

路基的沉降量与沉降速率反映了路基的安全性和稳定性,由图5.21~图5.23可以看出,砂砾改良路基中心线处的沉降量最大,在K0+120和K0+140路基中部的最大沉降量为3.4cm和3.2cm,从中心线到两侧路缘,沉降量逐渐减小。路基沉降量随时间的变化而变化,随着时间的增加,沉降量也在不断增大,但是沉降速率在不断降低。

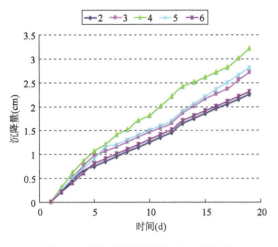

图 5.23 路堤中层沉降量随时间变化曲线

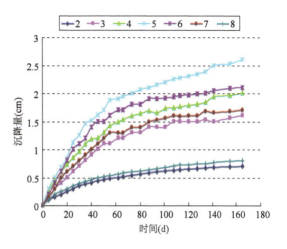

图 5.24 路堤底层沉降量随时间变化曲线

5.6 本章小结

在新疆低液限粉土地区公路路基调研的基础上,选取有代表性土样进行室内试验。通过对低液限粉土的物理力学性质、路用性能参数及其变化范围、改良加固方法及技术参数等方面的系统研究,提出了适合干旱荒漠区特点的低液限粉土路基修筑技术,建立了低液限粉土改良路基变形问题的数值模型,以离心模型试验为模拟分析对象,对低液限粉土的改良方案进行仿真模拟,并与现场检测进行验证。通过对多种改良方案下路基变形情况的对比,总结出了低液限粉土改良路基的变形规律,为干旱荒漠区低液限粉土改良路基的设计施工提供了技术支撑。

第 6 章

天然砂砾路基压实质量控制

我国地势西高东低,东部多为平原微丘区,路基填料主要是细粒土。对于细粒土路基来说,设计和施工规范中有详细的要求和规定,其压实理论、工程实践与检测标准都已相当成熟[67-71]。随着国家西部大开发战略实施的深入,新疆的公路建设迎来大发展时期,新疆多条高速公路相继开工建设。由于新疆干旱荒漠区特殊的自然环境,路基填料多为天然砂砾,天然砂砾具有强度高、压实密度大、沉降变形小及透水性能好等优点。天然砂砾的级配组成、含水状态极不均匀,与一般细粒土有显著不同,沿用细粒土的压实标准与检测方法,必然存在标准干密度的确定、检测方法的适用性及评价指标的合理性等问题[72-81]。

6.1 天然砂砾颗粒组成

天然砂砾在干旱荒漠区分布极为广泛,性质差异较大,选取大黄山至奇台高速公路和克拉玛依至塔城高速公路的典型天然砂砾路基填料进行室内筛分试验。其中,大奇高速公路取料场位于昌吉州吉木萨尔县附近,克塔高速一标取料场位于克拉玛依市白碱滩区西 20km 处,克塔高速二标取料场位于塔城地区额敏县霍吉尔特蒙古乡附近,克塔高速三标取料场位于塔城地区塔城市也门勒乡附近。高速公路取料场典型颗粒级配参数见表 6.1,颗粒级配曲线如图 6.1 所示。

天然砂砾级配参数 表6.1

取料场	不均匀系数 C_u	曲率系数 C_c	粗粒料含量(%)	砾含量(%)	细粒料含量(%)	D_{10}(mm)	D_{30}(mm)	D_{50}(mm)	D_{60}(mm)
大奇高速公路	10.83	0.80	33.7	56.8	1.02	0.36	1.06	2.8	3.9
克塔一标	11.39	0.55	39.37	57.73	1.17	0.43	1.08	3	4.9
克塔二标	26.67	1.24	57.5	71.15	2.27	0.45	2.59	7.5	12.0
克塔三标	19.32	1.51	55.6	72.27	1.04	0.44	2.38	6.3	8.5

注:粗粒料为 $D>5mm$ 的颗粒,砾为 $D>2mm$ 的颗粒,细粒料为 $D<0.075$ 的颗粒。

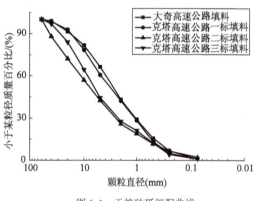

图 6.1 天然砂砾级配曲线

不均匀系数 C_u 和曲率系数 C_c 是表征土颗粒组成的重要参数,不均匀系数 C_u 反映土的粒组分布情况,C_u 值越大,表明土的粒组分布越广,但当 C_u 过大时,土粒可能缺失某粒组,因此,需要曲率系数 C_c 反映级配曲线的整体形状。当 $C_u>5$, $C_c=1\sim3$ 时,认为土为良好级配。由图 6.1 可以看出,各料场的天然砂砾级配曲线较为平缓,表明天然砂砾的粒组分布较为均匀。结合表 6.1 可以看出,各料场天然砂砾的不均匀系数 $C_u>5$,表明各料场天然砂砾为不均匀土,各粒径组成分布均匀,各料场天然砂砾是否级配良好取决于曲率系数 C_c。4 组天然砂砾中,克塔高速公路二标和三标料场天然砂砾曲率系数 $1<C_c<3$,为不均匀级配连续土,大奇高速公路、克塔高速公路一标料场天然砂砾曲率系数 $C_c<1$,为不均匀级配不连续土。大奇高速公路和克塔高速公路一标填料中细颗粒含量很少,从而导致级配不连续。大奇高速公路和克塔高速公路一标料场天然砂砾粗粒料含量 <40%,砾含量稍多,细粒料含量很少。克塔高速公路二标、三标料场天然砂砾粗粒料含量为 55%~62%,填料以砾为主,细粒料含量少,与以往新疆地区砂砾分布规律研究大体一致。

6.2 天然砂砾振动压实影响因素

采用 BZYS-4212 型表面振动压实仪对天然砂砾进行室内振动压实,其振动频率为 30~50Hz,激振力为 10~80kN,夯板作用在试样表面静压力达到 18kPa 以上。试验设备及过程如图6.2、图6.3所示。

图6.2 表面振动压实仪

图6.3 试验过程照片

不同级配的粗粒土最佳振动压实参数不同,《公路土工试验规程》(JTG E40)条文说明中解释,当土料全为粗、巨粒土时,根据土料级配特征的不同,最佳振动频率范围为30～50Hz,最佳激振力为50～80kN,最佳振动时间为3～4min,最优振幅为0.55mm。对于含石量较大的土料,由于低频高幅的振动造成土料颗粒的破碎,破坏了土料原级配特征,因此最终采用45Hz作为多石类土的最佳振动频率。天然砂砾振动压实参数见表6.2。

天然砂砾振动压实参数　　　　　　　　　　　　　　　　表6.2

参数	振动频率(Hz)	激振力(kN)	振幅(mm)
参数值	45	60	0.55

6.2.1 含水率对压实效果的影响

选取4组天然砂砾路基填料进行室内表面振动压实试验,分析含水率对天然砂砾干密度的影响,其结果如图6.4所示。其中含水量为振动压实完成后的填料含水率,其测试方法采用烘干法,具体可参考规范中的砂砾石含水率测试方法。

从图6.4中可以看出,天然砂砾路基填料

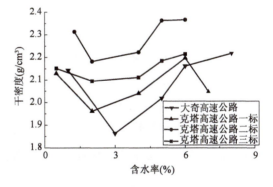

图6.4 天然砂砾干密度与含水率关系曲线

的干密度随含水率变化曲线与黏性土完全不同。4组试验料所反馈出的信息是天然砂砾的压实曲线呈现倒"S"形,即含水率在极低值时即可获得相对较大的干密度,然后干密度随着含水率的增大先减小后增大,而后再减小,出现干密度的谷值与峰值,为天然砂砾在干燥状态下的压实提供了可能性。其原因主要是天然砂砾颗粒较大,黏粒含量较少,颗粒间黏结力很小,当含水率较小时,在外力作用下,大小颗粒之间易于相互充填,形成较高的密度;当含水率稍微增大后,在颗粒表面形成了一层薄膜水,增大了分子引力,颗粒间形成了似黏结力,在外力作用下,颗粒移动不但要克服摩阻力,还要克服由水分子形成的似黏结力,因而不易压实,干密度较小;以后随着含水率的增加,水膜增厚,水分子引力逐渐减小,以至消失,同时还在颗粒间起润滑作用,减小了摩阻力,颗粒在外力作用下易于移动和相互填充,可达到较高的干密度。当含水率进一步增大,自由水占据大部分空隙后,孔隙水压力和孔隙气压力抵消了部分击实功,颗粒间排列填充作用变小,造成干密度减小。

6.2.2 含石量对天然砂砾最大干密度的影响

对 4 种路基填料进行不同含石量($D>5mm$ 的颗粒含量)的压实试验,分析含石量对最大干密度的影响,其结果如图 6.5 所示。

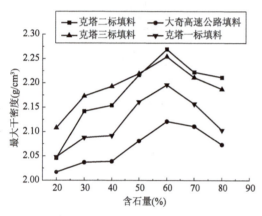

图 6.5 最大干密度与含石量关系曲线

由图 6.5 可以看出,天然砂砾的最大干密度随含石量的变化规律基本可以分为 3 个阶段。

第一阶段,当含石量 $P<40\%$ 时,干密度随着含石量的增大变化较为缓慢,此时由于细颗粒含量较大,粗集料被细颗粒分隔,处于悬浮状态。

第二阶段,当含石量 $P=40\% \sim 60\%$ 时,干密度增大的速度较快;当含石量 $P=60\%$ 时,干密度达到最大值,该含石量可以称为最佳含石量,该值与一般土石混填料的最佳含石量有明显区别。

第三阶段,当含石量 $P>60\%$ 时,干密度开始逐渐减小,其原因是细颗粒不能完全填满粗骨架的空隙,天然砂砾的孔隙率增大,单位体积内的颗粒含量减少。

含石量对天然砂砾的压实特性具有显著影响,要达到最佳压实效果,填料的含石量既不能过高也不能过低,应控制在最佳含石量附近,即 60% 左右。

6.2.3 粗颗粒均匀性对干密度的影响

由图 6.5 可以看出,同一含石量下,各填料的干密度值明显不同,大奇高速公路砂砾填料密度最小,克塔二标和三标砂砾填料干密度较大,其主要原因是受粗颗粒组成的影响。为了更加清楚地分析天然砂砾粗颗粒粒组组成对干密度的影响,将粗颗粒进行筛分,分析粗颗粒粒组组成对天然砂砾干密度的影响,其粗颗粒级配曲线如图 6.6 所示,粗颗粒各粒组含量见表 6.3。

由图 6.6 及表 6.3 可以看出，克塔二标和克塔三标天然砂砾的粗粒料中，各粒组分布较为均匀，有利于各颗粒间的相互填充，从而干密度较大，而大奇高速公路和克塔一标天然砂砾粗粒料中粒组分布不均匀，其中 $D_5 \sim D_{10}$ 粒组含量较大，$D_{40} \sim D_{60}$ 粒组含量极少，不利于颗粒间的相互填充，造成干密度较小。

关于级配特性对粗粒土干密度的影响，以往的研究主要集中于含石量与干密度的关系，

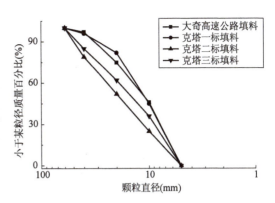

图 6.6 天然砂砾粗颗粒级配曲线

通过试验拟合含石量与最大干密度的关系曲线。由上述分析可以看出，同一含石量下的不同天然砂砾最大干密度差别较大，天然砂砾干密度受粗颗粒粒组组成影响显著。为了进一步分析天然砂砾级配特性对干密度的影响，方便实际工程中确定天然砂砾的最大干密度，在保证天然砂砾细粒料含量不变的情况下，运用控制变量法通过改变粗粒料各粒组所占的百分比来调整级配关系，对 4 种天然砂砾进行压实试验，以 D_{40}、D_{20}、D_{10}、D_5 粒组含量为自变量，以最大干密度为因变量进行多元线性分析，大奇高速公路、克塔一标、克塔二标和克塔三标天然砂砾的最大干密度回归方程分别如式(6.1)～式(6.4)所示。

天然砂砾粗颗粒各粒组含量　　　　　　　　　　表 6.3

取 料 场	$D_{40} \sim D_{60}$	$D_{20} \sim D_{40}$	$D_{10} \sim D_{20}$	$D_5 \sim D_{10}$
大奇高速公路	3.3%	21.9%	29.3%	45.5%
克塔一标	3.9%	14.5%	36.4%	45.2%
克塔二标	21%	27.3%	26.5%	25.2%
克塔三标	14.6%	23.0%	26.3%	36.0%

注：D 为天然砂砾颗粒直径，$D_5 \sim D_{10}$ 表示直径 5～10mm 颗粒含量，下同。

$$\rho_{d\max} = -1.27 D_{40} + 12.97 D_{20} + 2.27 D_{10} + 6.39 D_5 \tag{6.1}$$

$$\rho_{d\max} = 8.37 D_{40} + 4.35 D_{20} + 6.06 D_{10} + 4.97 D_5 \tag{6.2}$$

$$\rho_{d\max} = 5.10 D_{40} + 3.54 D_{20} + 3.83 D_{10} + 3.86 D_5 \tag{6.3}$$

$$\rho_{d\max} = 1.74 D_{40} + 1.23 D_{20} + 5.34 D_{10} + 4.47 D_5 \tag{6.4}$$

由公式计算所得最大干密度与室内试验实测最大干密度的比较见表 6.4。

天然砂砾最大干密度实测值与回归值比较　　　　　　表 6.4

取 料 场	实测值（g/cm³）	回归值（g/cm³）	误差值（%）
大奇高速公路	2.1434	2.1443	0.042
克塔一标	2.1289	2.1300	0.052

续上表

取 料 场	实测值(g/cm³)	回归值(g/cm³)	误差值(%)
克塔二标	2.3136	2.3142	0.026
克塔三标	2.1510	2.1518	0.037

由表 6.4 可以看出,由线性回归方程得到的最大干密度值与室内振动压实实测值误差很小。由此可知,天然砂砾粗粒料组成含量与最大干密度存在良好的多元线性关系。

6.2.4 天然砂砾干密度对振动时间的敏感性

当其他压实条件不变时,振动时间可以反映压实功对天然砂砾干密度的影响,试验中在保证其他振动参数不变情况下,对 4 种天然砂砾进行不同振动时间的压实,其结果如图 6.7 所示。

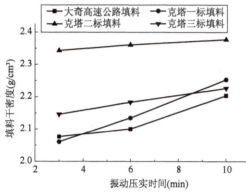

图 6.7　天然砂砾干密度与振动压实时间关系曲线

由图 6.7 可以看出,4 组天然砂砾的干密度均随振动时间的增加而不同程度的增大,大奇高速公路与克塔一标天然砂砾的干密度受振动压实时间影响相对较为明显,这是由于这两种天然砂砾含石量相对较小,颗粒间的空隙较小,振动时间越长,细粒料与粗粒料之间的结合作用更加强烈,各粒径之间形成很好的咬合作用。克塔二标、克塔三标天然砂砾的干密度受振动时间的影响不是很明显,这是因为这两种天然砂砾不均匀系数大,骨架结构容易形成,细粒料很容易镶填在粗粒料空隙之间而变得密实。因此,天然砂砾路基填料振动压实,应根据填料的级配特性选取合适压实功,经济合理地进行振动压实。

6.3　天然砂砾路基压实效果离散单元法模拟

天然砂砾土之间的黏聚力很小,建立在传统的连续介质力学基础上的有限元法等数值计算方法难以直接用于计算和模拟天然砂砾路基具体的压实形式和压实的整个过程。离散单元法是一种模拟非连续介质的计算方法,自 Cundall 在 20 世纪 70 年代提出以来,在岩石力学、土力学、结构分析等领域的数值模拟中得到广泛应用,是一种新兴的非连续体分析方法。离散单元法允许单元间的相对运动,不一定满足位移连续和变形协调条件,计算速度快,所需存储空间小,特别适用于节理岩体的大位移、大变形分析。二维颗粒流程序(Particle Follow Code PFC2D) 数值模拟新技术,其理论基础是 Cundall 提出的离散单元法,用于颗粒材料力学性态分析,如颗粒团粒体的稳定、变形及本构关系,专门用于模拟固体力学大变形问题。采用PFC2D软件模拟不同铺松厚度、不同摩擦因数以及不同激振力和压实速度的影响下,路基压实规律的变化。

1) 激振力影响效果分析

将振动频率设定为50Hz,行驶速度6km/h下变化激振力,观测行驶每遍后路基厚度,激振力对压实效果影响如图6.8所示。

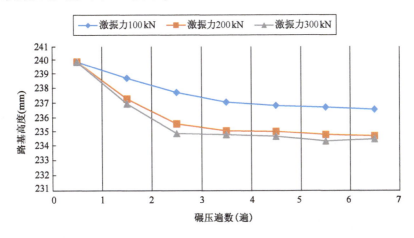

图6.8 激振力对压实效果的影响

由于碾压前两遍路基高度变化比较大,随着激振力的增加,路基沉降量呈现出增加的趋势,这与实际情况是相同的。因为压路机的激振力越大,土石混合料受到的惯性力也就越大,越容易克服摩擦阻力发生位移变化,从而使得更多的颗粒重新排列,颗粒间更加挤密,压实效果也会取得更好的效果;但是在记录的表格中也发现,当激振力过大时,如激振力为300kN时,碾压到第6遍时,路基高度出现回弹,说明当激振力过大,碾压遍数达到一定程度后,过度碾压会导致路基隆起。综合考虑,激振力在200kN左右的时候,碾压在经济效益和工程进度方面最为受益。

2) 振动频率影响效果分析

在碾压速度为6km/h,激振力为100kN的情况下,分别模拟振动频率在40Hz、50Hz和60Hz时路基压实情况,振动频率对路基压实效果的影响如图6.9所示。

图6.9中,在40~50Hz频率的碾压下,路基在每遍压实后的高度变化没有必然的增大、减小趋势,但是可以明显看出,在频率为60Hz时,路基很快到达压实状态。实际工程中,振动频率对压实效果的影响主要体现在共振作用上,当振动频率与路基材料的固有频率相同或者接近时,振动压实效果最佳,路基便能在最少的压实遍数下达到需要的压实度。频率越大,颗粒所获得的加速度也就越大,克服静摩擦发生移动的可能性也就越大,因而更容易达到密实状态。

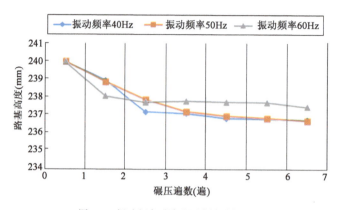

图 6.9 振动频率对路基压实效果的影响

3）路基铺松厚度对路基压实效果的影响

在激振力 100kN，碾压速度 6km/h，振动频率 50Hz 条件下，改变路基填筑高度进行碾压，分析碾压后路基沉降量的变化。

在生成模型的时候，改变模型的高度，除初始的 30cm 外，增加 20cm 和 50cm，模型在自重应力下平衡整平后的高度分别为 20cm、30cm 和 50cm，如图 6.10～图 6.12 所示。

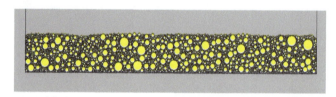

图 6.10　铺松厚度为 20cm

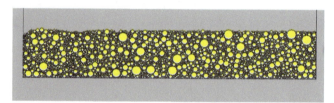

图 6.11　铺松厚度为 30cm

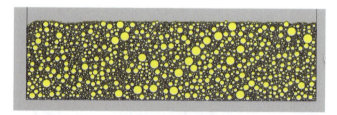

图 6.12　铺松厚度为 50cm

通过图 6.13 可以看出，每次碾压后路基沉降量的增长趋势是有一定偏差的，不同铺松厚度压实后沉降量是有变化的。这说明用沉降量来控制路基压实质量是有一定的偏差的。对比 3 种不同工况，路基的最终累计沉降量是随着铺松厚度的增加而增加的，在其他压实条件相同的情况下,随着路基铺松高度的增加最大压实厚度最终也会趋于一个定值,这也与实际情况相吻合。实际情况中,振动压路机的性能参数直接影响碾压的最大填筑高度。铺松厚度越小,同等条件下压实质量也就越好,但是施工的工期和成本也会大大增加。

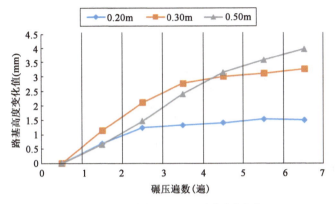

图 6.13　不同厚度碾压总沉降值变化趋势

通过观察不同铺松厚度的颗粒力链图(图 6.14～图 6.16)可以得出,随着路基深度的增加,路基的影响作用也在逐渐减弱。当路基填筑高度过大时,路基上层和底层的质量是存在差异的,是否能够保证底层的压实质量也达到要求,单从路基沉降量这个标准来反映路基压实好坏,有一定的片面性。

图 6.14　铺松厚度 0.2m 颗粒力链图

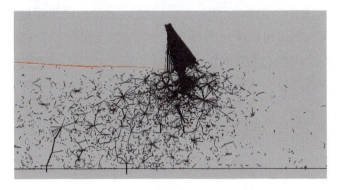

图 6.15　铺松厚度 0.3m 颗粒力链图

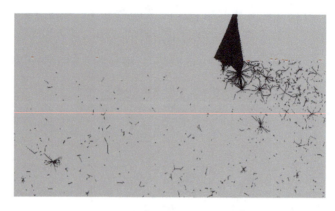

图 6.16　铺松厚度 0.5m 颗粒力链图

4）不同碾压速度对压实效果的影响

在激振力为 100kN,振动频率为 50Hz 时,通过改变压路机的碾压速度,检测碾压后路基高度的变化。不同速度下路基高度变化结果如图 6.17 所示。

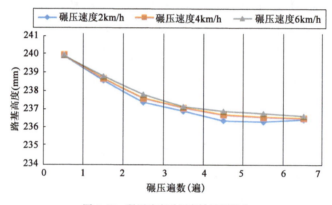

图 6.17　碾压速度对压实效果的影响

随着碾压速度的增加,路基压实后的高度也越来越大,因此,碾压速度与压实效果是成反比关系的。压实速度影响碾压轮对单位面积路基所做的压实功,因为振动压路机的振动频率是一定的。在碾压遍数相同的情况下,当压路机行驶速度越低时,碾压轮夯砸点的间距越小,碾压轮对单位面积所做的压实功较多;当压路机行驶速度越高时,碾压轮夯砸点的间距越大,单位面积上接收的压实功越小。在正式施工前,应该针对具体的路基填筑材料和所用设备,通过填筑试验段来选择合理的碾压速度和碾压遍数。

6.4　天然砂砾路基压实质量检测与分析

6.4.1　表面沉降控制法

表面沉降控制法是指通过监测碾压过程中路基的塑性变形来判断路基碾压质量的方

法。常规做法为利用水准仪量测填筑层面的高程,通过碾压前后的高程差来判断碾压质量,其简单易行,精确度高。

1) 表面沉降控制法理论原理

路基碾压过程中的密度通过测定填料的体积和重量而求得,由于摊铺填料的质量一定,所以只要测定体积的变化就可求出密度的变化。假定压实层面积在碾压前后保持不变,碾压 n 遍后路基压实层的沉降率为 ε_n,密度为 ρ_n,并忽略下层已碾压完成层的沉降,则:

$$\rho_n = \frac{M}{AH_n} = \frac{M}{AH(1-\varepsilon_n)} = \rho_0 \frac{1}{1-\varepsilon_n} = \rho_0(1+\varepsilon+\varepsilon_n^2+\cdots) \approx \rho_0(1+\varepsilon_n) \quad (6.5)$$

式中:M——碾压层填料的总质量;

A——摊铺后碾压层的面积;

H——摊铺后碾压层填料初始厚度;

H_n——碾压层碾压 n 遍后填料厚度;

ρ_0——摊铺后碾压层填料初始密度。

根据式(6.5),如果填料初始密度 ρ_0 已知,只要知道碾压层的沉降率就可以计算出 n 遍碾压后的密度 ρ_n。

假设碾压前后压实层密度的增加率为 Γ_n,则:

$$\Gamma_n = \frac{\rho_n - \rho_0}{\rho_0} = \frac{\rho_0(1+\varepsilon_n) - \rho_0}{\rho_0} = \varepsilon_n \quad (6.6)$$

由此可见,土石路基碾压 n 遍后的密度增加率与路基沉降率是一致的,沉降率越大,也就反映了路基密度的增加率越大。

设碾压结束后的密度为 ρ_e,碾压完成后的沉降率为 ε_e,则:

$$\rho_e = \frac{M}{AH_e} = \frac{M}{AH(1-\varepsilon_e)} = \frac{\rho_0}{1-\varepsilon_e} \quad (6.7)$$

即 $\rho_0 = \rho_e(1-\varepsilon_e)$,将其代入式(6-5)可得:

$$\rho_n = \rho_e(1-\varepsilon_e)(1+\varepsilon_n) \approx \rho_e(1-\varepsilon_e+\varepsilon_n) \quad (6.8)$$

根据上述公式,只要准确地测量出某一时刻的填料密度,就可以利用沉降率计算出其他情况下填料的密度。

2) 检测方案

在已经碾压整平的层面上,进行布点,点位纵向间距为10m,横向间距为20m,布点时应避免位于突出大粒径石料上。每2000m² 至少检测 16 点,在压实面积不足 200m² 时,至少检测 4 点。为了便于碾压过程中测点的辨识及精度的提高,在测点周围利用石灰进行标示,同时采用边长 5cm 的方形钢板进行定位。布置示意图如图 6.18 所示,具体布置如

图 6.19 所示。

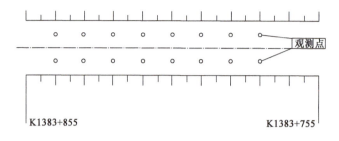

图 6.18 沉降控制法观测点布置示意图

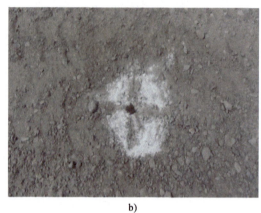

图 6.19 现场观测点布置

在测点布置完成后,采用振动压路机进行路基碾压。每碾压一遍即采用水准仪进行高程测量,记录不同碾压遍数后的沉降量,具体如图 6.20 所示。

图 6.20 碾压与沉降观测

3)结果分析

碾压遍数与平均分级沉降量的关系如图 6.21 所示,碾压遍数与平均累计沉降量的关系如图 6.22 所示。

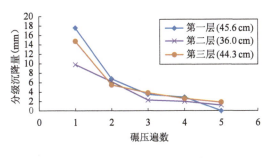

图 6.21　碾压遍数与平均分级沉降量的关系

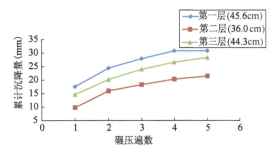

图 6.22　碾压遍数与平均累计沉降量的关系

由图 6.21、图 6.22 可以看出，在路基碾压过程中随着碾压遍数的增加，各观测点的分级沉降量逐渐减小，累计沉降量逐渐增大。碾压开始时，分级沉降量下降迅速，而后逐渐平稳，第 5 遍碾压以后，分级沉降量已经很小。而累计沉降量开始增加较快，随后逐渐平稳。第 4 遍碾压后分级沉降量已经小于 3mm，第 5 遍碾压后沉降量平均值接近 1mm。同时，由于第二层松铺厚度较小，其分级沉降量与累计沉降量明显小于其他两层。碾压完成后，利用灌砂法检测各点压实度，均在 96% 以上，满足一般路基压实度要求。

6.4.2　灌砂法

灌砂法是当前国际上最通用的测量路基压实度的方法，在很多国家的土工试验法中，灌砂法被列为现场测定密度的主要方法，可用于测量各种土的密度。其基本原理是用均匀颗粒的砂，由一定的高度下落到一个规定容积的筒或洞内，根据其单位质量不变的原理，来测定试洞的容积，用试洞的容积代表洞中取出材料的体积。该方法需要携带较多的砂，称量次数较多，测定过程费时费力，测量速度较慢，且对路基破坏性大。现场检测如图 6.23 所示。利用灌砂法检测路基压实度结果统计见表 6.5。

a)

b)

图 6.23　灌砂法检测路基压实度

试验路基压实度检测结果　　　　　　表6.5

监 测 点	第 一 层	第 二 层	第 三 层
A1	—	99.1	97.3
A2	96.0	99.1	97.7
A3	—	99.7	99.6
A4	96.2	99.6	99.6
A5	—	99.1	99.8
A6	97.3	100.3	98.8
A7	—	98.4	97.0
A8	96.9	99.7	98.7
B1	—	98.9	97.3
B2	97.3	98.8	99.0
B3	—	98.2	97.8
B4	99.2	99.9	100.1
B5	—	98.7	99.3
B6	99.6	100.0	99.9
B7	—	98.8	98.4
B8	98.7	98.2	99.6
平均值	97.6	99.1	98.7

由表6.5中数据可以看出,在碾压完成后,路基各监测点压实度均达到96%以上,满足路基设计要求。其压实度数据大部分处于97%~99%之间,说明采用既有的压实机械,碾压5遍即可满足路基设计要求。当松铺厚度为36.0cm时,其压实度平均值为99.1%,已远大于设计文件规定的最小压实度96%的压实要求。而当松铺厚度为45.6cm时,压实度平均值为97.6%,压实度较36cm松铺厚度层有明显减小,但仍满足路基设计要求。说明在相同的碾压机具及压实遍数下,松铺厚度对压实度有一定影响,压实度随着松铺厚度的增加而减小。同时,压实度存在着偏大现象,很容易满足设计文件及规范要求。

6.4.3 便携式落锤弯沉仪(PFWD)法

便携式落锤弯沉仪简称PFWD,是一种基础填筑表面动力承载能力试验检测设备,可用于路基、地基等场地的承载能力检测,是继常规拖车式落锤弯沉仪后的又一种新的动力模量快速无损检测设备。PFWD用于确定路基承载能力,可获得路基的动弹性模量。它具有携带方便、测试速度快、操作简单、自动化程度高、检测场地要求低、适用范围广、测试结果稳定可靠等优点。

1)PFWD法基本原理

PFWD主要由加载系统、数据采集系统和数据传输系统组成。其中,加载系统主要由落锤、导杆、缓冲垫等组成;数据采集系统主要由荷载传感器、位移传感器及数据采集装置组成;数据传输系统主要由数据传输接口、数据传输线、数据采集器及数据处理软件组成。其基本组成示意图及实物组成如图 6.24、图 6.25 所示。

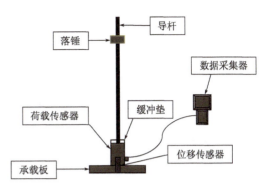

图 6.24　PFWD 基本组成示意图

落锤弯沉仪工作基本原理:将一定质量的落锤提升到固定高度,使其在重力作用下自由下落,对放置于路基表面的承载板产生冲击荷载。在冲击荷载作用下,承载板将产生竖向位移,在此过程中,荷载传感器和位移传感器自动记录荷载与位移的时程数据,数据传输系统将数据传输到计算机数据处理系统中,计算软件根据压力与位移的峰值利用弹性半空间的布辛尼斯克理论公式计算路基的动态弹性模量。

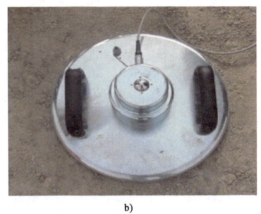

图 6.25　落锤弯沉仪(PFWD)

刚性承载板下弹性半空间体垂直位移公式:

$$\omega = \frac{(1+\mu)pa}{2E} \int_0^\infty \left(2 - 2\mu + \frac{z}{a}x\right)\frac{\sin x}{x} e^{-\frac{z}{a}x} J_0\left(\frac{r}{a}x\right) \mathrm{d}x \qquad (6.9)$$

式中:ω——承载板下路基内任意一点的垂直位移;

μ——泊松系数;

p——承载板承受压力峰值;

a——承载板半径;

E——弹性模量;

z——计算点距表面中心垂直方向的距离;

r——计算点距表面中心水平方向的距离。

在计算荷载板中心点下填料垂直位移时,将 $r=0,z=0$ 代入式(6.9),计算得其垂直位移:

$$l = \frac{\pi}{4}\frac{2pa(1-\mu^2)}{E} \tag{6.10}$$

则荷载板中心点下填料弹性模量:

$$E = \frac{\pi}{4}\frac{2pa(1-\mu^2)}{l} \tag{6.11}$$

2) 试验实施

在碾压完毕的路基表面,将承载板放置于检测点,其检测点布置与表面沉降法检测点相对应,第一层填土检测 6 点,其他两层每层检测 16 点。在测试前检查监测点的定位准确性及设备各部件连接牢固,确保检测数据的可靠性及准确性,如图 6.26 所示。

a)

b)

图 6.26 PFWD 检测路基回弹模量

3) 结果分析

试验段路基动回弹模量检测结果见表 6.6、表 6.7。

试验段路基动回弹模量   表 6.6

层 数	松铺厚度(cm)	E_P(MPa)
第一层	45.60	55.09
第二层	35.96	75.44
第三层	44.30	71.78

试验段路基动回弹模量统计   表 6.7

回弹模量范围(MPa)	检 测 点 数	所占总检测点比例(%)
40~50	3	7.9
50~60	4	10.5
60~70	10	26.3
70~80	12	31.6

续上表

回弹模量范围(MPa)	检 测 点 数	所占总检测点比例(%)
80~90	6	15.8
90~100	2	5.3
100以上	1	2.6

由表6.7中数据可以看出,路基的动回弹模量极小值为40MPa,极大值为100MPa,数据主要集中在60~90MPa之间,约占检测点总量的75%。同时,由于第二层松铺厚度较小,路基动回弹模量平均值为75.44MPa,第一层松铺厚度较大,路基动回弹模量为55.09MPa,与灌砂法检测的第二层压实度较高,第一层压实度较低情况相符。

6.4.4 承载板法

承载板法是通过刚性承载板对路基进行逐级加载卸载,测出每级荷载下的路基回弹变形量,从而计算出路基静回弹模量。该方法测得的路基回弹模量是路面设计中的重要参数。

1)试验实施

检测点的选取与布置参见表面沉降控制法。采用东风平八柴油车作为反力装置,30t千斤顶进行加载,如图6.27所示。

图6.27 荷载板法测路基回弹模量

2）结果分析

试验段承载板法测得路基静回弹模量见表6.8、表6.9。

试验段路基静回弹模量　　　　　表6.8

层　数	松铺厚度(cm)	E_p(MPa)
第一层	45.60	169.13
第二层	35.96	189.81
第三层	44.30	176.33

试验段路基静回弹模量统计　　　　　表6.9

回弹模量范围(MPa)	检测点数	所占总检测点比例(%)
120~140	3	7.9
140~160	6	15.8
160~180	9	23.7
180~200	12	31.6
200~220	7	18.4
220以上	1	2.6

由表6.8可以看出，松铺厚度对路基回弹模量具有一定影响，当松铺厚度为35.96cm时，路基回弹模量最大，为189.81MPa；当松铺厚度为45.60cm时，路基回弹模量为169.13，回弹模量因松铺厚度的增加有明显的降低。同时，由表6.9可以看出，路基回弹模量极小值为120MPa，极大值大于220MPa，两者数据差距较大，但回弹模量主要还是集中在160~220MPa之间，约占检测点总数的73.7%。

6.4.5　振动频率仪快速检测法

振动频率仪法是通过检测固定在压路机上的振动频率的变化，来反映路基压实效果的一种方法。目前，位置振动频率仪应用在机械上，作为机械检伤比较普遍，但是应用在道路无损检测上国内还没有相关的研究。其最大的特点是不但可以快速检测路基压实度，减少人力物力，施工的同时实时动态检测，指导施工，加快施工进度，更重要的是将以前的点到点的检测变为以后的连续性检测。

1）试验实施

检测点的选取与布置参见表面沉降控制法。具体操作如下：

（1）检测点定位。将检测点附近路基表面整平，当路基表面粗糙不平时，可铺少许量砂。

（2）安置振动频率仪。由于现在的压路机减振效果良好，为保证测出振动轮的振动频率变化，要将仪器固定在振动轮振动影响到的范围内，才能有效测出振动频率的变化。

(3)打开仪器开关试运行。当压路机处于工作状态,仪器有明显变化时,准备完毕。

(4)保持压路机正常工作状态下运行,观察振动频率变化,当压路机经过标记点位时,记下此时仪器上的振动频率。

(5)重复步骤(4),记下每遍碾压标记点的振动频率。

2)结果分析

试验段路基振动频率变化见表6.10、表6.11。

试验 A 段记录数据　　　　　　　　　　　表6.10

遍数 监测点	1 强振 (Hz)	2 弱振 (Hz)	3 弱振 (Hz)	4 弱振 (Hz)	5 弱振 (Hz)	6 弱振 (Hz)	7 弱振 (Hz)	8 弱振 (Hz)	9 弱振 (Hz)	10 弱振 (Hz)	11 弱振 (Hz)	12 弱振 (Hz)	表面沉降 S_M (mm)	动态变形模量 E_{vd} (MPa)	压实度 (%)
A1	354	404	429	484	620	610	591	598	581	574	591	599	0.36	62.9	96.8
A2	365	385	539	544	609	601	621	589	600	621	584	579	0.53	42.9	96.7
A3	297	324	492	494	611	594	521	564	599	590	634	594	0.98	22.9	96
A4	390	396	544	543	598	603	621	631	584	582	689	604	0.42	53.3	98.1
A5	357	404	551	564	663	624	631	621	600	584	629	591	0.58	38.7	98.6
A6	360	394	529	524	594	584	599	581	574	563	600	619	0.43	52.6	96.8
A7	359	384	534	551	593	615	581	584	581	554	574	590	0.73	30.7	95.7
A8	329	338	419	531	594	584	596	589	600	579	591	601	0.83	27.1	95.5
A9	364	384	531	529	599	581	600	594	589	600	599	584	0.5	44.6	97.3
A10	311	309	320	343	499	489	467	498	530	568	577	575	1.05	24.4	95.1
A11	384	424	529	531	534	525	631	581	584	594	600	591	0.5	49.5	97.2

试验 B 段记录数据　　　　　　　　　　　表6.11

遍数 监测点	1 强振 (Hz)	2 弱振 (Hz)	3 弱振 (Hz)	4 弱振 (Hz)	5 弱振 (Hz)	6 弱振 (Hz)	7 弱振 (Hz)	8 弱振 (Hz)	9 弱振 (Hz)	10 弱振 (Hz)	11 弱振 (Hz)	12 弱振 (Hz)	表面沉降 S_M (mm)	动态变形模量 E_{vd} (MPa)	压实度 (%)
B1	367	440	546	581	680	630	597	610	602	604	600	598	0.471	48.74	97.2
B2	361	460	533	577	573	622	611	609	610	599	602	601	0.347	64.84	97.4
B3	357	438	524	573	574	616	600	613	609	605	600	614	0.463	48.6	96.9
B4	381	413	535	598	593	623	602	618	606	615	602	594	0.365	59.43	97.2
B5	381	396	546	588	595	622	597	618	606	615	602	594	0.339	59.43	97.2
B6	386	385	551	593	593	636	598	619	614	606	593	596	0.379	59.37	98
B7	381	450	558	580	591	625	662	607	604	612	591	600	0.468	47.97	96.5
B8	400	440	558	590	596	624	621	618	615	611	592	580	0.494	51.21	97.4
B9	400	445	584	566	593	624	596	621	604	600	591	579	0.366	62.5	97.3
B10	420	440	574	585	591	615	598	619	600	600	591	582	0.341	63.21	97.9

续上表

遍数 监测点	1 强振 (Hz)	2 弱振 (Hz)	3 弱振 (Hz)	4 弱振 (Hz)	5 弱振 (Hz)	6 弱振 (Hz)	7 弱振 (Hz)	8 弱振 (Hz)	9 弱振 (Hz)	10 弱振 (Hz)	11 弱振 (Hz)	12 弱振 (Hz)	表面 沉降 S_M (mm)	动态变 形模量 E_{vd} (MPa)	压实度 (%)
B11	399	597	600	592	575	596	559	598	604	601	599	600	0.441	52.33	98.6
B12	380	610	636	587	581	597	574	594	634	626	614	617	0.501	42.31	96.5
B13	409	589	635	581	597	597	588	589	598	600	599	596	0.449	54.26	98.3
B14	434	587	626	598	591	613	587	606	606	600	584	598	0.321	59.94	99.4
B15	445	562	621	598	590	608	590	609	616	621	591	590	0.512	42.16	96.4
B16	439	530	605	601	593	607	594	607	599	603	592	586	0.331	67.98	97.9
B17	502	588	595	593	588	614	592	604	574	600	600	599	0.397	64.16	98.4
B18	487	503	600	615	599	593	592	609	585	598	594	590	0.341	60.01	98.4
B19	476	464	592	604	596	604	587	607	619	603	600	594	0.491	56.61	95.9

采用振动频率检测法进行路基压实效果监测是可行的,在本次试验段内,当振动频率达到600Hz时,路基压实效果达到要求。用振动频率法检测路基压实度,只需要一个记录员即可完成整条线路的检测工作,有望在以后进行推广。

6.5 天然砂砾路基压实质量检测方法与评价标准

针对现行路基压实质量控制指标及检测方法进行总结与评价,并依据试验段检测成果,分析各检测方法结果之间的相关性,提出适合天然砂砾路基的压实质量快速检测方法与评价指标。

6.5.1 现有路基压实质量控制指标

目前,国内外常用的路基压实质量控制指标参数主要有9种,每种参数在工程中都有特定的意义,各国根据本国填料的性质及分类特点选取不同的控制参数,但总体来说,各参数主要可以从路基的物理性质和力学性质进行考虑。

1)物理性质指标

物理性质指标主要包括压实系数(K)、相对密度(D_r)、孔隙率(n)、含气率(n_a)等。这些指标一般都能通过填料的三相量的相关指标进行换算得出,主要反映填料的密实程度。

(1)压实度(K)

压实度是目前国内外应用最广泛的路基压实质量控制指标,其基本定义为现场填料干密度与室内击实试验最大干密度的比值($K = \rho_d / \rho_{max}$)。压实度是路基压实质量检测中最基础的指标,可以反映路基压实质量总体情况。压实度越大,表明路基填料越密实,路基的强度就越高,路基模量也越大,路基变形越小。从压实度的计算方法来看,压实度的确定很大程度上跟室内最大干密度相关,当前确定标准干密度(即室内最大干密度)的方法通用的有击实试验法、试验路法、固体体积法,其中最通用的是击实试验法。对于天然砂砾,常用的室内击实试验是采用表面振动击实法。

(2)孔隙率(n)

孔隙率在我国铁路路基规范中用于控制粗粒土路基的压实质量,其基本定义是土的孔隙体积与土总体积的比值,其表达式:

$$n = \frac{v_2}{v} \times 100\% \quad (6.12)$$

式中:v——土体总体积;

v_2——土中孔隙体积。

根据土的三相组成关系,可以得出如下公式:

$$n = \left(1 - \frac{\rho_d}{\rho_s}\right) \times 100\% \quad (6.13)$$

$$n = 1 - \frac{k\rho_{max}}{\rho_s} \quad (6.14)$$

式中:ρ_d——土的干密度;

ρ_s——土颗粒密度;

k——土的压实度。

从孔隙率的计算公式可以看出,当土颗粒密度一定时,孔隙率与干密度成反比,干密度越大,孔隙率越小。控制孔隙率的目的就是要求土的干密度尽量靠近颗粒密度,从而压实系数提高。同时由式(6.14)可以看出,土的孔隙率与压实度存在着一一对应关系,压实度越大,孔隙率越小,因而孔隙率与压实度本质上是一样的。

(3)含气率(n_a)

含气率在德国和日本等作为控制填土压实的常规指标,在我国交通建设上应用较少。它是指土体中空气所占体积的百分数,即

$$n_a = \frac{v_a}{v} \times 100\% \quad (6.15)$$

当土中的孔隙全被气充满,则含气率最大,如果孔隙完全被水饱和,则含气率近似为零,此时土的水稳性最好。用含气率作为粗粒混合土和细粒土的压实指标,当含气率在一定范围内时,浸水后填料的强度才不会下降很多。对于含水率低于最佳含水率的填料,在压实度满足要求时,含气率不一定满足要求,这就要增大压实功,提高填料压实度,从而减小填料含气率。

(4)固体体积率(G)及相对固体体积率(ΔG)

为了解决因填料含石量不同导致现场检测干密度与室内最大干密度不符的问题,有学者建议采用固体体积率来控制填料的压实质量,其基本定义公式如下:

$$G = \frac{v_s}{v} \tag{6.16}$$

式中:v_s——填料固体颗粒体积。

根据土的三相组成关系,式(6.16)也可以采用填料的干密度与固体颗粒密度的比值:

$$G = \frac{\rho_d}{\rho_s} \tag{6.17}$$

由式(6.17)可以看出,采用固体相对密度可以忽略填料中含石量的影响,但该指标没有考虑填料的级配情况,不能反映真实的填料密实情况,为此,有学者专家提出采用相对固体体积率控制填料压实质量,其基本定义公式如下:

$$\Delta G = \frac{G}{G_{\max}} \tag{6.18}$$

式中:$G_{\max}$——填料最大相对固体体积率。

利用固体体积率公式进行换算:

$$K = \frac{\rho_d}{\rho_{\max}} = \frac{G\rho_s}{G_{\max}\rho_s} = \Delta G \tag{6.19}$$

由式(6.19)可以看出,从理论上来看,相对固体体积率与压实度是一个控制指标,采用相对固体体积率只是增加了计算量。

(5)相对密度(D_r)

为了能够同时考虑固体体积率和级配的影响,可用相对密度(D_r)来描述填料的密实程度,其基本定义公式如下:

$$D_r = \frac{e_{\max} - e}{e_{\max} - e_{\min}} \tag{6.20}$$

式中:$e_{\max}$——填料最大空隙比;

$e_{\min}$——填料最小孔隙比;

e——填料实际孔隙比。

由式(6.20)可以看出,填料的相对密度主要取决于填料的孔隙比,而孔隙比一般通过填料的密度、含水率及固体颗粒密度进行计算得到。根据填料的三相组成关系,填料相对密度也可以用式(6.21)表示:

$$D_r = \frac{1}{k} \times \frac{\rho_d - \rho_{d,\min}}{\rho_{d,\max} - \rho_{d,\min}} \tag{6.21}$$

由式(6.21)可以看出,对于天然砂砾来说,相对密度与压实度存在着对应关系,两者之间没有本质区别。同时,利用相对密度指标时,需测定填料的最大孔隙比与最小孔隙比,试验复杂,误差较大。

2)力学性质指标

力学性质指标可以综合反映路基在外荷载作用下的变形和强度,在路基碾压过程中,随着碾压功的增加而逐渐增大,当达到一定值后,趋于稳定。虽然路基力学性质指标大小不仅和填料的密实度有关系,而且还和填料的组成及结构类型等因素有关。两种填料在相同的压实度下,路基的力学性质指标可能会出现巨大差别,因此有学者认为不能单纯以力学性质指标进行质量控制。

(1)回弹模量(E_0)

路基静回弹模量在我国公路规范中,是路面设计中的重要参数。通过测定逐级加载、卸载时相应于各级荷载的回弹弯沉值,按弹性半空间体公式计算路基的静回弹模量,其基本计算公式如下:

$$E_0 = \frac{\pi D}{4} \times \frac{\sum p_i}{\sum L_i}(1 - \mu_0^2) \tag{6.22}$$

式中:D——荷载板直径,取30cm;

　　μ_0——填料泊松比;

　　L_i——各级实测回弹变形量;

　　p_i——对应于L_i的各级压力值。

路基静回弹模量可以反映路基在外力作用下抵抗变形的能力,反映了路基的强度特征,但其不能反映路基在汽车荷载作用下的真实适用情况。

(2)CBR指标

CBR又称加州承载比,是California Bearing Ratio的缩写,由美国加利福尼亚州公路局首先提出来,用于评定路基土和路面材料的强度指标,对路基填筑材料合理的选择具有重要的参考意义。现场CBR利用压强—贯入量曲线读取贯入量为2.5mm及5mm时的荷载压强p_1,按式(6.23)计算现场CBR值。

$$\mathrm{CBR}(\%) = \frac{p_1}{p_0} \times 100\% \tag{6.23}$$

式中:p_1——荷载压强;

　　p_0——标准压强,当贯入量为2.5mm时为7MPa,当贯入量为5.0mm时为10.5MPa。

我国公路路基设计规范中采用CBR值作为路床填筑质量的控制指标之一,但该指标在实际应用中,耗时长,劳动强度大,试验成功率较低,可重复性较弱。

(3)地基系数(K_{30})

K_{30}试验是一种小型平板原位载荷试验,平板的底面直径为30cm,用静压的方法测定地基土单位压力下的沉降量,在压力 P 与沉降 S 关系曲线上取沉降在 1.25mm 时对应的荷载值,用式(6.24)计算:

$$K_{30} = \frac{P_0}{0.125} = 8P_0 \tag{6.24}$$

K_{30} 表示填料在 $40 \sim 60$cm 内单位压力下的变形值,它是反映路基土的强度和变形的综合指标,在日本应用广泛,是路基压实质量控制的主要指标。同时,其在我国铁路建设中也被广泛采用,被用作控制路基压实质量的主要指标之一。

(4)变形模量(E_{v1}、E_{v2})

变形模量也是小直径荷载板试验在路基填土压实控制中的应用,在西欧,尤其是德国,应用广泛。在荷载板试验应用过程中,常用的加载方法有单循环静载和二次循环静载,单循环静载测得变形模量 E_{v1},二次循环静载测得变形模量 E_{v2}。采用 $d=30$cm 的荷载板试验计算变形模量时,荷载一直加到沉降值达 5cm 或荷载板正应力达到 0.5MPa 为止。

采用式(6.25)计算单循环静载方式下的变形模量:

$$E_{v1} = \frac{PD}{s}(1-\mu^2) \tag{6.25}$$

式中:P——荷载板上的总荷载;

s——与荷载对应的荷载板的沉降量。

为了更有效地分析土的变形性质和承载能力,对路基进行二次循环静载法,其结果用变形模量 E_{v2} 表示:

$$E_{v2} = \frac{3}{4}D\frac{\Delta\sigma_0}{\Delta S_2} \tag{6.26}$$

式中:$\Delta\sigma_0$——$\Delta\sigma_0 = \sigma_{02} - \sigma_{01}$,其中 σ_{02} 为二次循环加载最大加载应力的 70%,σ_{01} 为二次循环加载最大加载应力的 30%;

ΔS_2——$\Delta S_2 = S_{2(2)} - S_{1(2)}$,其中,$S_{2(2)}$ 为对应于加载应力为 σ_{02} 时的沉降值,$S_{1(2)}$ 为对应于加载应力为 σ_{01} 时的沉降值。

在二次循环静载试验的实际应用中,采用 E_{v2} 与 E_{v2}/E_{v1} 两项指标联合使用。目的是为了使路基在外荷载作用下具有足够的强度和刚度,除了具有一定的压实系数和承载能力外,还应有较小的沉降变化比。在德国与我国的高速公路建设中,就是采用 E_{v2}/E_{v1} 的前提下,再规定路基不同部位的 E_{v2} 值。

(5)动态变形模量(E_{vd})

路基回弹模量 E_0、地基系数 K_{30}、变形模量 E_{v1}、E_{v2} 等都是通过施加静荷载测得的,不能反映汽车动荷载作用下路基的真实作用情况。为此德国率先在高速铁路建设中提出以路基动回弹模量 E_{vd} 为路基压实质量控制指标之一,提出了路基动回弹模量的快速无损检测方法。其通过落锤产生冲击荷载使路基产生沉陷,通过应力与沉陷值的比值求得路基的动回弹模量。该评价指标可以反映汽车动应力作用对路基的真实作用情况,其测试方法简单、快速,可重复性好,是我国铁路路基压实质量重要的控制指标之一。

6.5.2 路基压实质量检测方法

目前针对粗粒土路基的压实质量检测方法主要从以下3个方面考虑,即以填料密实度为基准的检测方法、以填料的力学性质为基准的检测方法、以施工参数控制为基准的检测方法。

1) 以填料密实度为基准的检测方法

以填料的密实度为基准的检测方法主要分为现场直接密度检测方法和间接密度检测方法。常用的现场直接密度检测方法有环刀法、灌砂法及灌水法。

环刀法适用于细粒土及无机结合料稳定细粒土的现场干密度检测,但对无机结合料细粒土,龄期不宜超过2d。其优点是仪器简单、携带方便、操作简便、样品数量少。此方法不适用于填料粒径相对较大的土石混合料密实度的检测,而且用环刀法测得的密度是环刀内土样所在深度范围内的平均密度,它不能代表整个碾压层的平均密度。由于碾压层的密度一般是从上到下逐渐减小的,环刀取在碾压层上部,得到的数值偏大;环刀取在碾压层底部,得到的数值则明显偏小。

灌砂法是用均匀颗粒的砂由一定的高度下落到一个规定容积的筒或洞内,根据其单位质量不变的原理,来测定试洞的容积,用试洞的容积代表洞中取出材料的体积。灌砂法是当前国际上最通用的方法,在很多国家的土工试验法中,灌砂法被列为现场测定密度的主要方法,可用于测量各种土的密度。但是该方法需要携带较多的砂,称量次数较多,测定过程费时费力,测量速度较慢,且对路基破坏性大。通常分层检测所花的时间比填土碾压时间还长,严重影响了黄金季节路基工程的施工效率。

灌水法适用于粗粒土、巨粒土、原状砂、砾质土和填石等。灌水法是将薄橡皮袋放入试洞内,在规定压力下将水压入橡皮袋中,使橡皮袋扩张到与试洞底和壁相接触,根据所用水量确定试洞体积。但灌水法对于填料粒径较大的情况要取得足够的样品很不容易,需要花费大量人力物力,检测工作量大,耗时长,对路基破坏性大,从而限制了该方法的实际应用。

针对以上现场直接密度检测方法的缺点,现场有采用间接密度的检测方法,如核子密度仪及表面波路基密度仪等方法。核子密度仪是利用放射性元素放射γ射线测量路基土或路面结构层材料的密度,利用中子来测量它们的含水率。面波密度仪是以表面波理论为依据,利用波的传播与衰减规律检测路基填料的密度。这两种方法测量速度快、需要的人员少,操作人员不必费力挖坑取大块试样称重,可用于测量各种土(包括冻土)和路面材料的密度及含水率。但在应用之前,都需要对仪器进行标定与对比,确定仪器工作参数,而后方可根据现场测试数据换算出路基填料密度。然而核子密度仪价格高,还存在放射污染的危险,国内也多次发现进口的核子密实度仪放射性超标的情况,一旦发生问题会对人体和环境造成污染。

2)以填料的力学性质为基准的检测方法

以填料的力学性质为基准的检测方法是以检测路基的力学性质为目的,用于评价路基填料的压实质量。主要方法有承载板法、弯沉仪法、PFWD 法等。下面主要介绍承载板法和PFWD 法。

承载板法根据不同的加载方法可以检测路基不同的力学参数,如逐级加载卸载可以检测路基回弹模量;单循环静载可以测得变形模量 E_{v1},二次循环荷载可以测得变形模量 E_{v2};逐级加载直至承载板下沉 0.125cm,可以测得路基地基系数 K_{30} 等。路基模量检测的优点在于荷载量大,影响范围广,反映了一定范围内路基的整体情况;检测项目直接与路基变形特性相关,对路基也没有破坏作用。但该方法检测设备大,试验时间长,作业人员较多。同时当地基软弱时,检测结果受地基变形影响,路基模量较小,不能反映填料的真实压实情况,同时测点处填料粒径大小也对测试结果有一定影响。

PFWD 法是近年出现的检测反映路基动荷载特性承载力指标—动态变形模量 E_{vd} 值的一种新的检测方法,它是通过动力加载检测路基的动态变形模量值来监控和评价路基填筑质量。该试验仪器是动态变形模量测试仪,其检测原理是采用落锤自由落下冲击路基面和测试沉陷值,模拟汽车及火车运行时对路基面产生的冲击效应,进行动力加载,检测路基在动荷载作用下的动应力和动应变参数。PFWD 弥补了载荷板试验用静力加载,不能真实反映汽车运行时动荷载对路基的作用状况的不足,更适合现代路基填筑质量的监控。同时,该方法操作简单,检测耗时短,是路基压实质量检测的发展方向。

3)以施工参数控制为基准的检测方法

由于天然砂砾属于非均质填料,其压实特性复杂,上述各压实质量检测评价方法都难以全面反映实际工程的压实质量。为此,在实际工程中,往往采用修筑试验段法。即通过现场试验段修筑,采用多种路基压实质量检测,建立路基压实质量和施工参数(如碾压遍数、松铺厚度、含水率等)与路基填筑质量之间的关系,并在后续工程施工中采用这些参数对路基施工质量进行控制。主要方法有碾压遍数法、表面沉降控制法等。该方法可以较好地体现路基填筑过程中的质量控制关键步骤,从而在施工过程中保证路基压实质量,但试验段修筑费用较大,人员及机械配置较多。

6.6 天然砂砾路基压实质量快速检测技术

1)依据沉降率判断压实度

依据试验段表面沉降法观测数据及路基碾压完成后用灌砂法测得路基压实度数据,利用沉降率计算压实度与碾压遍数的关系,如图 6.28 所示。从图中可以看出,路基压实度随着碾压遍数的增大而增大,其变化率逐渐减小。松铺厚度对压实度有明显影响,松铺厚度越大,路基压实度越低。但依据沉降率计算的压实度明显偏高,依据图中关系,碾压 3 遍即可满足路基压实度设计要求,这与实际不符。说明依据表面沉降控制法原理中沉降率与压实度关系判断天然砂砾路基压实质量有一定缺陷,可靠度有待提高。

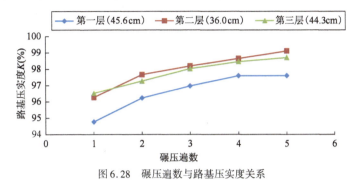

图 6.28 碾压遍数与路基压实度关系

2)动回弹模量 E_p 与压实度 K 的关系

为研究天然砂砾路基动回弹模量 E_p 与压实度关系 K 的相关性,依据试验段检测结果,采用软件将两者关系进行拟合,采用模型主要为线性模型、指数模型、半对数模型、抛物线模型、双对数模型 5 种,具体拟合关系如图 6.29 所示,拟合结果见表 6.12。

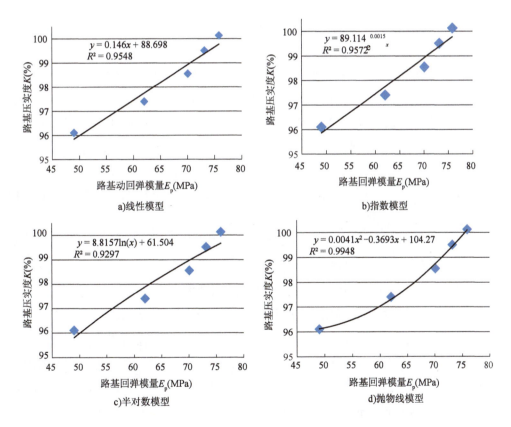

图 6.29

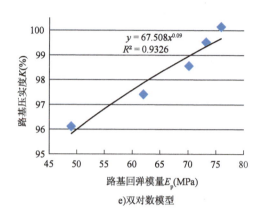

e)双对数模型

图6.29 动回弹模量与压实度拟合关系图

动回弹模量与压实度拟合结果　　　　　　　　表6.12

拟合模型	拟合公式	相关系数
线性模型	$y = 0.146x + 88.698$	$R^2 = 0.9548$
指数模型	$y = 89.114e^{0.0015x}$	$R^2 = 0.9572$
半对数模型	$y = 8.8157\ln x + 61.504$	$R^2 = 0.9297$
抛物线模型	$y = 0.0041x^2 - 0.3693x + 104.27$	$R^2 = 0.9948$
双对数模型	$y = 67.508x^{0.09}$	$R^2 = 0.9326$

由表6.12可以看出,各种模型的相关性都很好,相关系数约为0.95。虽然抛物线模型相关性最好,但采用抛物线存在峰值问题,用来拟合E_p和K的关系是不合理的,两者的单调关系采用抛物线难以解释;其次为直线模型相关系数最接近1,但用直线关系来拟合,则存在没有任何物理意义的截距;若采用半对数关系进行拟合,则难以较好地体现正比特性;指数模型中,存在过于接近0的系数,因此,采用双对数模型模拟两者关系最适合,其拟合关系结果如式(6.27)所示。由关系拟合图6.29e)及拟合结果可以看出,路基动回弹模量随着压实度增大而增大,但其增加率却越来越小。

$$K = 67.50 E_p^{0.09} \qquad (6.27)$$

3)动回弹模量E_p与静回弹模量E_0的关系

为研究天然砂砾路基动回弹模量E_p与路基静回弹模量E_0的相关性,依据试验段检测结果,采用软件将两者关系进行拟合,采用模型主要为线性模型、指数模型、半对数模型、抛物线模型、双对数模型5种,具体拟合关系如图6.30所示,拟合结果见表6.13。

由表6.13可以看出,各种模型的相关性都很好,相关系数约为0.97。若采用抛物线模型来拟合E_p和E_0之间的关系是不合理的,因为E_p和E_0的关系为单调关系,不存在峰值;若采用半对数关系进行拟合,则难以较好地体现正比特性;用直线关系来拟合,则存在没有任何物理意义的截距,因此,采用双对数模型模拟两者关系最适合,其拟合关系式如式(6.28)所示。

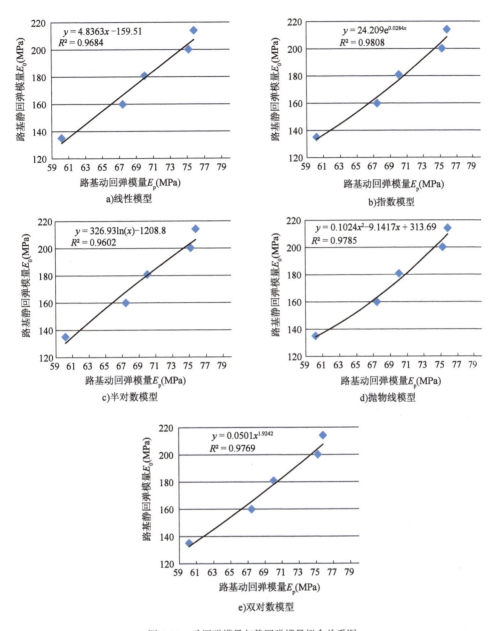

图 6.30 动回弹模量与静回弹模量拟合关系图

动回弹模量与静回弹模量拟合结果　　　　表 6.13

拟合模型	拟合公式	相关系数
线性模型	$y = 4.8363x - 159.51$	$R^2 = 0.9684$
指数模型	$y = 24.209 e^{0.0284x}$	$R^2 = 0.9808$
半对数模型	$y = 326.93\ln x - 1208.8$	$R^2 = 0.9602$
抛物线模型	$y = 0.1024x^2 - 9.1417x + 313.69$	$R^2 = 0.9785$
双对数模型	$y = 0.0501x^{1.9242}$	$R^2 = 0.9769$

$$E_0 = 0.05E_p^{1.924} \tag{6.28}$$

4)静回弹模量 E_0 与压实度 K 的关系

为了验证路基压实度与模量之间关系,将路基压实度与回弹模量也进行拟合,其拟合关系如图 6.31 所示,拟合结果见表 6.14。

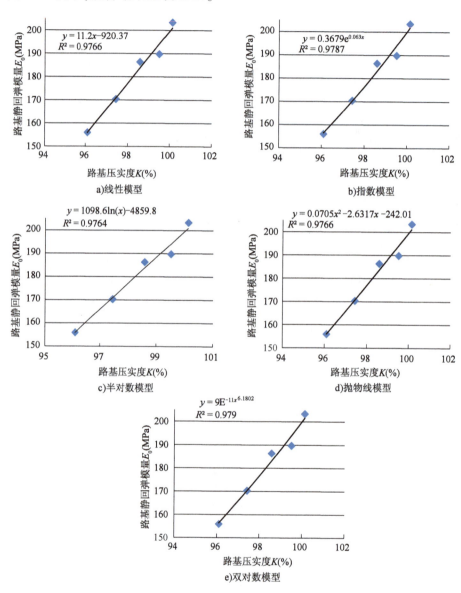

图 6.31 压实度与静回弹模量拟合关系图

压实度与静回弹模量拟合结果　　　　表 6.14

拟合模型	拟合公式	相关系数
线性模型	$y = 11.2x - 920.37$	$R^2 = 0.9766$
指数模型	$y = 0.3679e^{0.063x}$	$R^2 = 0.9787$

续上表

拟合模型	拟合公式	相关系数
半对数模型	$y = 1098.6\ln x - 4859.8$	$R^2 = 0.9764$
抛物线模型	$y = 0.0705x^2 - 2.6317x - 242.01$	$R^2 = 0.9766$
双对数模型	$y = 9\text{E}^{-11}x^{6.1802}$	$R^2 = 0.979$

由表6.14可以看出,压实度与静回弹模量拟合模型的相关性很好,但拟合公式中系数很大或者很小,故选取相关系数最大的指数模型为拟合结果,如式(6.29)所示。

$$E_0 = 0.367K^{0.063} \tag{6.29}$$

5)压路机振动频率变化与压实效果的关系

压路机的振动频率随着碾压次数的增加而逐渐增大,最后趋于稳定,最终的压路机振动频率在600Hz上下变化。在碾压前两遍时,振动频率增加得很快,说明前两遍路基压实度增加比较迅速;随后的几遍碾压,振动频率增加的幅度大大减小,表明后几遍的压实路基压实度增加幅度不大。路基填料刚刚铺上时,比较松散,所以前两次碾压,压实度变化比较大。压实一两遍过后,填料间的空隙逐渐被压得密实。所以,在随后的碾压过程中,压实度的变化开始减小,表现在仪器上就是读数变化增加缓慢。通过与标准灌砂法对比,发现当振动频率在600Hz以上时压实度都大于95%,且大于97%的有17个数据。说明在此路段上当振动频率仪度数在600以上时能保证路基压实度的要求。

振动碾压完成后,在标记点用PFWD(便携式落锤弯沉仪)测量路基的S_M值和E_{vd}值。用PFWD验证振动频率仪检测法的稳定性。记录结果见表6.15、表6.16。

振动频率与S_M值关系表　　　　　表6.15

振动频率(Hz)	599	579	594	604	591	619	590	601	584	575	591	598	601	614	594
S_M值(mm)	0.36	0.53	0.98	0.42	0.58	0.43	0.73	0.83	0.5	1.05	0.5	0.47	0.35	0.46	0.37
振动频率(Hz)	594	596	600	580	579	582	600	617	596	598	590	586	599	590	594
S_M值(mm)	0.34	0.38	0.47	0.49	0.37	0.34	0.44	0.5	0.45	0.32	0.51	0.33	0.4	0.34	0.49

现场利用PFWD测得最后一遍碾压完成后,各个测点的S_M值,将振动频率和S_M值做散点图(图6.32),我们可以看出大部分点都集中在振动频率为580~600Hz,S_M值为0.3~0.6mm的区域内。

当振动频率为580~600Hz时,PFWD的E_{vd}值也基本分布在45~60之间,分布区域比较稳定,如图6.33所示。通过以上两组对比,说明振动频率仪与PFWD检测是有稳定的关系的,是可以在工程实践中相互印证使用的。

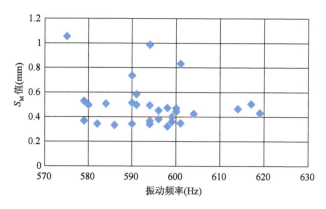

图 6.32　振动频率与 S_M 值关系图

振动频率与 E_{vd} 值关系表　　　　　表 6.16

振动频率(Hz)	599	579	594	604	591	619	590	601	584	575	591	598	601	614	594
S_M 值(mm)	62.9	42.9	22.9	53.3	38.7	52.6	30.7	27.1	44.6	24.4	49.5	48.7	64.8	48.6	59.4
振动频率(Hz)	594	596	600	580	579	582	600	617	596	598	590	586	599	590	594
S_M 值(mm)	59.4	59.4	48	51.2	62.5	63.2	52.3	42.3	54.3	59.9	42.2	68	64.2	60	56.6

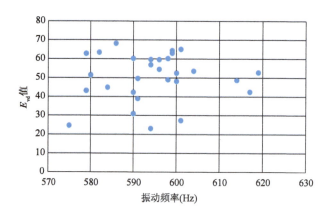

图 6.33　振动频率与 E_{vd} 值关系图

6）天然砂砾路基压实质量快速检测综合方法

通过以上分析可以看出,采用 PFWD 测得路基动回弹模量与路基压实度及承载板法的静回弹模量存在着良好的相关性,可以反映天然砂砾路基的压实质量。表面沉降法中采用沉降率控制压实质量虽然对天然砂砾路基并不适用,但依据沉降量作为路基压实质量的宏观控制方法还是可行的。

振动频率法检测路基压实度是可行的,且测试结果比较稳定。与其他检测方法比较,振动频率法操作简单,能够快速检测路基压实度,节省人力物力。如论证推广后可直接附在压路机显示面板上,压路机操作人员只需实时观测仪器读数就能掌握路基的压实情况。并且振动频率法是线式的,不单单检测某几个点的压实度。测试路基压实度更为全面、真实。所以,在实际工程中,可以以振动频率法为主,其他方法为辅,相互印证验证,动态施工。

结合室内试验,根据现场试验检测手段,课题组提出以沉降控制法、灌砂法、PFWD 法及振动频率法相结合的综合快速检测方法。表面沉降控制法主要以控制过程为主,严格按照既定施工工艺进行施工,并跟随碾压过程观测碾压沉降量,当分级沉降量达到一定值时,即认为路基碾压质量达到要求。PFWD 法作为碾压质量最后的验收检测手段,根据动回弹模量与压实度的关系,可以换算出路基压实度,保证碾压质量达到设计要求,同时应将路基动回弹模量本身作为天然砂砾路基压实质量控制指标之一。振动频率法作为施工过程实时质量控制,及时反馈压实信息,调整施工状态。当然目前压实度作为我国路基碾压质量的主要指标,在快速检测中不应舍弃,可以作为路基碾压质量的验证手段,减小检测频率。

6.7　天然砂砾路基压实质量快速检测技术评价标准

针对不同天然砂砾含石量、级配变化的千差万别,应用上述快速综合检测方法进行天然砂砾路基压实质量检测时,应有一定的评价标准,不能盲目套用公式。表面沉降控制法应以沉降量控制为主,对于压实度要求为 96% 的路床部分,当碾压分级沉降量达到 2mm 时,即认为路基碾压已达到要求。

对于路基动回弹模量 E_p 在现场应用时,应进行现场试验,标定压实度 K 与动回弹模量 E_p 之间的关系。进行现场检测时,利用 PFWD 检测数据即可反算出路基压实度。为保证现场压实度的准确性,建议路基 1000m^2 检测 6 个点,同时 PFWD 法与灌砂法综合使用。

随着我国高速公路建设的不断发展,路基动回弹模量应逐渐成为路基压实质量的控制指标之一,具有单独的动回弹模量控制标准。目前我国高速公路规范中还没有相关规定,我国《高速铁路设计规范》(TB 10621)中关于路基路床压实标准的规定,动态变形模量应大于 55MPa,具体见表 6.17。依据试验段路基 PFWD 检测结果统计表,天然砂砾路基的动回弹模量主要集中在 60~90MPa 之间,基本上满足其规范值,但约有 10% 的监测点变形模量小于其规定值。考虑到动回弹模量与压实度间的对应关系及公路与铁路荷载的区别,对于 96% 压实度要求的公路天然砂砾路基,动回弹模量取 50MPa 即可满足要求。

振动频率法不像其他方法一样具有统一的固定标准,在其他的填料路基段或者使用其他型号的压路机时,要对仪器的读数进行试验性标注。因为不同填料和不同压实机械检测出来的振动频率是有差异的。

高速铁路关于基床压实标准的规定 表6.17

压 实 标 准	级 配 碎 石
压实系数 K	≥0.97
地基系数 K_{30}(MPa/m)	≥190
动态变形模量 E_{vd}(MPa)	≥55

6.8 本章小结

(1)通过分析新疆的颗粒级配组成特点和选取主要标段进行筛分试验,掌握新疆天然砂砾级配分布特点。利用室内振动试验,结合现场的实测情况,对不同工况下振动压实效果进行了系统分析,得出了影响天然砂砾振动压实的主要因素。

(2)运用数值模拟,结合现场的实际压实检测的结果,对影响路基压实度的各种因素进行对比分析,总结出了适用于天然砂砾路基的压实工艺。

(3)基于现场试验的结果,得出了以振动频率法作为施工快速检测的主要方法,结合PFWD法、沉降观测法和灌沙法辅助验证,实时动态地检测路基压实效果和修正施工工序的快速检测方法。结合各个试验段的检测结果,给出了适用于新疆天然砂砾路基各种检测方法的评价标准。

第 7 章

低标号沥青在高温地区的路用性能

目前,在国外尤其是欧洲,低标号沥青混合料已被广泛应用,虽然国内道路工作者对于低标号沥青也做了大量研究,但是低标号沥青在新疆地区的使用仍属空白。为使研究更加直观、更具比较性,本书将采用 4 种沥青(50 号、70 号低标号沥青和新疆常用 90 号、SBS 改性沥青)结合新疆高温地区独特的气候条件,进行针对性研究,主要包括以下几个方面:

(1)通过常规试验和美国 SHRP(Strategic Highway Research Programe,简称 SHRP)试验,分析 4 种沥青的高低温性能,进行 PG 分级和适用性评价。

(2)通过各项路用性能试验,验证配合比设计,重点研究沥青混合料的高温性能——抗车辙和抗剪切。

(3)采用美国 MEPDG 方法,模拟计算沥青层工作温度和材料参数,对以 4 种沥青混合料铺筑的中面层进行车辙预估,评价低标号沥青的使用性能。

(4)依托新疆阿克苏至喀什高速公路,现场修筑低标号沥青混合料试验路段,完善施工关键技术,并进行沥青路面全寿命周期成本分析和对比。

7.1 低标号沥青结合料的优选及性能测试

为了在新疆高温地区更好地使用低标号沥青,需要详细了解低标号沥青的各项指标和性能。基于此,通过我国现阶段的沥青常规试验方法,测试其老化前后的三大指标,评价低标号沥青的感温性和老化性能,并通过美国 SHRP 试验确定其 PG 等级。同时,通过旋转黏度试验,确定低标号沥青的施工温度范围,为后续沥青混合料配合比设计以及实体工程的修筑提供参考。

7.1.1 新疆高温地区沥青技术指标测试及比较

不同种类的沥青由于油源和生产工艺的不同,构成沥青的四组分含量也会不同,导致不同沥青在物理化学性能上的差异。新疆地区地域辽阔,而高温地区又具有独特的自然气候条件,故该区适合使用何种沥青值得研究。

1)新疆地区低标号沥青及常用沥青种类的优选

新疆地区虽然油气资源丰富,但是长期以来,由于克拉玛依油田的大力发展和生产,新疆地区沥青路面中沥青的选用,基本上是以克拉玛依 90 号沥青为主。新疆地域辽阔,不同地区气候差异明显,在不同地区选用不同品种和标号的沥青,既有利于促进各地经济发展,形成良好的市场竞争机制,又有助于缓解料源紧张问题,节省运输成本。另外在新疆高温区,在极高的路面温度条件下,90 号基质沥青的高温稳定性一般,若选取性能较优的 SBS 改性沥青,又极大地增加了建设成本,同时随着重载、超载车辆的增多和交通量的增加,新疆高温地区沥青路面的使用性能面临很大挑战。

基于以上几点,本研究拟采用两种新疆常用沥青和两种新疆地区生产的低标号沥青进行试验和对比。目前,新疆地区的沥青种类有克拉玛依沥青、宝利东海牌沥青、金石沥青等多种,且标号由 50 号~110 号,综合考虑价格、运距以及实际情况,课题组所选两种低标号沥青为天山环保库车石化有限公司生产的 50 号 A 级和 70 号 A 级沥青(后面简称为库车天环沥青),而两种常用沥青为克拉玛依 90 号 A 级沥青以及 90 号 SBS 改性沥青。

2)沥青基础性能的测试及比较

沥青是一种十分复杂的混合物,其各项性能受温度的高低、荷载大小、时间和频率影响极大,沥青路面出现的高温车辙、低温开裂和疲劳破坏均和沥青的性能息息相关。我国目前对沥青分级评价仍以三大指标为准,本研究对所选 50 号、70 号、90 号和用 SBS 进行改性的 4 种沥青进行各项试验,测试其短期老化前后的三大指标,以此评价其基础性能。4 种沥青基础性能测试结果见表 7.1~表 7.4。

50号沥青基础性能测试结果
表7.1

检测项目		单位	设计要求	试验结果	试验方法
针入度(25℃,100g,5s)		0.1mm	40~60	48.9	T 0604—2011
延度(15℃,5cm/min)		cm	不小于80	106	T 0605—2011
延度(10℃,5cm/min)		cm	不小于15	28	T 0605—2011
软化点(环球法)		℃	不小于49	64.8	T 0606—2011
密度(25℃)		g/cm³	实测记录	1.023	T 0603—2011
旋转薄膜加热试验后(163℃,5h)	质量变化	%	不大于±0.8	0.191	T 0610—2011
	残留针入度比(25℃)	%	不小于63	76.48	T 0610—2011
	残留延度(10℃,5cm/min)	cm	不小于4	6.3	T 0610—2011

70号沥青基础性能测试结果
表7.2

检测项目		单位	设计要求	试验结果	试验方法
针入度(25℃,100g,5s)		0.1mm	60~80	71.5	T 0604—2011
延度(15℃,5cm/min)		cm	不小于100	128	T 0605—2011
延度(10℃,5cm/min)		cm	不小于20	49	T 0605—2011
软化点(环球法)		℃	不小于46	51.7	T 0606—2011
密度(25℃)		g/cm³	实测记录	1.0231	T 0603—2011
旋转薄膜加热试验后(163℃,5h)	质量变化	%	不大于±0.8	0.142	T 0610—2011
	残留针入度比(25℃)	%	不小于61	72.11	T 0610—2011
	残留延度(10℃,5cm/min)	cm	不小于6	21	T 0610—2011

90号沥青基础性能测试结果
表7.3

检测项目		单位	设计要求	试验结果	试验方法
针入度(25℃,100g,5s)		0.1mm	80~100	97.3	T 0604—2011
延度(10℃,5cm/min)		cm	不小于100	>100	T 0605—2011
软化点(环球法)		℃	45	47.2	T 0606—2011
密度(25℃)		g/cm³	实测记录	0.998	T 0603—2011
旋转薄膜加热试验后(163℃,5h)	质量变化	%	不大于±0.8	-0.70	T 0610—2011
	残留针入度比(25℃)	%	不小于57	59.71	T 0610—2011
	残留延度(10℃,5cm/min)	cm	不小于8	64	T 0610—2011

90号SBS(I-C)改性沥青基础性能测试结果
表7.4

检测项目	单位	设计要求	试验结果	试验方法
针入度(25℃,100g,5s)	0.1mm	60~80	65.5	T 0604—2011
延度(5℃,5cm/min)	cm	不小于30	73.5	T 0605—2011
软化点(环球法)	℃	不小于55	73.0	T 0606—2011
密度(25℃)	g/cm³	实测记录	1.038	T 0603—2011

续上表

检测项目		单位	设计要求	试验结果	试验方法
旋转薄膜加热试验后(163℃,5h)	质量变化	%	不大于±1.0	-0.70	T 0610—2011
	残留针入度比(25℃)	%	不小于60	76.64	T 0610—2011
	延度(5℃,5cm/min)	cm	不小于20	25.8	T 0610—2011

由表7.1~表7.4可知,新疆地区所产的这4种沥青,其基础性能指标均满足规范要求,具备了修筑沥青路面的要求。需要注意的是,两种低标号沥青的密度(50号和70号均为1.023g/cm³)比常用的90号(密度为0.998g/cm³)沥青大;50号和70号沥青15℃时的延度相对较小,10℃时的延度下降剧烈。在做10℃延度试验时(图7.1),沥青试样发生脆断,且听到了清脆的断裂声,这从侧面反映了低标号沥青修筑的沥青路面低温性能不甚优良的原因,因此,在后续沥青混合料的路用性能研究中,混合料的低温指标应值得关注。

图7.1 50号沥青10℃延度试验

3)低标号沥青感温性的分析及比较

评价沥青感温性的指标有很多,现在普遍采用的有针入度指数PI、针入度黏度指数PVN和黏温指数VTS等。此次研究采用针入度指数PI来评价低标号沥青感温性能。

针入度指数PI是我国《公路沥青路面施工技术规范》(JTG F40)道路石油沥青技术要求中反映沥青感温性的指标,一般将3个或3个以上不同温度条件下测试的针入度值取对数,按式(7.1)的针入度对数与温度的直线关系,求取针入度温度指数$A_{\lg Pen}$,同时直线回归的相关系数R不得小于0.997。然后,再按式(7.2)计算针入度指数PI。

$$\lg P = K + A_{\lg Pen} \times T \tag{7.1}$$

$$PI = \frac{20 - 500 A_{\lg Pen}}{1 + 50 A_{\lg Pen}} \tag{7.2}$$

式中:$\lg P$——不同温度条件下测得的针入度值的对数;

T——试验温度(℃);

K——相应于回归方程的常数项a;

$A_{\lg Pen}$——相应于回归方程的系数b。

依据现行试验规程,测定针入度指数PI时,应在15℃、25℃、30℃或30℃以上温度条件下测试沥青的针入度,因此分别测定4种沥青在不同温度下的针入度,利用式(7.1)和式(7.2)计算其针入度指数PI,所得结果见表7.5和图7.2。

不同温度下 4 种沥青针入度　　　　表 7.5

标号	不同温度(℃)下的针入度(0.1mm)				K	A_{lgPen}	PI	R
	15	20	25	30				
50 号	20.6	32.3	48.9	71.9	0.778	0.0362	0.68	0.9988
70 号	29.4	45.4	71.5	102.1	0.9285	0.0364	0.64	0.9975
90 号	38.2	61.5	97.3	143.6	1.013	0.0385	0.26	0.9979
SBS 改性	28.1	40.8	65.5	93.8	0.9127	0.0355	0.81	0.9972

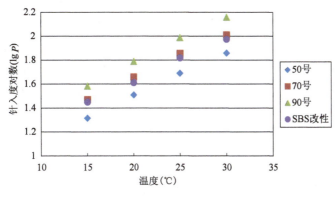

图 7.2　4 种沥青针入度指数图

我国《公路沥青路面施工技术规范》(JTG F40)道路石油沥青技术要求针入度指数 PI 对 A 级沥青为 -1.5~+1.0,由表 7.5 可知,库车天环 50 号低标号沥青的针入度指数 PI 为 0.68,70 号的针入度指数为 0.64,克拉玛依 90 号 A 级沥青的针入度指数为 0.26,所选 SBS 改性沥青的针入度指数为 0.81,均符合规范要求,适宜修筑沥青路面。

沥青的感温性指的是其对温度变化感受的敏感程度,本研究中,拟用针入度指数 PI 评价沥青感温性。由图 7.2 和表 7.5 中的数据可知,仅按照 PI 数值大小将 4 种沥青排序为 SBS 改性>50 号>70 号>90 号,这与对 3 种基质沥青的感性认识也相符,即 90 号沥青受温度影响较大,高温时易变形流动,低标号的 50 号和 70 号沥青中,有相对较多的大分子胶质和沥青质,结构稳定,受温度影响相对迟钝。同时,将 4 种沥青的软化点数据排序,仍然为 SBS 改性>50 号>70 号>90 号,可见,SBS 改性沥青的高温稳定性最好,其次为 50 号和 70 号,90 号最差。

7.1.2　沥青 SHRP 试验及 PG 分级

在美国 SHRP 成果的 Superpave 沥青胶结料分级体系中,沥青等级以 PG_{x-y} 表示,PG 是 Performance Grade 的词首,表示路用性能等级,脚标 x 代表路面设计最高温度(7d 最高平均路面温度),脚标 y 代表路面设计最低温度(年极端最低温度)。按照路面设计温度,将沥青分为 7 个高温等级以及相应的低温亚级,高温等级的温度范围为 52~82℃,每 6℃

为一级;低温亚级温度范围为 -10 ~ -46℃,每 -6℃为一级。

Superpave 胶结料规范的核心是,模拟胶结料使用寿命期间关键阶段的沥青胶结料试验。试验有 3 个最重要的阶段:在运输、储存的处理期间,在混合料生产和施工期间,在铺筑路面长时间使用后。此次研究采用未老化的原样沥青做试验表征第一阶段;旋转薄膜烘箱(RTFO)对沥青胶结料的老化是模拟第二阶段,该试验是把胶结料呈薄膜状暴露在加热和空气环境中,拟接近热拌和施工期间的条件;第三阶段采用一个压力老化容器(PAV),把胶结料试件暴露到加热和压力环境中,模拟路面在多年使用中的老化。

本研究所用 4 种沥青均严格按照美国国家高速公路和交通运输协会标准(AASHTO)中相关要求进行试验,沥青试样在放入压力老化容器前,已经先在旋转薄膜烘箱中进行短期老化。其中压力老化箱温度选取为 100℃,老化压力为 2.1MPa,老化时间为 20h,同时提供恒压的压缩气体是空气而不是氧气。短期老化与长期老化仪器如图 7.3 和图 7.4 所示。

图 7.3 旋转薄膜烘箱

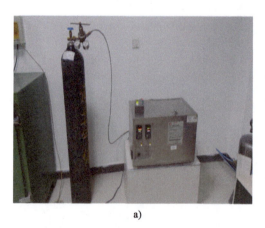 

a)　　　　　　　　　　　b)

图 7.4 压力容器老化箱和托盘

本研究中动态剪切流变试验(DSR)采用英国马尔文仪器公司 Malvern Gemin Ⅱ型旋转流变仪,采用应变控制进行试验,施加正弦交变荷载,试验时旋转轴振幅为 10rad/s。测试

车辙因子 $G^*/\sin\delta$ 时,旋转轴和固定板之间的间隙为 1mm,试样大小为 25mm;当在中等试验温度测试疲劳因子 $G^*\sin\delta$ 时,旋转轴和固定板之间的间隙为 2mm,试样大小为 8mm。BBR 试验采用英国马尔文仪器公司 CANNON 小梁弯曲疲劳仪,将经过 PAV 老化后的沥青灌入铝制试模中冷却刮样成型,测试时先将沥青小梁试件在测试温度下保温 1h,然后放入试验机中进行试验,保温液体采用无水乙醇,试验荷载为 (980±10)mN,测试时间为 60s。DSR 试验和弯曲梁流变仪(BBR)试验的试样以及试验仪器如图 7.5 和图 7.6 所示。

图 7.5 DSR 试验仪器和沥青试样

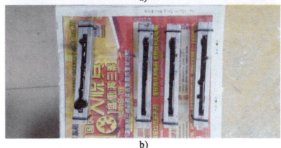

图 7.6 BBR 试验仪器和试样

1) 高温性能试验

高温指标主要 DSR 试验,测试原样沥青、RTFO 老化后的沥青残留物,或者经过 RTFO 和 PAV 老化后的沥青残留物,在相应条件下的复合剪切模量(G^*)以及相位角(δ),然后计算车辙因子($G^*/\sin\delta$),对同时满足:①原样沥青 $G^*/\sin\delta \geq 1.0\text{kPa}$;②RTFOT 之后的沥青残留物 $G^*/\sin\delta \geq 2.2\text{kPa}$;③取两者最高温度中的低值作为该沥青的高温等级。

通过 DSR 试验,分别测试 4 种沥青在原始状态和 RTFO 试验后的复合剪切模量和相位角(表7.6 和表7.7),表征沥青的黏性和弹性。

4 种沥青在原始状态复合剪切模量 G^* 和相位角 δ 表7.6

标号 温度(℃)	50 号		70 号		90 号		SBS 改性	
	G^*(Pa)	δ(°)	G^*(Pa)	δ(°)	G^*(Pa)	δ(°)	G^*(Pa)	δ(°)
64	6440.09	69.59	6177.51	69.36	2298.38	84.00	5663.26	55.00
70	3111.59	73.40	3299.07	73.00	1067.36	85.27	4340.97	55.65
76	1857.43	75.96	1511.04	77.06	—	—	2899.32	57.61
82	1083.79	77.23	740.944	79.91	—	—	1950.24	60.28
88	—	—	—	—	—	—	1311.2	64.07

4 种沥青试验后 RTFO 后的复合剪切模量 G^* 和相位角 δ 表7.7

标号 温度(℃)	50 号		70 号		90 号		SBS 改性	
	G^*(Pa)	δ(°)	G^*(Pa)	δ(°)	G^*(Pa)	δ(°)	G^*(Pa)	δ(°)
64	39792.7	52.33	27876.6	50.78	3948.51	79.93	9852.69	50.19
70	24628.7	55.25	18353	55.73	2230.65	81.96	7121.63	51.43
76	11327.4	60.31	11492.8	58.72	—	—	4940.88	53.40
82	6835.16	63.83	7021.2	62.42	—	—	3089.39	56.80
88	4172.6	67.06	3645.15	66.78	—	—	1697.03	59.71

需要指出的是,由于试验仪器程序设定的问题,4 种沥青在不满足车辙因子大小的限定时,会自动停止试验,因此,90 号沥青的试验温度仅有 64℃ 和 70℃。

(1)相位角

根据表7.6、表7.7 分别绘制 4 种沥青在原始状态和 RTFO 试验后的相位角随温度变化的关系,如图7.7 和图7.8 所示。

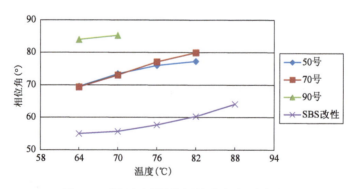

图7.7 4 种沥青在原始状态的相位角随温度变化图

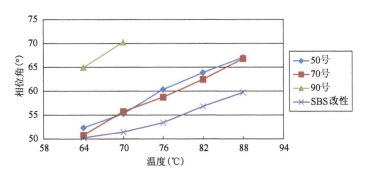

图 7.8　4 种沥青 RTFO 试验后相位角随温度变化图

相位角是材料重复剪切变形时,可恢复变形和不可恢复变形数量的相对指标,δ 越大,$\tan\delta$ 值越大,这表明在应力荷载作用下沥青的黏性成分比例较大,即沥青发生变形后不可恢复的部分越大,越易产生恒久变形。由图 7.7 可以看出,4 种沥青中,90 号沥青的相位角最大,50 号和 70 号沥青的相位角相差不大,比 90 号沥青相位角小约 15°,改性沥青 SBS 相位角最小,这表明 SBS 改性沥青抗变形的能力最强,50 号和 70 号次之,90 号最弱。同时,4 种沥青的相位角随温度的升高呈增大趋势,说明随温度的升高,沥青中的黏性成分变多,沥青的抗变形能力减弱。

经过 RTFO 试验后,沥青呈薄膜状与空气在高温条件下接触,内部组分发生复杂的化学变化,其中起弹性作用的胶质转变为沥青质,降低了沥青的弹性性能,由图 7.8 可以看出,4 种沥青的相位角老化后均较原始状态变小,稳定性仍以 SBS 改性沥青为优,低标号沥青次之,90 号较差,且相位角仍随温度的升高呈增大趋势,但增幅较小。

(2) 车辙因子

绘制 4 种沥青在原始状态和 RTFO 试验后的车辙因子随温度变化的关系,如图 7.9 和图 7.10 所示。

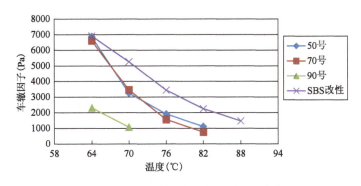

图 7.9　4 种沥青原始状态车辙因子随温度变化图

影响沥青车辙因子大小的除了相位角 δ 外,还有复合剪切模量 G^*,其表征的是材料重复剪切变形时总阻力的度量,由表 7.6 和表 7.7 中数据可以发现,在相同温度下,低标号沥青比常用90号沥青G^*值大几倍甚至十几倍。

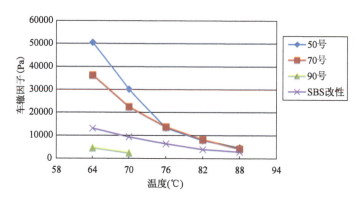

图7.10 4种沥青RTFO试验后车辙因子随温度变化图

经过计算后,由图7.9和图7.10可以看出:

①4种沥青在原始状态和RTFO试验后的车辙因子都随温度的升高而降低,表明沥青混合料容易在高温时发生流动变形;

②同一温度下4种沥青在原始状态下的车辙因子大小依次为SBS改性>50号和70号>90号;

③RTFO试验后,同一温度下4种沥青车辙因子大小为50号>70号>SBS改性>90号,RTFO试验后4种沥青的车辙因子均变大,这是因为RTFO试验后,沥青中的轻质组分转变为沥青质或胶质,沥青变硬,劲度增大,即老化处理过后,4种沥青的抗车辙能力均有明显提高。

由于RTFO试验所表征的是沥青混合料高温拌和后的物理特性,更接近混合料工作实际,可以发现,4种沥青中,低标号沥青的抗车辙能力最强。

(3)高温指标

依据PG分级流程,对4种沥青进行高温分级,可以得出50号沥青的高温分级为PG82,70号沥青的高温分级为PG76,90号沥青的高温分级为PG70,SBS改性沥青的高温分级为PG82。

2)低温性能试验

低温指标主要采用弯曲梁流变仪(BBR)试验,将经过RTFOT试验和PAV老化后的沥青制成12.5mm×12.5mm×6.25mm的小梁,测得不同温度下(为加快试验速度,所选测试温度比实际温度提高10℃)沥青胶结料的两个指标:沥青抵抗恒载的能力S(蠕变劲度)和沥青劲度变化的速率m,当同时满足$S<300$MPa和$m>0.3$时,取该实际温度为低温等级。

本研究采用弯曲流变仪对经RTFO试验和PAV老化后的4种沥青小梁试样进行试验,所得结果见表7.8,绘制蠕变劲度模量曲线如图7.11所示。

BBR 试验结果　　　　　　　　　　　　　　表7.8

温度	0℃		-6℃		-12℃		-18℃		-24℃	
标号	S(MPa)	m 值	S(MPa)	m 值	S(MPa)	m 值	S(MPa)	m 值	S(MPa)	m 值
50 号	42.1	0.566	42.6	0.291	60.7	0.28	125	0.243	—	—
70 号	28.3	0.301	53.6	0.276	94.2	0.231	142	0.215	—	—
90 号	—	—	—	—	118.4	0.473	149.2	0.369	249.5	0.288
SBS 改性	—	—	—	—	40.5	0.351	100	0.315	211.3	0.266

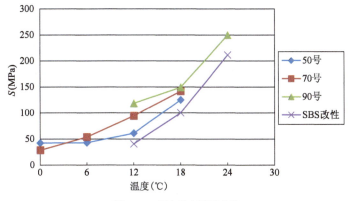

图 7.11　蠕变劲度模量曲线

由表 7.8、图 7.11 可知,4 种沥青的劲度模量随温度的降低逐渐增大,而劲度模量变化率则变小,即沥青变脆,应力松弛的能力变小,使路面在低温条件下容易开裂。从图 7.11 中可以看出,在 0～-6℃时,两种低标号沥青的劲度模量变化较为平缓,从 -12℃时开始加剧变大。此外,从变化速率上讲,50 号和 70 号在同一温度下远低于 90 号和 SBS 改性沥青,反映了低标号沥青低温容易开裂的性质。

依据 PG 分级流程,对 4 种沥青进行低温分级,可以得出 50 号沥青的低温分级为 PG-10,70 号沥青的低温分级为 PG-10,90 号沥青的低温分级为 PG-28,SBS 改性沥青的低温分级为 PG-28。

3)基于黏弹性原理的低标号沥青温度应力分析

由于低标号沥青的低温抗裂性较弱,使用不当可能导致沥青路面的低温开裂,并引发水损害,因此,必须对低标号沥青路面中的温度应力分布及低温开裂机理展开研究,为工程应用做理论基础并起到指导作用。

经典低温开裂理论认为,当材料内部由低温收缩所引发的应力大于材料强度时,材料将发生断裂(图 7.12)。沥青及沥青混合料主要表现为

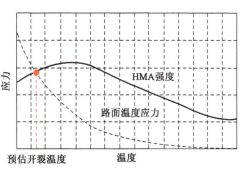

图 7.12　路面低温开裂机理

一种黏弹性材料,其温度应力的大小由材料自身性质决定,并受温度及降温速率影响。判断低标号沥青路面的开裂温度,推荐低标号沥青的适用环境必须测取低标号沥青混合料在不同温度下的断裂强度及材料的黏弹性力学特性,并基于黏弹性力学原理计算材料内部的温度应力。

本研究通过沥青小梁低温弯曲试验(BBR)获得沥青的低温黏弹性特征并使用广义Maxwell模型构建黏弹性本构模型,进而计算不同降温速率和不同温度下沥青内部的温度应力,为路面结构的温度应力分析及开裂温度判断奠定理论基础。

(1)沥青低温蠕变特性测试

研究采用小梁弯曲试验测量沥青的低温蠕变特性。通过测试小梁在恒定荷载下随时间的挠度变化,计算小梁底部在不同时刻的应力及应变,进而得到沥青徐变柔量(Creep Compliance)随时间的变化。试验过程及计算依照 AASHTOT313 进行。沥青样品先后经过短期(RTFO)和长期(PAV)老化。50 号、70 号和 90 号沥青的试验温度分别为 -6℃、-12℃和-18℃,SBS 改性沥青的试验温度分别为 -12℃、-18℃和-24℃。

需要指出的是,按照 AASHTO 规范,通过试验能够直接计算出徐变柔量和徐变劲度模量,但是其中的徐变劲度模量并不是基于黏弹性原理得出。徐变劲度模量是对应加载时刻徐变柔量的倒数。对于纯弹性材料而言,柔量和模量互为倒数,但对于黏弹性材料,这一计算方法不成立。徐变劲度模量只是表征并比较材料抵御变形能力的参数,不能直接当作材料的本构模型参数,也不能用于计算黏弹性材料的应力或应变。黏弹性材料的柔量和模量的转换方法将在下文详细介绍。

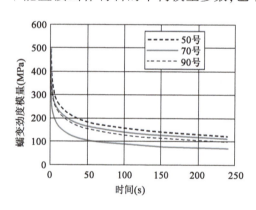

图 7.13 4 种沥青不同加载时间的劲度模量(-18℃)

图 7.13 显示了 4 种沥青在-18℃时徐变劲度模量随加载时间的变化规律。其中 4 种沥青都显示出强烈的黏弹特性,在前 20s 加载时间内,劲度模量随时间增长显著降低,之后劲度模量的降低趋势减缓。4 种沥青中,SBS 改性沥青的劲度模量最低,50 号低标号沥青的劲度模量最高。劲度模量越低,在相同温缩应变下材料的温度应力越低,表明材料具有较好的低温抗开裂能力。

(2)沥青低温收缩应力分析

一维状态下线性黏弹性材料在任意应变加载作用下的应力通过控制方程[式(7.3)]表征[100]。黏弹性材料的力学行为随加载时间和环境温度改变,同时加载时间和环境温度可以通过黏弹性的时间—温度等效原理进行转换。

$$\sigma(t) = \int_0^t E[\xi(t) - \xi'(t)] \frac{d\varepsilon}{dt'} dt' \qquad (7.3)$$

式中： $\xi(t)$——特定温度下的等效加载时间；

$\xi'(t)$——局部等效加载时间；

$\sigma(t)$——对应等效时间 ξ 的应力；

$E[\xi(t) - \xi'(t)]$——对应时间 $\xi(t) - \xi'(t)$ 下的松弛模量；

ε——对应时间 ξ 的应变，若为温度应力则 $\varepsilon = \alpha \Delta T$；

α——线性温缩系数，沥青为 $(115 \sim 175) \times 10^{-6}/℃$；

ΔT——温度变化。

采用时间转换方程并把实际时间代入式(7.3)后，得到式(7.4)，该式为黏弹性材料应力应变计算的控制方程。

$$\sigma(t) = \int_0^t E[\xi(t) - \xi'(t)] \frac{d\varepsilon}{dt'} dt' \qquad (7.4)$$

式(7.4)中要求使用材料的松弛模量，但是在实际工程中，试验室无法准确加载瞬时应变，因此松弛模量无法直接测得，必须通过蠕变试验测得的徐变柔量进行转换。黏弹性材料的徐变柔量和松弛模量的关系由式(7.5)表示[100]。

$$1 = \int_0^\infty D(t - \tau) \frac{dE(\tau)}{d\tau} d\tau \qquad (7.5)$$

然而，式(7.5)的使用取决于徐变柔量所使用的方程形式，多数情况下该公式无法获得理论解。对于沥青材料在较短的加载时间内，指数方程(7.6)可以较为准确地拟合试验数据，用于表征材料徐变柔量随时间的变化。该方程被美国力学经验路面设计方法(LTPP)应用于柔量和模量的转换[26]。

$$D(t) = D_0 t^n \qquad (7.6)$$

其中，D_0 和 n 为大于零的常数。

将式(7.6)代入式(7.5)后，计算全积分可以得到徐变柔量和松弛模量的转换关系，见式(7.7)[26]。

$$E(t)D(t) = \frac{\sin n\pi}{n\pi} \qquad (7.7)$$

研究以50号低标号沥青为例，进行徐变柔量和松弛模量的转换(图7.14和图7.15)。图中 D 表示徐变柔量，E 表示松弛模量，数字代表测试温度。首先将3个温度下的徐变柔量和加载时间的关系用指数函数表示，相关系数均大于99%。之后，将指数 n 代入式(7.7)计算相对应的松弛模量。最后，为了计算沥青在较长等效时间作用下的温度应力，以 $-18℃$ 为基准温度，通过温度—时间等效法则将数据平移，得到松弛模量主曲线，并回归时间温度转换方程。研究采用广义 Maxwell 模型[式(7.8)]拟合试验数据。数据拟合方法见参考文献[102]。50 号沥青 Maxwell 模型拟合参数见表 7.9,测试数据与拟合数据比较如图 7.16 所示,其相关性大于 88%。

$$E(\xi) = \sum_{i=1}^{N+1} E_i \mathrm{e}^{-\xi/\lambda_i} \tag{7.8}$$

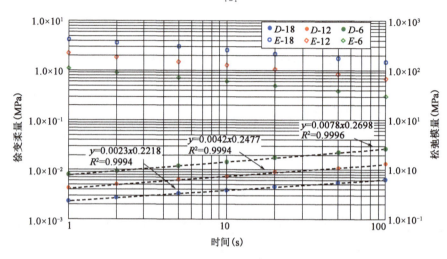

图 7.14　50 号低标号沥青徐变柔量和松弛模量转换

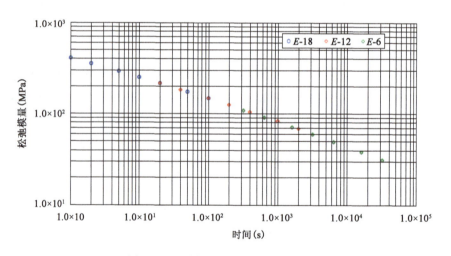

图 7.15　50 号低标号沥青松弛模量主曲线

50 号沥青 Maxwell 模型拟合参数　　表 7.9

E_i	λ_i	E_i	λ_i
58.00	4.762×10^4	18.11	56.59
59.37	1.228×10^3	17.60	6.443
90.27	1.125×10^2		

Soules 等人提供了方程的有限差分表达式(7.9)[104]，用于温度应力的计算。该方法同样适用于沥青混合料的低温应力计算[105]。

$$\sigma(t) = \sum_{i}^{N+1} \sigma_i(t) \tag{7.9}$$

其中，$\sigma_i(t) = e^{-\Delta\xi/\lambda_i}\sigma_i(t-\Delta t) + \Delta\varepsilon E_i \dfrac{\lambda_i}{\Delta\xi}(1 - e^{-\Delta\xi/\lambda_i})$，$\Delta\varepsilon$ 为在 Δt 时间内的温缩应变；$\Delta\xi$ 为变化的等效加载时间。

研究还计算了 1℃/10min、2℃/10min、3℃/10min 和 4℃/10min 4 种降温速率下 50 号低标号沥青的应力分布(图 7.17)。当降温速率加快，温度应力会显著增加。

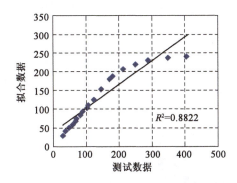

图 7.16 测试数据与拟合数据比较

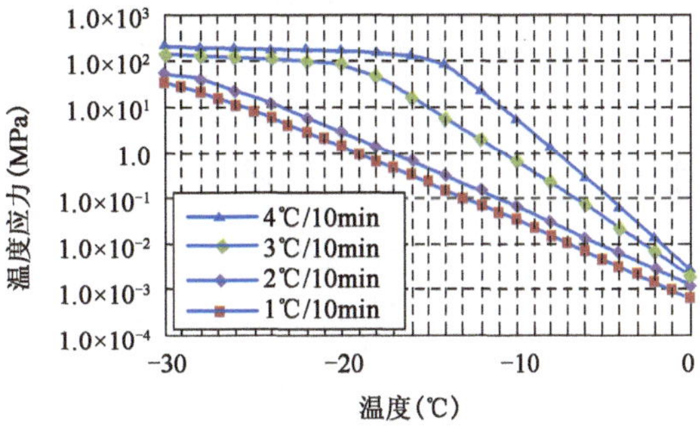

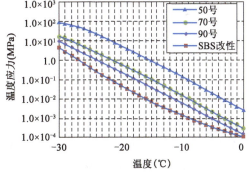

图 7.17 不同降温速率下沥青的温度应力

采用相同方法计算了 4 种沥青在 1℃/10min 降温速率下的温度应力，如图 7.18 所示。

由图 7.18 可以看出，50 号低标号沥青的温度应力最高，表明 50 号沥青最易发生低温开裂；SBS 改性沥青的温度应力最小，表明其具有最优的低温性能。

(3) 结论

本研究通过沥青小梁低温弯曲试验(BBR)获得沥青的低温黏弹性特征参数，并基于黏弹性理论计算了 4 种沥青的低温应力，取得以下结论：

图 7.18 4 种沥青温度应力分布(降温速率 1℃/10min)

①在相同降温速率下 SBS 改性沥青的温度应力最小，50 号沥青温度应力最大。在实际工程中，使用低标号沥青必须注意环境温度的影响，应通过温度应力结构计算确定设计的可行性。

②降温速率对沥青的温度应力有显著影响，速率越高，应力越大。

③研究提供了完整的温度应力理论计算方法及步骤，可以应用于沥青和沥青混合料等黏弹性材料的温度应力计算。为研究低标号沥青在新疆高温地区的适用性打下理论基

础,并为工程应用起到指导作用。

4)疲劳性能试验

根据 SHRP 研究计划的成果,复合剪切模量与相位角正弦值的乘积可以表征沥青材料的疲劳性能。在频率为 10rad/s 时进行 DSR 试验,测取疲劳因子 $G^*\sin\delta$ 应不大于 5000kPa,当 $G^*\sin\delta$ 达到 5000kPa 时的温度称为疲劳极限温度。其 $G^*\sin\delta$ 值越大,表示重复荷载作用下的能量损失速度越快。很多研究表明,沥青混合料的疲劳损失、疲劳寿命与循环加载过程中的能量损失成正比关系,因此较小的 $G^*\sin\delta$ 代表较好的抵抗疲劳的能力[106],通过测试 4 种沥青的疲劳因子,可以较好地反映沥青混合料的抗疲劳性。

中等温度下 DSR 试验所需的沥青试样大小为 8mm,相对应的仪器旋转轴也选择 8mm,环境温度升到约 45℃,如图 7.19 所示。

a)　　　　　　　　　　　b)

图 7.19　中等温度 DSR 试验

依托现有试验器材和试验程序,测取了 PAV 老化后 4 种沥青在中等温度条件下的复合剪切模量 G^*、相位角 δ 和疲劳因子 $G^*\sin\delta$,所得数据见表 7.10 和图 7.20、图 7.21。

PAV 后 4 种沥青的疲劳因子 $G^*\sin\delta$　　　　表 7.10

标号	50 号			70 号			90 号			SBS 改性		
温度(℃)	G^* (MPa)	δ (°)	$G^*\sin\delta$ (MPa)	G^* (MPa)	δ (°)	$G^*\sin\delta$ (MPa)	G^* (MPa)	δ (°)	$G^*\sin\delta$ (MPa)	G^* (MPa)	δ (°)	$G^*\sin\delta$ (MPa)
25	3.057	29.31	1.496	3.183	29.12	1.5489	0.851	57.67	0.719	0.803	41.94	0.537
22	3.925	28.52	1.874	4.049	28.20	1.913	1.203	56.25	1	1.066	40.95	0.699
19	4.7915	27.92	2.243	5.052	27.38	2.323	1.639	54.89	1.341	1.391	40.05	0.895
16	5.894	27.30	2.703	6.307	26.78	2.842	2.168	53.57	1.744	1.79	39.23	1.132
13	7.744	26.65	3.474	8.183	25.99	3.586	2.927	52.19	2.312	2.163	38.74	1.354
10	9.414	26.89	4.257	9.244	25.61	3.996	4.764	49.79	3.638	2.663	38.15	1.645
7	10.308	26.78	4.644	11.709	24.93	4.936	5.957	48.48	4.461	4.222	36.74	2.526
4	13.983	26.17	6.167	16.297	24.03	6.638	11.893	44.06	8.271	5.828	35.74	3.404

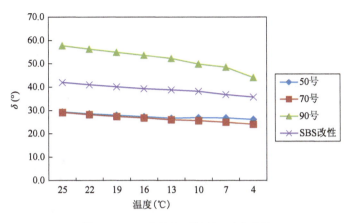

图 7.20 PAV 老化后 4 种沥青 δ 变化趋势

由图 7.20 可以看出,经过 PAV 老化后,4 种沥青的相位角 δ 随温度降低呈下降趋势,且降幅较为平缓,其中 90 号的相位角由 57°下降为 44°,降幅最大,SBS 改性沥青降幅较小,50 号和 70 号降幅最小,相位角基本恒定在 5°以内,表明在中等温度条件下低标号沥青具有一定的稳定性。另外,4 种沥青的相位角大小与高温下的大小较为一致,90 号沥青的相位角最大,tanδ 值也较大,这表明应力荷载作用下该沥青黏性成分比例较大,沥青发生变形后不可恢复的部分居多。

如图 7.21 所示,4 种沥青的疲劳因子 $G^*\sinδ$ 随温度的降低而变大,说明在温度较低时,沥青容易发生疲劳破坏。其中在温度低于 10℃后,4 种沥青疲劳因子发生大幅度变化,3 种基质沥青数值发生突变,此现象可能由于试验仪器临近负荷而导致。

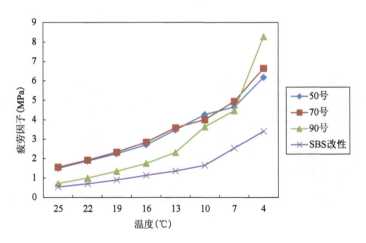

图 7.21 PAV 后不同温度下的 4 种沥青疲劳因子

在相同温度下,疲劳因子较小,沥青的抗疲劳性能越好。从图 7.21 中可以看出,尽管两种低标号沥青的相位角较小,但是由于其复合剪切模量 G^* 极大,致使其疲劳因子相较于90号沥青和SBS改性沥青较大,表明其抗疲劳性能稍差。

5)4种沥青PG分级结果与比较

综合前文所测4种标号沥青的PG分级结果,见表7.11。

4种沥青的PG分级结果　　　　　　　　表7.11

标号	50号	70号	90号	SBS改性
PG分级	PG82-10	PG76-10	PG64-28	PG88-22
高温指标(℃)	82	76	70	82
低温指标(℃)	10	10	28	28

表7.11中新疆地区常用的克拉玛依90号沥青的高温指标仅为70℃,远低于50号沥青和70号沥青,侧面反映了在高温抗车辙地区沥青路面容易产生车辙破坏的一个原因,而50号和70号两种低标号沥青的高温指标达到了82℃和76℃,且达到或接近造价高昂的SBS改性沥青的高温性能,理论上能满足新疆高温地区路面抗车辙破坏的需求。另外,两种低标号沥青的低温指标均为-10℃,虽然第1章中论述了所研究区域的最低温度达到了-20℃,但是目前低标号沥青尚未应用在路面的表层,冬季沥青路面温度随厚度的加大,温度略有提升,将在后续章节中模拟沥青层的工作温度时予以考虑。

7.1.3 低标号沥青旋转黏度试验及结果分析

黏度是沥青的力学指标,反映了沥青在流动时内部分子间摩擦力的大小,黏度越大,沥青路面抵抗车辙的能力越强。本试验采用NDF-1F型旋转黏度计,按照《公路工程沥青及沥青混合料试验规程》(JTG E20)中的沥青旋转黏度试验(T 0625—2011),对库车天环50号和70号低标号沥青进行试验,测定其表观黏度(图7.22)。经过反复调试,本试验采用常用的SC4-27号转子,通过调整转子转速,使试验温度下的扭矩读数在10%~98%之间,称量试样为10g左右。

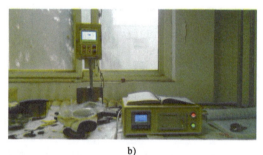

a)　　　　　　　　　　　　　　　b)

图7.22 旋转黏度试验

1)50号沥青旋转黏度试验结果分析

依据试验规程,试验温度采用110℃、135℃和175℃,对50号沥青进行旋转黏度试验,试验数据见表7.12。

50号沥青旋转黏度试验结果　　　　　　　　　表7.12

试验温度	旋转黏度(Pa·s)				转子型号	转速
(℃)	1	2	3	平均		(r/min)
110	4.45	4.43	4.42	4.43	27	20
135	0.79	0.79	0.79	0.79	27	50
175	0.12	0.12	0.12	0.12	27	200

按照《沥青路面施工技术规范》(JTG F40)的要求(表7.13),结合试验结果,绘制50号沥青的黏温曲线图如图7.23所示。

确定沥青混合料拌和及压实温度的适宜温度　　　　表7.13

黏　度	适于拌和的沥青结合料黏度	适于压实的沥青结合料黏度	测定方法
表观黏度(Pa·s)	0.17±0.02	0.28±0.03	T 0625
运动黏度(mm²/s)	170±20	280±30	T 0619
赛波特黏度(s)	85±10	140±15	T 0623

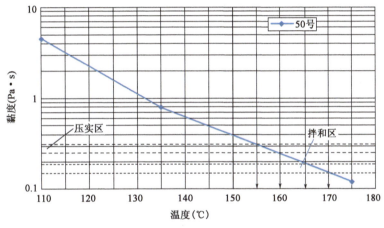

图7.23　50号沥青黏温曲线

由图7.23中箭头指示可知,50号沥青结合料的拌和温度为165~170℃,压实温度为155~160℃,拌和温度较常规90号沥青高约10℃,压实温度与SBS改性沥青基本一致。这主要是由于50号沥青含有较多沥青质和胶质,自身黏度较大。

2)70号沥青旋转黏度试验结果分析

依据试验规程,试验温度采用110℃、135℃和175℃,对70号沥青进行旋转黏度试验,试验数据见表7.14。

70号沥青旋转黏度试验结果　　　　　　　　　表7.14

试验温度	旋转黏度(MPa·s)				转子型号	转速
(℃)	1	2	3	平均		(r/min)
110	3.80	3.78	3.79	3.79	27	20
135	0.78	0.78	0.78	0.78	27	50
175	0.14	0.14	0.14	0.14	27	200

按照《沥青路面施工技术规范》(JTG F40)的要求(表7.13),结合试验结果,绘制70号沥青的黏温曲线图如图7.24所示。

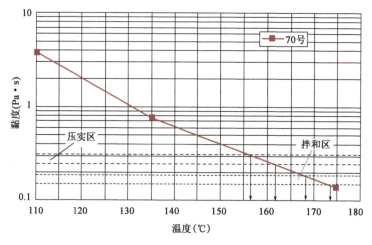

图7.24 70号沥青黏温曲线

由图7.24中箭头指示可知,70号沥青结合料的拌和温度为168~174℃,压实温度为157~162℃,拌和温度较常规90号沥青高约15℃,压实温度与SBS改性沥青基本一致。

7.2 低标号沥青混合料配合比优化设计

由于新疆高温地区的气候环境较为特殊,为了能切实达到提高沥青路面抗车辙的路用效果,增长沥青路面的使用寿命,必须基于各层位的功能要求,对沥青混合料进行配合比优化设计。考虑到车辙多发生于路面中面层,本研究将针对中面层的功能要求,研究新疆高温地区路面破坏类型和原因,根据实际情况选取适宜的混合料类型,提出沥青混合料设计目标,并基于贝雷法进行级配优化设计,进而完成低标号沥青混合料的配合比设计。

7.2.1 新疆高温地区沥青混合料设计目标

1)新疆高温地区沥青路面主要破坏类型

经调查研究,新疆高温地区沥青路面的破坏类型包括横向裂缝、龟裂、部分坑槽、车辙以及泛油、推移、拥包和松散等,其中最主要的是车辙破坏。

沥青路面的破坏主要受环境和行车荷载的影响,而在本研究区域,极端气候是影响沥青路面破坏的主因。新疆地区夏季高温炎热,吐鲁番的极端最高温度曾达到48.9℃,加上长时间的日照,进一步提高了沥青路面的温度。有资料显示,长时间日照下的沥青路表温度比气温高约20℃,这已逼近一些标号较高沥青的软化点。沥青是一种感温性较强的材料,在温度升高时,沥青变得具有流动性,同时其黏聚性下降,不能较好地保持矿质集料的相对嵌锁作用,抵抗变形的能力减弱,使沥青路面在行车荷载(尤其是渠化交通、重荷载以及大流量交通)的作用下发生车辙破坏。图7.25所示为新疆S301线大河沿—托克逊立交段的车辙破坏图,该路段位于号称火洲的吐鲁番腹地,夏季地表温度时常达到70℃,高温和行车荷载致使部分路面车辙甚至超过6cm。

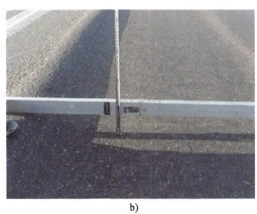

图7.25 新疆S301线车辙破坏图

此外,在"强基薄面"理论指导下,我国高速公路沥青路面绝大部分采用的是半刚性基层,新疆地区也是如此。相对来讲,半刚性基层的模量很大,在行车荷载作用下,造成上部较薄的沥青面层产生的剪应力过大,易导致推挤、拥包损坏,如图7.26所示。

2)高温区抗车辙沥青混合料设计目标

由7.1节所述,新疆高温地区沥青路面的病害,主要是高温气候下行车荷载所造成的沥青结构层失稳,因此,在该区修筑沥青路面理应关注高温指标,使之具有较强的高温稳定性。沥青混合料的性能取决于沥青的性能和矿料的级配组成。一方面,沥青在混合料中本身并未承受太多的荷载,但其作为胶结料,将不同粒径的矿料黏结为一个整体,其黏聚性必

图7.26 新疆沥青路面推移拥包病害

须重点考虑。沥青作为感温性较强的材料,在新疆地区的高温作用下,易降低黏度,致使结构层变得松散,所以在该区沥青混合料的设计中,应选取标号较低、耐高温的沥青。另一方面,沥青混合料的性质更大程度上决定于合理的矿料级配组成。长期以来,人们不断探讨矿料级配的设计方法,由最先的连续式密级配的矿料计算公式,到粗集料的间断级配设计法。而在各种组成结构中,采用间断型密级配组成的密实—骨架结构具有较高的高温稳定性。此结构既有数量足够的粗集料形成骨架,提供矿料嵌锁力,在骨架空隙中又加

入了足够的细集料和沥青胶浆,使结构较为密实,耐久性较强。因此,在高温区沥青混合料的设计中,混合料的级配设计理应具有骨架密实性。

7.2.2 新疆高温地区集料级配设计

根据已有经验,沥青路面的车辙破坏主要发生在路面的中面层,为提高沥青路面抵抗车辙损害的能力,宜提高中面层沥青混合料的路用性能。同时,低标号沥青由于低温性能不强,且在新疆以及我国其他地区暂时缺少应用于路面上面层的实例,而是较多的用于铺筑中下面层,基于以上两点,采用修筑中面层较多的AC-20C型沥青混合料,以此测试低标号沥青拌制的混合料的各项性能参数,为低标号沥青在新疆高温地区的应用提供指导。

另外,新疆高温地区的车辙类型主要为失稳型,对于失稳型车辙,通过以下办法可以减缓:确保沥青混合料中含有较多的破碎集料;集料级配必须含有足够的矿粉;大尺寸集料必须有较好的表面纹理和粗糙度;集料级配含有足够的粗颗粒;沥青结合料具有足够的黏度等。

1)集料选择和性能测试

集料是沥青混合料中的主体,集料的物理性质会不同程度地影响到沥青混合料的各种路用性能。一般来说,采用破碎面较多、纹理粗糙、坚硬、颗粒接近正方体的集料能提高沥青混合料的高温性能。经过粗选,考虑到就地取材和经济等原因,本研究中粗集料采用新疆克孜勒苏柯尔克孜自治州乌恰县铁列克乡第九石料场生产的石灰岩碎石,规格分别为10~20mm、5~10mm、3~5mm,经检验各项指标符合《公路沥青路面施工技术规范》(JTG F40),见表7.15;粗集料的技术性质见表7.16。

粗 集 料 规 格 表7.15

材料规格		碎石10~20mm	设计要求	碎石5~10mm	设计要求	碎石3~5mm	设计要求
各筛孔(mm)通过率(%)	26.5	100	100	100	—	100	—
	19	90.2	90~100	100	—	100	—
	16	54.5	—	100	—	100	—
	13.2	30.3	—	100	100	100	—
	9.5	3.6	0~15	87.4	90~100	99.3	100
	4.75	0.0	0~5	6.1	0~15	90.7	90~100
	2.36	0.0	—	0.2	0~5	3.2	0~15
	1.18	0.0	—	0.2	—	0.3	—
	0.6	0.0	—	0.2	—	0.2	0~3
	0.3	—	—	0.2	—	0.2	—
	0.15	—	—	0.2	—	0.2	—
	0.075	—	—	0.2	—	0.2	—

粗集料技术性质　　　　　　　　　　　　　　　　　　　　　　　　　表7.16

检测项目		单位	标准要求	粗集料试验结果			试验方法
				10~20mm	5~10mm	3~5mm	
石料压碎值		%	不大于28	12.8	—	—	T 0316—2005
坚固性		%	不大于12	—	—	—	T 0314—2005
洛杉矶磨耗损失		%	不大于30	13.4	—	—	T 0317—2005
表观密度		g/cm³	不小于2.50	2.623	2.666	2.688	T 0304—2005
毛体积密度		g/cm³	实测值	2.602	2.642	2.664	T 0304—2005
吸水率		%	不大于3.0	0.47	0.76	0.95	T 0307—2005
针片状颗粒含量	粒径大于9.5mm	%	不大于15	5.3			T 0312—2005
	粒径小于9.5mm	%	不大于20		6.5		
水洗法<0.075mm颗粒含量		%	不大于1	0.3	0.2	0.2	T 0302—2005

细集料采用乌恰县铁列克乡第九石料场生产的石灰岩0~3mm碎石,经检验各项指标符合《公路沥青路面施工技术规范》(JTG F40)要求,细集料的试验项目及试验结果、要求见表7.17和表7.18。

细集料规格　　　　　　　　　　　　　　　　　　　　　　　　　　　表7.17

筛孔尺寸 (mm)	通过率(%) 水洗除尘后0~3mm石屑	设计要求 (%)
4.75	99.8	100
2.36	88.3	80~100
1.18	57.8	50~80
0.6	42.1	25~60
0.3	22.4	8~45
0.15	13.0	0~25
0.075	4.8	0~10

细集料技术性质表　　　　　　　　　　　　　　　　　　　　　　　　表7.18

检测项目	单位	标准要求	试验结果	试验方法
砂当量	%	不小于60	74	T 0334—2005
表观密度	g/cm³	不小于2.50	2.722	T 0330—2005
毛体积密度	g/cm³	实测值	—	T 0330—2005
坚固性(>0.3mm)	%	不大于12	—	T 0340—2005
棱角性(流动时间)	s	不小于30	35.6	T 0345—2005

本次配合比设计使用克州西域矿业有限责任公司生产的矿粉,经检验各项指标符合《公路沥青路面施工技术规范》(JTG F40),矿粉的试验结果见表7.19。

矿粉技术性质　　　　　　　　　　　表7.19

检测项目		单位	标准要求	矿粉试验结果	试验方法
表观密度		t/m³	不小于2.5	2.674	T 0352—2000
含水率		%	不大于1	0.1	T 0305—1994
粒度范围	<0.6mm	%	100	100	T 0351—2000
	<0.15mm	%	90~100	94.1	
	<0.075mm	%	75~100	85.9	
亲水系数		—	<1	0.4	T 0353—2000
塑性指数		%	<4	2.1	T 0354—2000

2) 基于贝雷法的集料级配设计

在提高沥青路面抗车辙能力的众多因素中,合理的集料级配组成是不容忽视的,沥青混合料内部是否具有稳定的嵌锁骨架结构,将严重制约其抗剪切的能力。现阶段国内外关于级配设计存在两种设计思想:一种是传统的基于最大理论密度曲线的设计方法;另一种是考虑级配体积的设计方法,该研究将重点采用第二种方法中的贝雷法作为研究方向。

贝雷法的指导思想为在集料中形成多级嵌挤密级配,在保证一定空隙率的情况下,由细集料填充粗集料之间的空隙,次细集料填充细集料的空隙,且对粗集料间的嵌锁力不产生干涉,直至完成级配设计,并以3个指标对级配进行评价。其中,粗细集料的分界筛孔是随公称最大粒径(NMPS)变化的,第一控制筛孔(PCS)为 NMPS 的 0.22 倍,第二控制筛孔(SCS)为 PCS 的 0.22 倍。在本研究中,NMPS 为 19mm,PCS 为 4.75mm,SCS 为 1.18mm,第三控制筛孔(TCS)为 0.3mm。

贝雷法三参数中,CA 为粗集料比,用于评价集料中粗集料的含量,FA_C 为细集料中粗料部分与细料部分嵌挤情况的反映,FA_f 为集料中最细一级的嵌挤情况反映,3 个评价指标的公式如下:

$$CA = \frac{P_{D/2} - P_{PCS}}{100 - P_{D/2}} \tag{7.10}$$

$$FA_C = \frac{P_{SCS}}{P_{PCS}} \tag{7.11}$$

$$FA_f = \frac{P_{TCS}}{P_{SCS}} \tag{7.12}$$

式中:$P_{D/2}$——9.5mm 筛孔通过率;

P_{PCS}——4.75mm 筛孔通过率;

P_{SCS}——1.18mm 筛孔通过率;

P_{TCS}——0.3mm 筛孔通过率。

目前,对于这3个指标的取值范围,国内外学者已做了大量研究,不同研究的结果不尽相同,取值略有差异,本研究采用 CA 取值为 $0.4 \sim 0.6$,FA_C 取值为 $0.45 \sim 0.5$,FA_f 取值为 $0.5 \sim 0.6$。

另外,采用贝雷法设计级配时,尚需对所用集料进行松装干捣密度的测试(图7.27),所得结果见表7.20。

a) b)

图 7.27 松装干捣试验

集料的松装干捣密度表　　　　　　　　　　　表7.20

密　　度	0~3mm	3~5mm	5~10mm	10~20mm
松装密度(g/cm^3)	—	1.471	1.487	1.498
干捣密度(g/cm^3)	1.838	1.585	1.622	1.632

依据上述内容和参数,采用贝雷法进行 AC-20C 的级配优化设计,设计密度取为松装密度的 103%,通过变化 10~20mm、5~10mm、3~5mm 和 0~3mm 4 种集料的比例,使所合成级配的贝雷法3个参数数值满足:CA 取值为 $0.4 \sim 0.6$,FA_C 取值为 $0.45 \sim 0.5$,FA_f 取值为 $0.5 \sim 0.6$,由此可得最终的合成级配,见表7.21,所得级配的3个参数值见表7.22。

合成级配表　　　　　　　　　　　表7.21

筛孔(mm)	26.5	19	16	13.2	9.5	4.75	2.36	1.18	0.6	0.3	0.15	0.075
通过率(%)	100	95.9	80.9	70.7	56.3	33.8	22.8	15.8	12.4	8	5.8	3.8

级配参数检验　　　　　　　　　　　表7.22

CA	FA_C	FA_f
0.51	0.47	0.51
0.4~0.6	0.45~0.5	0.5~0.6

本研究中的贝雷法设计仅是一个确定混合料级配的过程,最终该级配是否满足沥青

混合料各项性能指标与路用性能,仍需要与马歇尔法或者 Superpave 法结合才能完成沥青混合料的全部设计,此部分将在 7.2.3 节中进行试验。

7.2.3 低标号沥青混合料配合比优化设计

1)基于 50 号沥青 AC-20C 混合料配合比设计

为进一步对比优化沥青混合料的配合比设计,按照《公路沥青路面施工技术规范》(JTG F40)的要求,以 4.75mm 筛孔为关键筛孔(AC-20C 通过率要求小于 45%),在各个筛孔通过率均满足级配范围要求的基础上,又设计了两种级配(级配二和级配三),与采用贝雷法所得级配(设定为级配一)共同进行马歇尔试验,级配结果见表 7.23 和图 7.28。

AC-20C 集料级配曲线　　　　表 7.23

筛孔(mm)		26.5	19.0	16.0	13.2	9.5	4.75	2.36	1.18	0.6	0.3	0.15	0.075
级配一	通过率(%)	100	95.9	80.9	70.7	56.3	33.8	22.8	15.8	12.4	8	5.8	3.8
级配二		100.0	98.2	91.5	81.1	64.4	41.6	27.7	21.1	14.1	8.7	6.6	4.8
级配三		100.0	97.0	86.0	69.9	52.6	29.5	19.3	14.6	10.4	7.6	6.1	4.6
上限		100.0	100.0	92.0	80.0	72.0	56.0	44.0	33.0	24.0	17.0	13.0	7.0
下限		100.0	90.0	78.0	62.0	50.0	26.0	16.0	12.0	8.0	5.0	4.0	3.0
中值		100.0	95.0	85.0	71.0	61.0	41.0	30.0	22.5	16.0	11.0	8.5	5.0

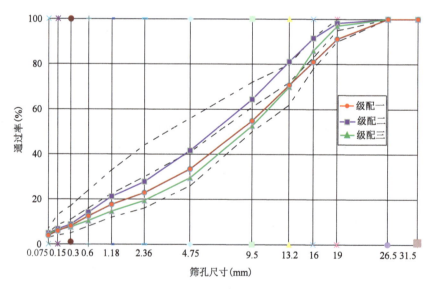

图 7.28 3 种合成级配

按照上述 3 种级配,采用 50 号基质沥青依照《公路工程沥青及沥青混合料试验规程》(JTG E20)T 0702—2011 标准击实法成型马歇尔试件,测取其各项体积指标,见表 7.24。

50 号沥青 3 种级配的马歇尔试验结果　　　　表 7.24

级配类型	毛体积密度（g/cm³）	最大理论密度（g/cm³）	空隙率 VV（%）	矿料间隙率 VMA（%）	沥青饱和度 VFA（%）	稳定度（kN）	流值（mm）
级配一	2.378	2.5	4.7	13.8	65.94	8.53	2.48
级配二	2.393	2.52	4.9	14.2	65.49	8.51	2.64
级配三	2.363	2.49	5.0	13.9	64.0	8.26	3.12
技术要求	—	—	4.0~6.0	≥13	65~75	≥8	1.5~4.0

由表7.24可知，采用50号沥青按照以上3种级配制备的马歇尔试件的各项指标均基本满足设计技术要求，综合比较3种级配混合料的空隙率、矿料间歇率、沥青饱和度、稳定度和流值，发现级配一的指标较好，因此，课题组选定级配一即通过贝雷法设计所得级配，作为本次研究所用沥青混合料的目标配合比级配。

按照级配一，采用50号基质沥青以预估油石比(4.5%)为中值，按照0.5%的间隔取5个油石比成型马歇尔试件，以确定最佳油石比，试验结果见表7.25。

50号沥青混合料马歇尔试验结果　　　　表7.25

油石比（%）	毛体积密度（g/cm³）	最大理论密度（g/cm³）	空隙率 VV（%）	矿料间隙率 VMA（%）	沥青饱和度 VFA（%）	稳定度（kN）	流值（mm）
3.5	2.364	2.533	6.7	14	52.1	8.76	1.87
4.0	2.376	2.522	5.8	13.8	58.0	9.62	2.20
4.5	2.388	2.502	4.6	13.6	66.1	9.42	2.56
5.0	2.378	2.482	4.2	14.2	70.4	8.46	2.97
5.5	2.369	2.440	2.9	14.8	80.4	8.33	3.30
技术要求	—	—	4.0~6.0	≥13	65~75	≥8	1.5~4.0

以油石比为横坐标，分别以空隙率、毛体积密度、流值、稳定度、饱和度、间隙率为纵坐标绘制关系图，如图7.29所示。

由图7.29可知，相应于毛体积密度最大值的油石比$a_1=4.5\%$，稳定度最大值的油石比$a_2=4.1\%$，相应于目标空隙率的油石比$a_3=4.3\%$，沥青饱和度范围中值的油石比$a_4=5.0\%$，因此，最佳沥青用量的初始值$OAC_1=(a_1+a_2+a_3+a_4)/4=4.48\%$；$OAC_{min}\sim OAC_{max}=4.5\%\sim4.6\%$，$OAC_2=(OAC_{min}+OAC_{max})/2=4.55\%$；因此，最终确定50号基质沥青最佳油石比$OAC=(OAC_1+OAC_2)/2=4.51\%$。

2）基于70号沥青AC-20C混合料配合比设计

在7.2.2节的基础上，仍按照级配一，以预估油石比(4.5%)为中值，按照0.5%的间隔取5个油石比采用70号沥青成型马歇尔试件，以确定最佳油石比，试验结果见表7.26。

70号沥青混合料马歇尔试验结果　　　　表7.26

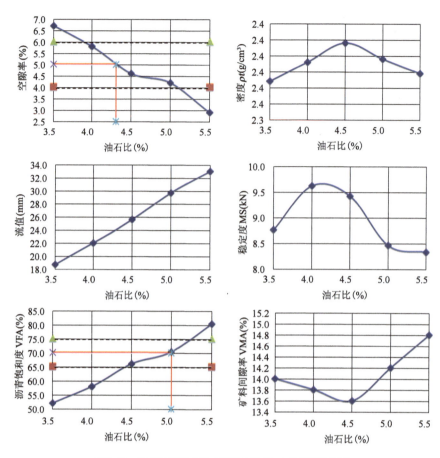

图 7.29　50 号沥青油石比与马歇尔物理-力学指标关系图

油石比 （%）	毛体积 密度 （g/cm³）	最大理论 密度 （g/cm³）	空隙率 VV （%）	矿料间隙率 VMA （%）	沥青饱和度 VFA （%）	稳定度 （kN）	流值 （mm）
3.5	2.348	2.511	6.5	14.6	55.5	9.89	1.78
4.0	2.365	2.508	5.7	14.2	59.9	10.7	2.25
4.5	2.384	2.498	4.6	13.7	66.4	10.3	2.67
5.0	2.373	2.473	4.0	14.5	72.4	9.05	2.85
5.5	2.370	2.441	2.9	14.9	80.5	8.66	3.08
技术要求	—	—	4.0~6.0	≥13	65~75	≥8	1.5~4.0

以油石比为横坐标，分别以空隙率、毛体积密度、流值、稳定度、饱和度、间隙率为纵坐标绘制关系图，如图 7.30 所示。

由图 7.30 可知，相应于毛体积密度最大值的油石比 $a_1 = 4.5\%$，稳定度最大值的油石比 $a_2 = 4.0\%$，相应于目标空隙率的油石比 $a_3 = 4.3\%$，沥青饱和度范围中值的油石比 $a_4 = 4.8\%$，因此，最佳沥青用量的初始值 $OAC_1 = (a_1 + a_2 + a_3 + a_4)/4 = 4.40\%$；$OAC_{min}$ ~

$OAC_{max} = 4.4\% \sim 5.0\%$,$OAC_2 = (OAC_{min} + OAC_{max})/2 = 4.7\%$;因此,最终确定70号基质沥青最佳油石比 $OAC = (OAC_1 + OAC_2)/2 = 4.55\%$。

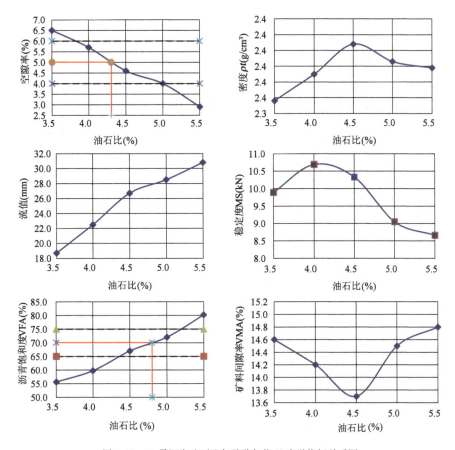

图7.30　70号沥青油石比与马歇尔物理-力学指标关系图

7.3　新疆高温区低标号沥青混合料抗车辙路用性能评价

为全面了解低标号沥青混合料性能,同时检验配合比设计,需要对低标号沥青混合料进行路用性能试验,同时与新疆地区常用沥青混合料进行对比。此次研究通过高温车辙试验、高温剪切试验、低温弯曲试验以及疲劳试验,研究并对比了低标号沥青混合料和新疆常用沥青混合料在高温性能、低温性能和疲劳性能等方面的优劣。

需要指出的是,在路用性能检测中,并未进行水稳定性方面的试验,这主要由于在新疆高温地区年总降雨量小于25mm,蒸发量巨大,沥青混合料面层基本上处于干燥状态,不易发生水损坏。

7.3.1　高温稳定性评价

高温稳定性通常是指沥青混合料在荷载作用下抵抗永久变形的能力[6]。新疆高温区抗车辙,顾名思义,即本区域的主要气候要素是高温,而车辙是此次研究区域沥青路面的首要病害,因此,将重点研究沥青混合料的高温稳定性。

1)高温稳定性测试方法与评价指标

由于沥青混合料的马歇尔稳定度和流值属于经验性指标,与路面实际产生的车辙破坏相关性不好,两者多用于确定沥青用量和施工质量检测。作为沥青混合料的高温稳定性指标,已逐步要求补做其他试验或者检验,例如车辙试验和蠕变试验。

在沥青混合料的蠕变试验中,三轴重复加载试验是比较接近路面实际三维受力状态的一种,但该试验对人员和试验设备的要求很高,且试验中要求提供恒定或动态的侧向压力,因此,很难在工程中大面积推广。本研究将采用车辙试验和高温剪切试验来评价低标号沥青混合料的高温稳定性。

大量试验表明,车辙试验中,试件上轮辙的产生和发展与实际路面车辙的产生和发展相关性很相似,车辙试验的评价指标动稳定度与沥青路面的车辙深度也很相关,因此,如能严格把控沥青混合料的设计,使之动稳定度满足《公路沥青路面施工技术规范》(JTG F40)的相关规定,就可以有效控制沥青路面的车辙破坏。

此外,路面的车辙破坏主要由荷载施加的剪应力导致,因此,该研究采用路面材料剪切仪,通过测试试件高温时受剪切破坏的剪应力大小,来评价沥青混合料抵抗高温剪切变形的能力。

2)基于车辙试验的高温稳定性评价

(1)车辙试验方案设计

对于新疆高温地区,车辙破坏是路面破坏的主要类型,且多为失稳型车辙。评价车辙性能的方法有3类:第一类为试验道路现场观测试验;第二类是足尺加载加速试验,即ATP试验;第三类为传统的室内轮辙试验。第三类方法简单方便,能较好反映沥青混合料的抗车辙性能,也是我国《公路沥青路面施工技术规范》(JTG F40)中所要求的。本研究以50号、70号、90号和SBS改性4种沥青拌制混合料,采用轮碾法成型300mm×300mm×50mm的车辙板,试件密度为马歇尔标准击实试样密度(100±1)%,对于基质沥青制作的试件,需要养护24h进行脱模,对于SBS改性沥青制作的试件,则需要养护48h进行脱模,然后将试样经保温后放于车辙仪中进行轮辙试验(图7.31),计算其动稳定度。

动稳定度(DS)的含义是指沥青混合料在高温条件下(试验温度一般是具有代表性的60℃),混合料每产生1mm变形时,所承受标准轴载的行走次数,其计算公式见式(7.13)。

$$DS = \frac{(t_2 - t_1) \times N}{d_2 - d_1} \times C_1 \times C_2 \tag{7.13}$$

式中:DS——混合料的动稳定度(次/mm);

d_1——对应于时间t_1的变形量(mm),t_1一般取值为45min;

d_2——对应于时间 t_2 的变形量(mm),t_2 一般取值为 60min;

C_1——试验机类型系数,本试验为曲柄连杆驱动加载往返运行方式,取为 1.0;

C_2——试件系数,试验室制备宽 300mm 的试件为 1.0;

N——试验轮碾压速度,通常为 42 次/min。

 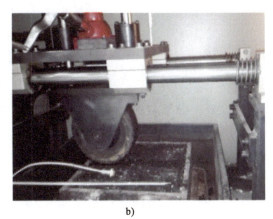

图 7.31 车辙试验

(2)车辙试验参数确定

有资料表明,在 40~60℃范围内,沥青混合料的温度每上升 5℃,其变形将增加 2 倍。路面长期处于高温状态下,必定会加速车辙的发展[107]。而在新疆高温地区,夏季极端温度可达到 40℃,路表温度时常会超过 60℃,因此,此次研究将在 60℃和 70℃两个温度下进行车辙试验。其中试验轮与试件接触压强为 0.7±0.05MPa,位移传感器测量范围及精度为 0~30mm 和 0.01。试验轮行走次数为 1260 次,往返碾压速度为 21 次/min,试验时间约为 60min。

(3)低标号沥青混合料车辙试验的结果及分析

用 4 种标号沥青拌制 AC-20C 沥青混合料,制作车辙板,各分两组,在 60℃和 70℃下保温 5h,进行车辙试验,并计算其不同温度下的动稳定度,以及升温后动稳定度削减百分比,所得结果见表 7.27 和图 7.32。

车辙试验结果　　　　表 7.27

标号	50 号	70 号	90 号	SBS 改性
60℃	3787	2819	2592	8145
70℃	1786	1214	—	5091
削减百分比(%)	52.83	56.95	—	37.49

注:1. 以上数据均为 3 个试件的算术平均值,变异系数不大于 20%。
　　2. 90 号沥青混合料车辙板在 70℃保温 5h 后发生松散破坏,数据严重失真。

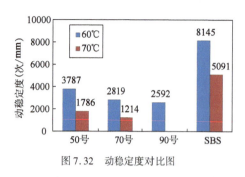

图 7.32 动稳定度对比图

由图 7.32 可以发现,在 60℃时 SBS 改性沥青的动稳定度高达 8000,其他 3 种基质沥青动稳定度也均高于《公路沥青路面施工技术规范》(JTG F40)的要求,其中低标号的 50 号沥青的动稳定度也远高于常用的 90 号沥青;在 70℃时,50 号和 70 号沥青的动稳定度也达到了 1700 和 1200,而常用的 90 号沥青制作的车辙板则出现了松散,再经 1h 的车辙试验,试件直接产生松散溃烂。而目前在新疆,90 号沥青是最主要的路面胶结材料,通过室内高温车辙试验,间接反映了在本研究区域,沥青路面在长时间高温度、渠化交通荷载作用下,易产生车辙破坏;另外 SBS 改性沥青虽然在 60℃和 70℃时表现出较高的高温稳定性,但其造价较高;与前两者相比,低标号的 50 号和 70 号沥青则显示出了较好的高温性能,且经济性适宜,能更好地适用于新疆高温地区抗车辙路面的修筑。综上,在该地区使用低标号沥青修筑路面时,车辙试验应在 70℃下进行。采用 50 号沥青时,动稳定度值应不小于 1500 次/mm;采用 70 号沥青时,动稳定度值应不小于 1000 次/mm。

3)基于剪切试验的高温稳定性评价

沥青混合料的剪切强度是一项重要的强度指标,沥青路面的推移、拥包和车辙都是剪切变形的结果。采用剪切试验可以直接考查沥青混合料的抗剪切流动变形能力。

(1)剪切试验方案设计

沥青混合料在使用过程中实际上是处于三向受压的状态,而车辙试验由于试件尺寸有限,试验加载方法的局限性,与沥青混合料实际受力情形差异很大,目前我国修筑的沥青路面虽然动稳定度满足了规范要求,但在后续使用过程中,仍然出现了车辙破坏。为使测试条件尽量接近实际受力情况,本研究设计了沥青混合料的剪切试验。

试验采用的剪切试验仪(图 7.33)借鉴了土工直剪试验方法设计,试验试件采用马歇尔试件,试件制作容易,材料使用较少,试验快速直接,亦便于现场钻芯取样制作试件进行试验。试验中,马歇尔试件下部固定于底座下端,上部固定于活动的套筒中,通过电机对试件中部施加横向剪切力,以稳定速度直剪至试件破坏,剪切仪可

a)

b)

图 7.33 沥青混合料剪切试验

以随时记录试件受力大小和位移大小。

(2)剪切试验参数确定

考虑到新疆高温地区夏季路面温度较高,为贴近路面实际使用,因此研究采用60℃和70℃两个温度进行试验,试验试件均为烘箱保温5h后,立即进行剪切试验。通过长安大学孙己龙[107]的研究,当剪切速率采用5mm/min时,所测剪切力与剪切位移的变异系数较小,因此,该研究采用的剪切速率为5mm/min。试验中所测力值为试件所受截面剪力,而非剪应力,试件为标准马歇尔试件,直径为101.6mm±0.2mm,计算截面面积取值为0.00785m^2。

(3)低标号沥青混合料剪切试验的结果及分析

按照《公路工程沥青及沥青混合料试验规程》(JTG E20),以50号、70号、90号和SBS改性4种沥青制作标准马歇尔试件,测试其高度,分为60℃和70℃两组保温5h后,进行剪切试验,测试试件破坏时的最大位移和剪力,并计算其剪应力和升温后剪应力削减百分比,所得结果见表7.28和图7.34。

剪 切 试 验 结 果　　　　　　表7.28

标　号	温度(℃)	最大位移(mm)	最大剪力(kN)	剪应力(MPa)	削减百分比(%)	备　注
50号	60	16.42	1.64	0.2093	32.25	保温5h,剪切速度为5mm/min,剪切面积为0.00785m^2
	70	17.70	1.11	0.1418		
70号	60	17.85	1.80	0.2293	22.23	
	70	18.12	1.40	0.1783		
90号	60	18.52	0.52	0.0667	42.00	
	70	16.18	0.30	0.0387		
SBS改性	60	18.87	0.92	0.1168	43.62	
	70	15.25	0.52	0.0658		

注:以上数据均为3个试件的算术平均值,变异系数不大于20%。

由表7.28和图7.34可以发现,在60℃时,使用50号和70号低标号沥青的试件,其破坏时剪切应力达到了0.2093MPa和0.2293MPa,远高于新疆常用的SBS改性沥青,是90号沥青的数倍;在70℃时,使用两种低标号沥青拌制的试件,抗剪切应力仍然高于两种常用沥青,而且低标号沥青在升温后其抗剪切应力削减百分比较小,50号沥青试件削减32.25%,70号沥青试件削减

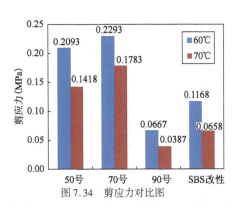

图7.34　剪应力对比图

22.23%,90号沥青试件削减42%,SBS改性沥青试件削减43.62%。考虑到剪应力是造成沥青路面车辙的主要原因,而在本研究区域,常用90号沥青的高温不稳定性,加之长时间

的高温更加剧了车辙病害的发展,在此情况下,低标号沥青显示出了较高的抗剪切能力,因此,适用于新疆高温地区抗车辙沥青路面的修筑。综上,在该地区使用低标号沥青修筑路面,应在70℃下进行剪切试验。采用50号沥青修筑的混合料路面,其剪应力应不小于0.14MPa,采用70号沥青修筑的混合料路面,其剪应力应不小于0.17MPa。

4)新疆高温区抗车辙评价指标与要求

本小节采用高温车辙试验和高温剪切试验,分别在60℃和70℃下对4种沥青混合料试件进行对比试验。试验表明,低标号沥青混合料的动稳定度虽然低于SBS改性沥青,高于新疆常用的90号沥青,其剪切应力也大于常用的90号沥青,表现出良好的高温稳定性,适宜于新疆高温地区抗车辙沥青路面的修筑。同时,课题组提出了在新疆高温区使用低标号沥青的高温推荐指标,车辙试验应在70℃下进行,采用50号沥青动稳定度值应不小于1500次/mm,采用70号沥青动稳定度值应不小于1000次/mm;另外应在70℃下进行剪切试验,采用50号沥青修筑的混合料路面,其剪应力应不小于0.14MPa,采用70号沥青修筑的混合料路面,其剪应力应不小于0.17MPa。

7.3.2 低温稳定性评价

沥青路面的低温破坏主要表现为低温开裂,路面开裂后,水分进入裂缝造成沥青剥落,混合料松散形成空洞和坑陷;若水分进入基层,会导致基层甚至路基软化,导致路面承载力下降,产生叽浆、台阶、网裂,加速路面破坏[109]。一般来说,为提高沥青路面的低温性能,理应选用针入度较大、黏度较低且温度敏感性小的沥青,而在本研究区域,高温性能为沥青路面的主要制约因素,在选用低标号沥青为研究方向时,同时关注了低标号沥青混合料的低温性能。

目前,国内外低标号沥青混合料主要应用于中下面层,较少应用于表面层,主要是考虑其低温抗裂的能力,同时,考虑到中面层也是提高路面抗车辙能力的结构层,因此本次主要研究低标号沥青混合料在中面层的主要性能。新疆高温地区年最低气温接近-20℃,尚缺少中下面层路体内部温度,因此,在铺筑试验段时埋设温度传感器,收集路面各层温度参数用于分析。

1)低温稳定性测试方法与评价指标

国内外测试沥青混合料低温性能的方法有很多,比如以应变能释放率为评价指标的积分试验;以疲劳寿命为评价指标的三分点弯曲疲劳试验;以蠕变速率、劲度为评价指标的弯曲蠕变试验;以弯拉强度和破坏弯拉应变为评价指标的低温弯曲试验等。目前比较好的试验方法为美国SHRP计划中提出的约束温度应力试验,但是局限于国内的现实状况与试验条件,短时间内暂不能推广。故综合考虑试验的操作性、技术难易程度、试验量大小,同时又可以很好地反映沥青混合料低温抗裂性,采用低温弯曲试验测试混合料低温条件下的各项指标,该试验也是我国《公路工程沥青及沥青混合料试验规程》(JTG E20)中推荐的试验。

2)基于低温弯曲试验的低温稳定性评价

(1)低温弯曲试验方案设计

课题组以 50 号、70 号、90 号和 SBS 改性 4 种沥青拌制混合料,采用轮碾法成型 300mm×300mm×50mm 的车辙板,试件密度为马歇尔标准击实试样密度100% ±1%,然后切割成长 250mm ±2.0mm、宽 30mm ±2.0mm、高 35mm ±2.0mm 的棱柱体小梁,其跨径为 200mm ±0.5mm。经保温后,放于 MTS 万能试验机中,跨中加载进行试验(图7.35),测试小梁试件破坏时的最大荷载 P_B 以及跨中挠度 d。

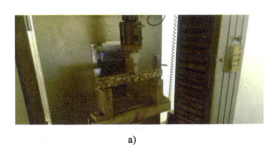
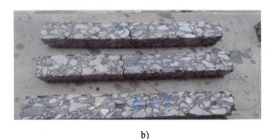

a)   b)

图 7.35 低温弯曲试验

计算试件破坏时的弯拉强度 R_B[式(7.14)]、破坏时的梁底最大弯拉应变 ε_B[式(7.15)]及破坏时的弯曲劲度模量 S_B[式(7.16)]。

$$R_B = \frac{3 \times L \times P_B}{2 \times b \times h^2} \tag{7.14}$$

$$\varepsilon_B = \frac{6 \times h \times d}{L^2} \tag{7.15}$$

$$S_B = \frac{R_B}{\varepsilon_B} \tag{7.16}$$

式中:R_B——试件破坏时的弯拉强度(MPa);

  ε_B——试件破坏时的最大弯拉应变($\mu\varepsilon$);

  S_B——试件破坏时的弯曲劲度模量(MPa);

  b——跨中断面试件的宽度(mm);

  h——跨中断面试件的高度(mm);

  L——试件的跨径,一般为 200(mm);

  P_B——试件破坏时的最大荷载(N);

  d——试件破坏时的跨中挠度(mm)。

(2)低温弯曲试验参数确定

我国《公路沥青路面施工技术规范》(JTG F40)中要求,"宜对密级配沥青混合料在

图 7.36 小梁试件显于无水乙醇恒温箱

温度 $-10℃$、加载速率在 $50mm/min$ 条件下进行低温弯曲试验",因此本试验温度采用 $-10℃$。先将切割好的试件放置于 $-10±0.5℃$ 的保温箱(内置液体为无水乙醇)中(图 7.36),保温 1h,保温时试件放在支起的平板玻璃上,试件之间的距离应不小于 10mm。万能材料试验机的加载速率采用 $50mm/min$。由于小梁的低温弯曲试验时间很短,自开始直至试件破坏大约在十几秒之内,因此,本次试验小梁的弯曲破坏并未在保温箱中进行。

(3)低标号沥青混合料低温弯曲试验的结果及分析

按照《公路工程沥青及沥青混合料试验规程》(JTG E20)中沥青混合料弯曲试验,对 4 种沥青混合料制成的小梁进行低温弯曲试验,所得结果见表 7.29 和图 7.37~图 7.39。

低温弯曲试验结果　　　表 7.29

沥青标号	试件编号	R_B(MPa)	$\varepsilon_B(\mu\varepsilon)$	S_B(MPa)	弯曲应变能(kJ/m^3)
50 号	1	4.20	1475	2847	4697.50
	2	6.29	2941	2139	7249.45
	3	5.16	2053	2513	5296.74
	平均	5.22	2156	2500	5747.897
70 号	1	6.55	2331	2808	6634.02
	2	6.44	3073	2095	7895.06
	3	5.58	2366	2357	5879.26
	平均	6.19	2590	2420	6802.78
90 号	1	4.52	2120	2130	7356.84
	2	4.72	3393	1391	8256.28
	3	4.01	2924	1373	6958.45
	平均	4.42	2812	1631	7523.857
SBS 改性	1	7.52	3026	2484	9587.46
	2	7.52	2457	3060	9238.32
	3	7.45	2477	3010	8754.23
	平均	7.50	2653	2851	9193.337

弯拉强度越高,材料在低温下抵抗破坏的能力越强,沥青混合料的低温抗裂性能就越好[110]。由图 7.37 可以看出,以混合料弯拉强度为指标,4 种沥青混合料低温优劣性依次为 SBS 改性、70 号、50 号、90 号(强到弱)。

破坏应变越大,表明沥青混合料在低温破坏时能够承受的应变越大,沥青混合料的低温抗裂性能就越好[110]。由图7.38可以看出,以混合料弯拉应变为指标,4种沥青混合料低温优劣性依次为90号优于SBS改性优于70号优于50号。

弯曲劲度模量越大,则沥青混合料的低温抗裂性能就越差[110]。由图7.39可以看出,以混合料弯曲劲度模量为指标,4种沥青混合料低温优劣性依次为90号优于70号优于50号优于SBS改性。

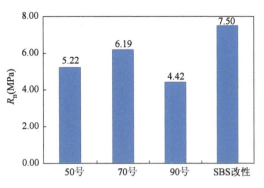

图7.37 各类沥青混合料弯拉强度对比图

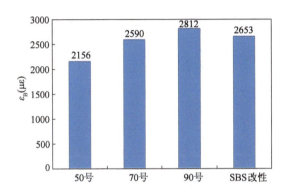

图7.38 各类沥青混合料弯拉应变对比图

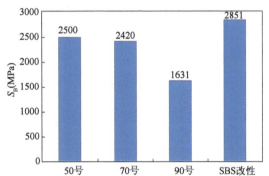

图7.39 各类混合料弯曲劲度模量对比图

沥青混合料小梁弯曲试验可以得出3项试验指标,而目前我国《公路沥青路面施工技术规范》(JTG F40)中,对于评价沥青混合料低温抗裂性能以破坏应变为指标,见表7.30。

沥青混合料低温弯曲试验破坏应变(με)技术要求　　　表7.30

气候条件与技术指标	相应于下列气候分区所要求的破坏应变(με)								试验方法
年极端最低气温(℃)及气候分区	< -37.0		-21.5 ~ -37.0			-9.0 ~ -21.5		> -9.0	
	1.冬严寒区		2.冬寒区			3.冬冷区		4.冬温区	
	1-1	2-1	1-2	2-2	3-2	1-3	2-3	1-4	2-4	
普通沥青混合料,不小于	2600		2300			2000			T 0715
改性沥青混合料,不小于	300		2800			2500			

研究区域年最低温度为-20℃左右,属于冬冷区,冬冷区普通沥青混合料的破坏应变宜不小于2000με,改性沥青混合料破坏应变宜不小于2500με。本次试验中4种沥青混合料的低温性能均满足规范要求(破坏应变分别是50号为2156,70号为2590,90号为2812,SBS改性为2653)。

由上述分析可知,采用单一的荷载指标或者变形指标所得不同标号沥青混合料的低温性能并不一致,无法全面反映混合料的低温性能。借鉴最新研究成果,采用"能量"这一指标再分析比较4种沥青混合料的低温性能。图7.40所示为小梁低温弯曲试验中的应力应变曲线,其中的阴影部分面积是指小梁在达到应力最大值时,临界破坏所需要的能量—弯曲应变能,其大小是由弯拉强度和弯拉应变综合反映,采用该指标比单纯的一个指标更加科学,更能切合实际地反映沥青混合料的低温性能[108]。

采用万能材料试验机,测试小梁低温弯曲试验数据(表7.29),并绘制4种沥青混合料小梁破坏时的弯曲应变能,如图7.41所示。

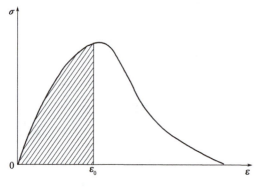

图7.40 低温弯曲破坏试验应力应变曲线

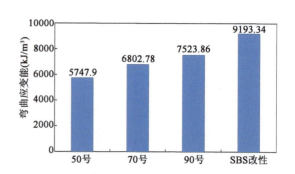

图7.41 各类混合料弯曲应变能对比图

弯曲应变能越大,沥青混合料低温破坏时所需要的能量也越大。由图7.41可知,当采用弯曲应变能这一指标时,4种沥青混合料的低温优劣性依次为SBS改性优于90号优于70号优于50号。

3)新疆高温区沥青低温性能评价指标与要求

本小节采用低温弯曲试验,测试了4种标号沥青混合料小梁在-10℃时的弯拉强度、破坏应变和弯曲劲度模量,以及弯曲应变能,并进行对比。结合我国《公路沥青路面施工技术规范》(JTG F40),课题组提出了在新疆高温区使用低标号沥青铺筑路面的低温推荐指标,应采用破坏应变这一指标,其中50号沥青混合料的破坏应变应不小于2000,70号沥青混合料的破坏应变应不小于2500。

7.3.3 疲劳性能评价

路面结构所受荷载具有瞬时性和反复性的特点,沥青混合料在受瞬时荷载时,主要表现为弹性,在受反复长期荷载时,其后期主要变现为黏性。沥青路面的疲劳是指,在荷载的反复作用下,路面结构内材料产生的不可恢复应力或应变超过材料的极限,致使路面产生裂纹,出现疲劳断裂破坏。此现象随着交通量的增加,已成为沥青路面的主要破坏形式。本小节将采用疲劳试验测试4种沥青混合料,对比分析其抗疲劳性能。

1)疲劳性能测试方法与评价指标

现阶段国内外测试沥青路面疲劳破坏的方法主要分为4类:一是以美国AASHO试验路为代表的检测实际路面在真实汽车荷载作用下的疲劳状况;二是用足尺路面结构模拟汽车荷载下路面疲劳性能;三是试板试验法;四是室内小型试件的疲劳试验。由于前3种试验成本大,周期长,且试验结果受环境和所用路面结构影响较大,所以目前室内小型试件的疲劳试验仍是我国疲劳试验的首选方法。

室内小型试件的疲劳试验也有多种,如简单弯曲试验、单轴直接拉伸试验、间接拉伸疲劳试验、半圆弯拉试验等。其中小梁弯曲试验包括四点弯拉、三点弯拉、悬臂梁弯曲法、弹性梁弯曲法,试件的疲劳寿命可以用应力或者应变与疲劳寿命的关系表示出来,而且美国SHRP工作者将上述方法进行过对比排序,认为重复弯曲试验最能代表沥青路面的实际受力状况,试验结果可以直接用于设计。因此,从既能满足研究的角度,又兼顾试验的可操作性,采用三点弯曲疲劳试验作为测试沥青混合料疲劳性能的试验方法。

2)基于三点弯曲疲劳寿命试验的疲劳性评价

(1)三点弯曲疲劳寿命试验方案设计

采用轮碾法制作沥青混合料车辙板,使试件压密成型,达到马歇尔试验标准击实密度的100%±1%,车辙板试件尺寸为300mm×300mm×50mm,对于用基质沥青制作的试件,需要养护24h进行脱模;对于用SBS改性沥青制作的试件,则需要养护48h进行脱模。疲劳试验采用的试件尺寸为250mm×40mm×40mm,采用这样的试件均匀性好,试验误差小,而且经过切割,试验结果受集料最大粒径的影响很小。一个车辙板最多可以切割成6根棱柱体小梁,在切割时注意所切割成的长度方向与行车碾压方向一致。小梁试件做好之后应放于阴凉干燥且平整的地方,为避免产生挠度,应尽快保温后进行试验。

本研究采用小梁的弯拉破坏强度作为破坏荷载,试验的加载速率按照《公路工程沥青及沥青混合料试验规程》(JTG E20)中规定,采用50mm/min,试验温度为15℃。然后在不同的应力比下测试4种标号沥青混合料的疲劳寿命,如图7.42所示。

(2)三点弯曲疲劳寿命试验参数确定

该试验采用的加载仪器为MTS万能材料试验系统,小梁放于加载装置的空气保温箱中,支点间距为200mm。一般来说,沥青混合料的疲劳破坏主要集中在13~15℃,且本研究区域易发春融的三四月份平均气温也在15℃左右,因此,弯曲试验和三点弯曲疲劳试验的温度采用15℃。

目前我国的高等级公路路面厚度在15cm左右,由于路面沥青面层厚度较大,基层刚度相对较小,面层在荷载的重复作用下应变增长较快,因此,采用应力控制模式比较符合路面的实际受力破坏状态[111]。另外,应力控制模式试验时间较短,以试件断裂作为试验结束,疲劳破坏的定义明确,且数据点的分散程度小,因此采用这种控制方式。根据已有研究,0.5 的应力比是沥青混合料疲劳寿命的分界点,当应力比大于 0.5 时,疲劳寿命显著下降;若应力比水平过低,试件的疲劳寿命过长,不但耗费成本和时间,所得数据与实际相关性不大,因此,课题组采用 0.5 和 0.3 两种应力比进行试验。

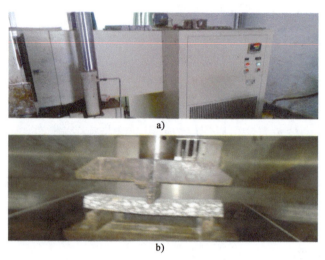

图 7.42 小梁三点弯曲疲劳试验

车轮荷载的加载时间可以根据 Van de Poel 的公式来确定,见式(7.17)。

$$t = \frac{1}{2\pi f} \tag{7.17}$$

式中:t——加载时间(s);

f——加载频率(Hz)。

当加载频率为 10Hz 时,加载时间为 0.016s,大致相当于 60~65km/h,满足我国《公路工程技术标准》(JTG B01)规定的汽车专用公路的计算行车速度范围 40~120km/h。因此,课题组采用 10Hz 的加载频率。另外,通常认为正弦波形比较接近路面实际承受的荷载波形,同时为缩减试验时间,相邻波形之间未插入间歇时间,试验开始前以最小荷载对试件进行预压,使试件与压头接触良好,最小荷载设定为最大荷载的 2%。

(3)低标号沥青混合料疲劳试验的结果及分析

将 4 种不同标号沥青拌制沥青混合料,切割成 250mm × 40mm × 40mm 的小梁,在 15℃下保温 1h 后放于 MTS 试验机上,在 50mm/min 的加载速率下,测试其弯拉强度,试验结果见表 7.31。

弯拉强度试验结果 表 7.31

沥青标号	跨中宽度 b(mm)	跨中高度 h(mm)	破坏荷载 P_B(N)	平均	抗弯拉强度 R_B(MPa)	平均
50 号	40.2	40.5	385.6		1.75	
	40.4	41.0	315.7	355.87	1.39	1.59
	41.2	40.4	366.3		1.63	

续上表

沥青标号	跨中宽度 b(mm)	跨中高度 h(mm)	破坏荷载 P_B(N)	平均	抗弯拉强度 R_B(MPa)	平均
70 号	41.0	40.9	296.5	318.50	1.30	1.43
	40.0	40.5	335.6		1.53	
	40.3	40.6	323.4		1.46	
90 号	40.8	40.5	215.8	218.13	0.97	0.99
	40.4	40.1	229.7		1.06	
	40.3	40.5	208.9		0.95	
SBS 改性	40.6	40.8	389.4	396.93	1.73	1.76
	41.2	40.6	403.5		1.78	
	40.8	40.7	397.9		1.77	

根据前述内容,将预制小梁在15℃下保温1h,然后分别在0.3和0.5两种应力比下测试4种不同沥青拌制的混合料试件的疲劳寿命,所得结果见表7.32和图7.43。

4 种沥青混合料不同应力比下的疲劳寿命　　　　表7.32

| 沥青标号 | 应力比为0.5 | | 应力比为0.3 | |
	疲劳寿命	均值	疲劳寿命	均值
50 号	1236	1291	3658	3441
	1088		3724	
	1149		3419	
	1602		3216	
	1378		3187	
70 号	1687	1463	3754	3538
	1429		3324	
	1626		3156	
	1388		3641	
	1184		3815	
90 号	1649	1570	3846	3919
	1795		3659	
	1389		4127	
	1447		4028	
	—		3934	
SBS 改性	2256	1991	4667	4731
	1883		4942	
	1918		4314	
	1795		4988	
	2103		4746	

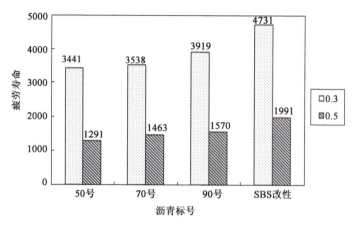

图 7.43 4 种沥青混合料疲劳寿命图

由上述试验结果可知,在 15℃ 下进行三点弯曲疲劳试验,相同应力比下,随着沥青标号的增大,疲劳寿命呈现增大的趋势,SBS 改性沥青混合料抗疲劳效果最优;当应力比为 0.5 时,50 号、70 号和 90 号 3 种标号沥青混合料的疲劳寿命相差不大,施加荷载较大,小梁内部结构未及时扩散能量而迅速发生破坏所致;当应力比为 0.3 时,抗疲劳优劣性为 SBS 改性优于 90 号,略微优于 70 号和 50 号。

总体而言,通过三点弯曲疲劳试验表明,50 号和 70 号两种沥青混合料的疲劳性能虽然未达到 SBS 改性沥青的抗疲劳性能,但是总体接近 90 号沥青混合料的疲劳寿命,满足新疆高温地区修筑抗车辙沥青路面的要求。

7.4 路面结构分析及寿命评估

7.4.1 路面车辙预估的基本原理

现阶段国内外对于沥青路面寿命预估的方法主要有沥青路面疲劳寿命预测、沥青路面低温开裂预测、沥青路面车辙预测和沥青路面温度疲劳开裂预测等。我国的沥青路面设计方法将疲劳破坏及寿命预估作为主要设计指标之一,通过计算沥青层底拉应力进行控制。然而,目前的设计方法中缺少针对车辙的预估方法及相应控制指标。该研究针对区域为新疆高温地区,车辙是制约本地区沥青路面寿命的首要病害,因此,在国内外研究基础上采用沥青路面的车辙预测方法预估低标号沥青路面的使用性能,作为现行规范的补充。

1)基于理论—经验法的路面车辙预估模型

在全世界众多的沥青路面设计方法中,目前只有美国的力学经验路面设计方法(MEPDG)中包含了明确的车辙预估模型和计算方法,现今全美正在推行 MEPDG 设计方法,各个州也正在对该设计方法中的路面性能预估模型进行当地校核和评估。基于此,该研究将借鉴 MEPDG 中的车辙模型,对新疆地区的路面车辙深度进行预估。需要指出的是,该模型能够预估车辙发展的趋势,但是需要通过当地校核后才能够得出比较准确的具体预估值,这也是美国各州开展 MEPDG 模型校核工作的原因。MEPDG 车辙预估模型参见式(7.18)。

$$\frac{\varepsilon_\mathrm{p}}{\varepsilon_\mathrm{r}} = 10^{-3.15552} T^{1.734} N^{0.39937} \qquad (7.18)$$

式中：ε_p——塑性应变；

ε_r——可恢复的弹性应变；

T——路面温度(℃)；

N——轴载作用次数。

此模型的主要前提假设是:对于特定材料,其弹性变形和塑性变形之间存在一定比例,该比例随温度和荷载作用次数增加而增大。由于路面温度随环境温度变化和所处结构层深度不同而改变,所以车辙预估需要逐层按月累加。同时考虑到车辙主要发生在夏季,为缩减计算量,抓住核心问题,该研究只对新疆地区沥青路面的夏季塑性变形进行累加分析。

2)路面车辙预估技术路线

依据 MEPDG 车辙预估模型,具体的车辙计算步骤可分为以下几步：

(1)首先确定路面结构组合及各层厚度,以及交通荷载。

(2)确定路面各沥青层在不同月份的温度。通常在道路建成之前,路面的实际工作温度难以得到,本研究采用(Long Term Pavement Performance,LTPP)中的路面温度预估模型预测沥青层的工作温度。

(3)材料参数的选取。参数选取过程中的难点在于选取沥青混合料的动态弹性模量,因为该模量随荷载作用时间和材料温度不同而变化。目前在我国的实际工程中,实测的混合料动态弹性模量较少,该研究拟采用改进的 Witczak 模型对其进行预估。其中,路面不同深度的荷载作用频率采用 MEPDG 中的模型进行预估。

(4)计算各沥青层竖向压应变。该研究拟使用基于无限半空间弹性层状体系的 Bisar3.0 软件,计算不同环境温度和荷载作用条件下,各沥青层的竖向压应变。所取数值节点为各沥青层的中点。

(5)通过逐步累加不同月份各沥青结构层的塑性变形,预估沥青路面车辙深度。

7.4.2 新疆高温地区典型抗车辙路面结构分析

新疆高温地区的车辙病害主要属于失稳型车辙,其产生的主要原因是沥青混合料的高温稳定性较差,即高温条件下,行车荷载在面层中产生的剪应力大于混合料的抗剪强度,进而造成材料横向流动变形。因此,对于合理的路面设计,不仅需要进行路面结构的材料设计,更应该研究在交通荷载作用下沥青路面结构内部应力的分布情况。

1)高温地区典型抗车辙路面结构及交通量

目前,新疆全疆范围内的高等级路面以沥青路面为主,水泥混凝土路面主要应用于城市道路和低等级道路。在新疆高温地区修筑好的干线公路有国道314、315和218等高速公路以及两条横穿塔里木盆地的二级沙漠公路。

经调查得知,在该研究区域,面层材料一般以中粒式沥青混凝土和粗粒式沥青混凝土为主,沥青层总厚度在10cm左右;基层则以水泥稳定材料为主,较少使用柔性基层或者是复合式基层,水稳基层材料包括水泥稳定碎石、水泥稳定砾石和水泥稳定砂砾,水泥剂量多为5%。其中,新疆地区砂砾资源丰富,性能良好,级配合理,压实度高,便于取材且成本较低,戈壁滩料成为新疆较为常见的底基层材料。高温地区部分路面结构见表7.33。

高温地区部分路面结构表 表7.33

公 路 名 称	公路等级	主要路面结构形式
G314 库尔勒—库车	高速公路	4cm 中粒式沥青混凝土(AC-16型)+6cm 粗粒式改性沥青混凝土(AC-25型)+30cm5%水泥稳定砾石+17cm 天然砂砾
G314 和硕—库尔勒段	高速公路	4cm 细粒式抗滑表层(AK-13型)+6cm 中粒式沥青混凝土(AC-20型)+6cm 粗粒式沥青混凝土(AC-25型)+30cm5%水泥稳定砂砾+23(25)cm 天然砂砾
库米什—和硕	高速公路	3cm 细粒式沥青混凝土(AC-13型)+4cm 中粒式沥青混凝土(AC-20型)+25cm 水泥稳定砂砾+20(40)cm 天然级配砾石
GZ045线鄯善—吐鲁番段	高速公路	4cm 中粒式沥青混凝土+6cm 粗粒式改性沥青混凝土+30cm5%水泥稳定砾石+天然砂砾
G314 托克逊—库米什	一级公路	3cm 细粒式沥青混凝土(AK-13A)+4cm 中粒式沥青混凝土(AC-20C)+25cm 水泥稳定砂砾
G315 若羌—且末	二级公路	5cm 中粒式沥青混凝土+18cm 水泥稳定砂砾
S215 巴楚—麦盖提	一级公路	3cm 细粒式沥青混凝土(AK-13A)+2cm 中粒式沥青混凝土(AC-13F)+20~30cm 水泥稳定砂砾
阿拉尔—和田沙漠公路	二级公路	4cm 沥青表面处治+12cm 级配砂砾基层+20(30)cm 天然砂砾+土工布+沙基

综上可知,在该研究区域及新疆范围内,沥青路面的结构形式是沥青层整体偏薄,总厚度不足20cm,而两层面层的结构形式在新疆地区占据主导地位,沥青层厚度不足15cm;整体路面结构方面过分依靠半刚性基层。现阶段两层沥青层的形式仍然是新疆路面建设中的主流结构,且厚度较薄。在此情况下,当路面荷载作用于较薄的沥青面层和半刚性基层的路面结构上时,由于两者刚度相差较大,沥青面层极易发生推移、拥包和车辙病害。

为遴选适合本研究区域的路面结构,借鉴新疆高温地区已建路用性能良好的公路结构,同时考虑到所依托工程的具体实际情况,课题组推荐了如图7.44所示的路面结构。该路面结构加厚了沥青层,采用了三层沥青面层,层厚达到了16cm,兼顾了路面承载力以及各项路用性能的要求。同时,所用基层材料为新疆当地丰富的砂石资源,在一定程度上有效降低了公路的建设成本。

由于实测交通量和实际交通量之间存在较大差别,本研究选取了3个级别的交通量,即中交通量、重交通量和特重交通量。假设交通量在设计年限内均匀分布,得到对应的 BZZ-100 月交通量分别为 40000 辆/月,100000 辆/月和 160000 辆/月。

图 7.44 所选路面结构示意图

2)路面结构层温度

沥青作为感温性材料,其性能受温度的影响极大,为较为贴近沥青混合料结构层的真实温度,以 LTPP 中的路面温度预估模型为基础,并结合试验路的实测数据对该模型进行校核,得出不同路面结构层的温度。预估模型见式(7.19)。

$$T_{\text{MAX-PAV}} = 11.432 + 7.123 \times 10^{-3} T_{\text{MAX-AIR}}^2 + 0.743 T_{\text{MAX-AIR}} - 61.742D + 4.604 \times 10^{-4} S - 0.108H - 1.313W \quad (7.19)$$

式中:$T_{\text{MAX-PAV}}$——路面结构层预估温度(℃);

$T_{\text{MAX-AIR}}$——最高气温(℃);

D——路面深度(m);

S——日照量(kJ/m²·d);

H——空气湿度(%);

W——风速(m/s)。

为对该预估模型进行校核,结合已获取的气象资料,选取新疆阿克苏地区作为研究对象。阿克苏地区属暖温带大陆性气候,气候干燥,降雨量少,日照长,年日照时数为 750~3029h,太阳总辐射量为 5340~6220MJ/m²,是全国太阳辐射量较多的地区之一,年平均气温在 9.9~11.5 ℃,年降水量为 42.4~94.4mm,气候特点为冬季干冷、夏季干热。经调查与计算,所得阿克苏地区气温状况与预估路面不同深度处的温度见表7.34 和表7.35。

阿克苏地区气象气温 表7.34

阿克苏地区基本气候状况(根据1971—2000 年资料统计)												
月份	1月	2月	3月	4月	5月	6月	7月	8月	9月	10月	11月	12月
平均温度(℃)	-7.8	-2.2	6.3	14.7	19.2	22.1	23.8	22.5	17.8	10.3	1.8	-5.5
平均最高温度(℃)	-0.9	4.6	12.9	21.9	26.6	29.6	31.2	30.2	25.9	18.9	9.1	0.8
极端最高温度(℃)	7.3	13.7	25	34.5	35	37	39.6	38.4	34.2	28	20.2	9.5
平均最低温度(℃)	-13.3	-7.8	0.1	7.6	12.1	14.8	16.6	15.6	10.8	3.7	-3.1	-10
极端最低温度(℃)	-25.2	-24.4	-10.9	-3.1	2.7	6	8.7	8.3	1.4	-4.5	-12.9	-23.4
平均降水量(mm)	1.6	2.4	3.5	2.5	8.9	14	16	14.1	6.2	2.3	0.5	2.4
降水天数(d)	2.3	2.2	1.6	1.5	3.1	5.3	6.6	6.3	3.3	1.1	0.7	1.9
平均风速(m/s)	1.2	1.4	1.7	2	2	1.9	1.7	1.5	1	1	1	1
气象站位置:北纬41.2°,东经80.3°,海拔1105m												

表 7.35 实测与预估温度比较

日期	最高温度(℃)	天气	实测当日最高温度(℃) 深度(m)			日照(kJ/m²·d)	相对湿度(%)	风速(m/s)	预估温度(℃) 深度(m)		
			0.04	0.09	0.16				0.04	0.09	0.16
2014/9/27	27.00	晴转多云	43.2	37.5	34.1	15422	57	1.2	33.58498	30.49788	26.17594
2014/9/28	27.00	多云转阴	40.2	35	32.2	15422	57	1.2	33.58498	30.49788	26.17594
2014/9/29	26.00	阴转多云	43.9	37.6	33.9	15422	57	1.2	32.46446	29.37736	25.05542
2014/9/30	27.00	晴	44.9	38.6	34.8	15422	57	1.2	33.58498	30.49788	26.17594
2014/10/1	26.00	晴转阴	43.9	38.1	34.6	15422	57	1.2	32.46446	29.37736	25.05542
2014/10/2	25.00	多云	42.3	36.7	33.6	15422	57	1.2	31.35819	28.27109	23.94915
2014/10/3	24.00	多云	37.6	34.1	31.9	15422	57	1.2	30.26616	27.17906	22.85712
2014/10/4	23.00	阴	40.1	35.5	32.6	15422	57	1.2	29.18838	26.10128	21.77934
2014/10/5	25.00	晴转多云	40.5	35.9	32.9	15422	57	1.2	31.35819	28.27109	23.94915
2014/10/6	24.00	晴转多云	40.2	35.3	32.2	15422	57	1.2	30.26616	27.17906	22.85712
2014/10/7	28.00	多云	34.6	31.2	30.9	15422	57	5.5	29.07385	25.98675	21.66481
2014/10/8	21.00	多云	28.6	26.4	25	15422	57	1.2	27.07556	23.98846	19.66652
2014/10/9	21.00	多云转晴	30.1	26.8	25	15422	57	1.2	27.07556	23.98846	19.66652
2014/10/10	18.00	晴	30.6	27.1	24.9	15422	57	1.2	24.01317	20.92607	16.60413
2014/10/11	15.00	阴转多云	30.5	27	24.7	15422	57	1.2	21.07899	17.99189	13.66995
2014/10/12	17.00	多云转晴	31.9	28	25.6	15422	57	1.2	23.02086	19.93376	15.61182
2014/10/13	17.00	晴	32.1	28	25.5	15422	57	1.2	23.02086	19.93376	15.61182

将表7.35中实测温度与预估温度进行对比,绘制图7.45,经线性回归后,可得预估温度的校核公式,见式(7.20)。

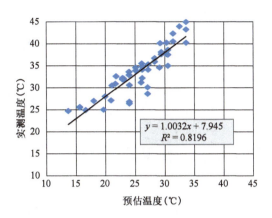

图7.45 预估温度校核

预估温度校核公式:

$$T_{cal} = 7.945 + 1.00032 T_p \tag{7.20}$$

采用温度校核公式(7.20),对所研究路面夏季(6~8月)不同深度下路面温度进行计算,所得结果见表7.36。

修正后不同深度下的路面预估温度 表7.36

月 份	最高温度(℃)	日照(kJ/m²·d)	相对湿度(%)	风速(m/s)	修正预估温度(℃) 深度(m)		
					0.04	0.09	0.16
6	29.60	23616	57	1.2	49.65008	46.8628	43.14643
7	31.20	27073	57	1.2	53.13453	50.34725	46.63087
8	30.20	21342	57	1.2	49.30356	46.51628	42.7999

3) 高温抗车辙区抗车辙路面各结构层参数的选取

一般来讲,基层材料和路基土的参数受温度变化影响较小,因此,对于所研究路面夏季时基层和土基材料的力学计算参数取固定值,见表7.37。

基层及路基材料参数 表7.37

层 位	材 料 名 称	抗压模量(MPa)	劈裂强度σ(MPa)	泊 松 比
基层	水泥稳定砂砾基层	3600	0.5	0.3
底基层	级配砂砾	250	—	0.4
土基	土	80/60(干燥/中湿)	—	0.45

对于沥青混合料的动态弹性模量,采用改进的Witczak模型进行预估。为研究简单方便,拟定路面结构上面层使用90号SBS改性沥青,中面层分别使用90号、70号和50号基质沥青做比较,下面层采用90号基质沥青。假设重车车速80km/h,预估路面不同深度的

荷载作用频率。改进的 Witczak 模型参见式(7.21)~式(7.25)。

$$\lg|E_b^*| = -0.349 + 0.754|G_b^*|^{-0.0052} \begin{bmatrix} 6.65 - 0.032\rho_{200} + 0.0027(\rho_{200})^2 \\ + 0.011\rho_4 - 0.0001(\rho_4)^2 \\ + 0.0006\rho_{3/8} - 0.00014(\rho_{3/8})^2 \\ - 0.08V_a - 1.06\dfrac{V_{beff}}{V_{beff}+V_a} \end{bmatrix} +$$

$$\dfrac{2.558 + 0.032V_a + 0.713\dfrac{V_{beff}}{V_{beff}+V_a} + 0.0124\rho_{3/8} - 0.0001(\rho_{3/8})^2 + 0.0098\rho_{3/4}}{1 + \exp(-0.7814 - 0.5785\lg|G_b^*| - 0.8834\lg\delta_b)}$$

(7.21)

$$|G_b^*| = 0.0051 f_s \eta_{f_s,T}(\sin\delta_b)^{7.1542-0.4929 f_s} + 0.0211 f_s^2 \quad (7.22)$$

$$\delta_b = 90 + (-7.3146 - 2.6162\text{VTS}') \times \lg(f_s \times \eta_{f_s,T}) +$$
$$(0.1124 + 0.2029\text{VTS}') \times \log(f_s \times \eta_{f_s,T})^2 \quad (7.23)$$

$$\lg\lg\eta_{f_s,T} = A' + \text{VTS}'\lg T_R \quad (7.24)$$

$$\text{VTS}' = 0.9668 f_s^{-0.0575}\text{VTS} \quad (7.25)$$

式中：$|E_b^*|$——沥青混合料动态模量的绝对值(Pa)；

$|G_b^*|$——预估的沥青复合数剪切模量(Pa)；

δ_b——预估的沥青相位角(°)；

f_s——加载频率(Hz)；

V_a、V_{beff}——空隙率和沥青混合料有效沥青含量(%)；

$\rho_{3/8}$、$\rho_{3/4}$、ρ_4——分别为通过 9.5mm、19mm、4.76mm 筛孔的累计筛余百分比；

ρ_{200}——通过 0.075mm 的集料百分比(%)，本计算中各混合料级配均取《沥青路面施工技术规范》(JTG F40)的中值；

$\eta_{f_s,T}$——沥青结合料的黏度(Pa·s)；

T_R——温度(℃)；

VTS、A'——分别为温度和黏度的回归范围(黏度温度敏感参数)和回归截距，4 种沥青的 A' 及 VTS 取值见表 7.38。

4 种沥青的 A' 及 VTS 取值 表 7.38

沥青标号	50 号	70 号	90 号	SBS 改性
A'	9.514	10.059	9.715	8.75
VTS	-3.128	-3.331	-3.217	-2.856

采用上述内容，分别计算所研究路面上面层、下面层以及 3 种中面层沥青混合料在 6~8 月份的动态模量，结果见表 7.39 和表 7.40。

不同沥青混合料中面层的动态模量 表7.39

材料	AC-20(90号)			AC-20(70号)			AC-20(50号)		
月份	6	7	8	6	7	8	6	7	8
结构层平均温度(℃)	48	52	48	48	52	48	48	52	48
上面层平均深度(cm)	6.5	6.5	6.5	6.5	6.5	6.5	6.5	6.5	6.5
等效长度(in)	9.4	9.4	9.4	9.4	9.4	9.4	9.4	9.4	9.4
作用频率(Hz)	30	30	30	30	30	30	30	30	30
动态模量(Pa)	1837	1510	1874	2906	2334	2972	3303	2684	3372

上、下面层沥青混合料的动态模量 表7.40

材料	AC-16(SBS)			AC-25(90)		
月份	6	7	8	6	7	8
结构层平均温度(℃)	48	52	48	48	52	48
上面层平均深度(cm)	2	2	2	12.5	12.5	12.5
等效长度(in)	2.9	2.9	2.9	18.1	18.1	18.1
作用频率(Hz)	60	60	60	15	15	15
动态模量(Pa)	3180	2668	3237	1205	994	1229

通过改进的Witczak模型,计算得出使用不同沥青混合料铺筑的沥青结构层在不同温度下的动态模量,即可为进一步预估路面车辙变形提供必备数据。

4)柔性路面沥青层纵向变形计算

我国现行的《公路沥青路面设计规范》(JTG D50)采用弹性层状体系作为力学分析基础理论,以双圆垂直均布荷载作用下的路面整体沉降(弯沉)和结构层的层底弯拉应力作为设计指标,以疲劳效应为基础,处理轴载标准化转换与轴载多次重复作用效应。因此,该研究选用壳牌路面力学计算分析软件Bisar3.0,计算和分析在交通荷载作用下路面结构纵向弹性变形的分布及变化。

弹性层状体系的基本假设如下:各层是连续的、完全弹性的、均匀的、各向同性的,以及位移和变形是微小的;最下一层在水平方向和垂直向下方向为无限大,其上各层厚度为有限,水平方向无限大;各层在水平方向无限远处及最下一层向下无限深处,其应力、形变和位移为零;层间接触情况,或者位移完全连续,或者层间仅竖向应力和位移连续而无摩擦力;不计自重。应用Bisar3.0软件,依据前述内容中所得材料参数和温度参数,计算不同温度环境和荷载作用条件下,所研究路面各沥青层的竖向压应变,其中所取数值节点为各层的中点,所得结果见表7.41。

各结构层不同季节竖向压应变(微应变,10^{-6})　　　　　表 7.41

层　位	结构一(中面层使用90号)			结构二(中面层使用70号)			结构三(中面层使用50号)		
	6月	7月	8月	6月	7月	8月	6月	7月	8月
上面层	94	119	92	86	109	84	69	69	69
中面层	254	315	250	157	200	153	55	55	55
下面层	264	326	259	251	311	246	38	39	38

影响沥青路面车辙成因的主要结构层为中面层,通过表 7.41 可知,采用 70 号和 50 号沥青混合料的结构二和结构三,比采用 90 号沥青的结构一,夏季竖向压应变要小得多,结构三的竖向压应变仅为结构一的 20%。另外,结构三中的下面层竖向压应变也较小,表明高模量的 50 号低标号沥青在夏季高温时表现出极强的高温稳定性。

7.4.3　沥青路面车辙预估

修筑完成并开放交通的道路,由于各种复杂原因,发生早期破坏,进而使得在设计阶段论证的道路使用寿命缩短失去实际意义,因此,必须基于现实条件对道路寿命进行预估,预测其剩余寿命,同时对道路的养护和维修提供依据。基于本研究区域的主要病害,需要对所研究的沥青路面进行车辙预估。

1) 沥青路面寿命预估

通过式(7.18)对各结构层随荷载作用时间的塑性变形进行迭代累加,即可进行路面的车辙预估。其中需要指出的是,塑性变形的累加过程不是简单地将各月份的变形量进行求和。LTPP 中的车辙预估模型基于黏弹性理论对沥青混合料的塑性变形进行预估,黏弹性材料对于应力加载历史有记忆效应,其累加迭代原理如图 7.46 所示。

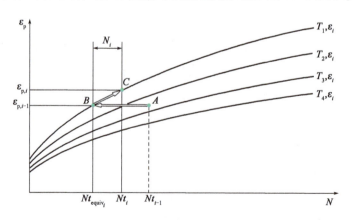

图 7.46　车辙深度累加关系

假设当月的塑性应变预测结果为 A 点,下个月的车辙预估曲线为 T_1。预估下个月的塑性应变时,首先计算 T_1 曲线上对应 A 点的等效荷载次数(B 点),之后累加下个月的荷载作用次数后,在 T_1 曲线上求得下个月的塑性应变(C 点),之后乘以结构层厚度,得出下个月该结构层的塑性变形。路面的总车辙深度为上、中、下面层纵向塑性变形的总和。

2)低标号沥青路面与普通路面车辙比较

综上所述,对于采用两种低标号沥青(50号和70号)和常用沥青(90号)铺筑的中面层沥青路面进行车辙预估,所得结果如图7.47~图7.49所示。

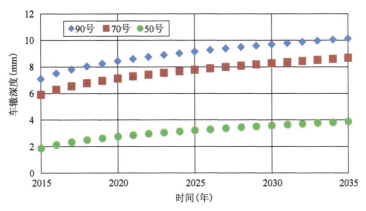

图7.47 中交通量下车辙深度比较(40000辆/月)

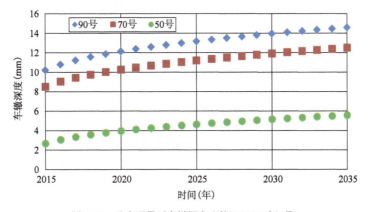

图7.48 重交通量下车辙深度比较(100000辆/月)

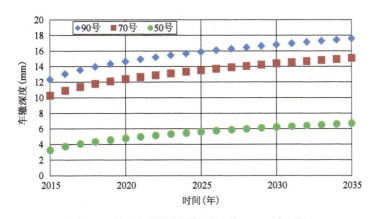

图7.49 特重交通量下车辙深度比较(160000辆/月)

由图 7.47 可知,高速公路若以 20 年的设计年限计算,在中等交通量条件下,3 种沥青路面结构的车辙深度优劣依次为 50 号远优于 70 号优于 90 号。随着使用时间的增长,20 年后 70 号沥青路面的车辙深度为 8.5mm,90 号为 10mm,而 50 号为 4mm,甚至优于 90 号沥青路面的初始车辙深度。

由图 7.48 可知,高速公路若以 20 年的设计年限计算,在重度交通量条件下,3 种沥青路面结构的车辙深度优劣依次为 50 号远优于 70 号优于 90 号。随着使用时间的增长,20 年后 50 号沥青路面的车辙深度为 6mm,70 号为 12mm,90 号为 15mm。

由图 7.49 可知,在高速公路 20 年的设计年限中,在特重交通量条件下,3 种沥青路面结构的车辙深度优劣依次为 50 号远优于 70 号优于 90 号。随着使用时间的增长,50 号沥青路面的车辙深度为 7mm,70 号为 15mm,90 号为 18mm。

综合比较,通过 MEPDG 车辙寿命预估,在新疆高温地区使用低标号沥青比使用常用沥青能大幅增强沥青路面的抗车辙能力,增加道路的使用寿命。

7.5 低标号沥青混合料在新疆高温区路面上的应用

新疆高温区由于自然条件特殊,使用普通 90 号沥青修筑的沥青路面,在夏季持续高温、重载和渠化交通情况下,极易产生车辙病害,若采用添加造价高昂的改性剂改善路面性能,成本又过高,不利于当地经济可持续发展,而低标号沥青成本较低,在抗车辙病害能力上具有很大潜能;另外,低标号沥青在新疆地区的使用尚处于科学研究状态,尚无实体路段的铺筑,因此,在室内理论分析及试验研究的基础上,在新疆高温区,首次使用低标号沥青(库车天环 50 号沥青和 70 号沥青)铺筑试验段,来检验其对沥青路面使用性能的改善效果。

7.5.1 沥青路面车辙预估实体工程概况

阿喀高速公路为阿克苏至喀什高速公路,是新疆"十二五"期间构建"五横七纵"高等级公路网中的第三横,连接阿克苏、阿图什、喀什等 3 座南疆重镇,跨越 3 个地州,线路全长 428.49km,是我国目前路线里程最长的高速公路,其全线采用双向四车道高速公路标准建设,设计速度为 100~120km/h,路基宽度维持 28m,项目总投资约为 123 亿。阿喀高速公路在我国公路网中居于重要地位,是南疆地区重要的经济干线和通往乌鲁木齐的主要公路通道,南北疆实现了高速公路"无缝对接",也是我国通往中亚及欧洲的重要运输通道。

2014 年 8 月,在阿喀高速公路三标段进行低标号试验路段的铺设。所谓低标号路段就是用 50 号和 70 号沥青代替原有的常规沥青(新疆较为普遍使用的是 90 号沥青),应用于阿喀高速公路的中面层,以检验低标号沥青对高速公路高温抗车辙性能的影响。选取 K1399+550~K1400+840 左幅为试验路段铺设段落,全长 1290m。其中,K1399+550~K1400+200 铺设 50 号沥青路面中面层,K1400+200~K1400+840 铺设 70 号沥青路面中面层。

7.5.2 低标号沥青混合料试验路生产配合比调整

1)原路段的生产配合比及验证

原工程路段生产配合比 AC-20C 的合成级配见表 7.42,其中关键筛孔 4.75mm 的通过率为 34.2%(小于 45%),满足规范要求。

原路段生产配合比合成级配 表 7.42

筛孔	26.5	19.0	16.0	13.2	9.5	4.75	2.36	1.18	0.6	0.3	0.15	0.075
通过率	100	95.9	87.1	75.4	58.3	34.2	24.5	18.6	13.8	7.4	5.6	3.8
上限	100	100	90	82	70	46	36	28	22	16	12	7
下限	100	90	74	62	50	32	22	16	10	6	4	3

原路段所用沥青为克拉玛依 90 号基质沥青,经验证生产配合比的最佳油石比为 4.1%,其沥青混合料各项指标见表 7.43。

原路段生产配合比验证 表 7.43

检测项目	毛体积密度 (g/cm³)	最大理论密度 (g/cm³)	空隙率 (%)	矿料间隙率 (%)	饱和度 (%)	稳定度 (kN)	流值 (mm)	残留稳定度 (%)	冻融劈裂 (%)
实测值	2.410	2.502	4.0	13.4	70.4	11.81	2.6	94.0	87.1
规范范围	—	—	3~6	≥13	65~75	≥13	1.5~4	≥75	≥70

2)试验路生产配合比试验结果

经研究,在保持原有级配不变的条件下,使用低标号 50 号和 70 号基质沥青替换原混合料设计中所使用的 90 号基质沥青。根据《公路沥青路面施工技术规范》(JTG F40)及设计要求,依据《公路工程沥青及沥青混合料试验规程》(JTG E20)对阿喀高速公路三标段所使用的 AC-20C 型沥青混凝土生产配合比进行验证,具体试验结果见表 7.44 和表 7.45。

AC-20C 型沥青混合料生产配合比进行验证(50 号基质沥青) 表 7.44

油石比 (%)	沥青用量 (%)	毛体积密度 (g/cm³)	最大理论密度 (g/cm³)	空隙率 (%)	VMA (%)	VFA (%)	稳定度 (kN)	流值 (mm)
4.1	3.9	2.365	2.541	6.9	15.0	53.9	13.1	2.1
4.3	4.1	2.384	2.509	5.0	14.5	65.7	11.9	2.2
4.6	4.4	2.394	2.506	4.5	14.4	68.9	13.3	2.0
规范要求				3~6	≥13	65~75	≥13	1.5~4.0

AC-20C 型沥青混合料生产配合比进行验证(70 号基质沥青)　　表 7.45

油石比（%）	沥青用量（%）	毛体积密度（g/cm³）	最大理论密度（g/cm³）	空隙率（%）	VMA（%）	VFA（%）	稳定度（kN）	流值（mm）
4.1	3.9	2.375	2.533	6.2	14.6	57.3	12.8	2.0
4.3	4.1	2.385	2.5075	4.9	14.4	66.2	13.5	2.0
4.6	4.4	2.389	2.4985	4.4	14.5	69.8	13.7	2.2
规范要求				3~6	≥13	65~75	≥13	1.5~4.0

由表 7.44 和表 7.45 最终确定 50 号和 70 号两种沥青的最佳油石比均为 4.3%,此油石比相对原沥青混合料设计油石比(4.1%)高了 0.2%。造成这一结果的原因是,原路段设计使用的克拉玛依 90 号沥青,其沥青密度较低(0.988g/cm³),而试验段所使用的低标号沥青为库车天环沥青,其密度相对较大(1.0231g/cm³ 左右)。在最佳油石比的状态下,对于相同级配的沥青混合料,有效沥青所占有的单位体积理论上是相同的,而最佳油石比是以重量为单位的比值,因此,相同体积情况下,使用密度相对较大的库车天环沥青,会使最佳油石比变大。

7.5.3　试验路施工关键技术研究

在新疆地区尚无使用低标号沥青铺筑沥青路面的先例,为保证试验路的修筑顺利且路用性能满足要求,必须进行施工关键技术的研究。

1)黏温曲线的测定与混合料拌和、摊铺及碾压温度的确定

沥青作为感温性材料,其各项性能受温度影响极大,因此,在试验段的铺筑中,如何确定沥青混合料的拌和、摊铺以及碾压温度尤为重要。

低标号(库车天环 50 号和 70 号)沥青黏聚性较大,与主线常规路段使用的 90 号沥青相比,在施工各环节中控制温度不同,因此,采用旋转黏度仪,实测了两种沥青的黏温曲线,见表 7.46 和图 7.50。

50 号和 70 号沥青旋转黏度试验结果　　表 7.46

标号	温度(℃)	110	135	160
50 号	旋转黏度(Pa·s)	2.910	0.530	0.218
70 号	旋转黏度(Pa·s)	2.850	0.412	0.149

依照图 7.50 所测得的低标号沥青黏温曲线,并按照《沥青路面施工技术规范》(JTG F40)中的相关要求(表 7.47),结合工地现场实际情况,选取 50 号和 70 号沥青拌和和碾压的合适温度:50 号沥青加热温度为 150℃,石料加热温度 170℃,拌和温度为 160℃,开始碾压温度为 150℃;70 号沥青加热温度为 150℃,石料加热温度 170℃,拌和温度为 160℃,开始碾压温度为 145℃。

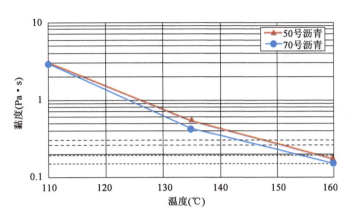

图 7.50　50 号和 70 号沥青的黏温曲线图

确定沥青混合料拌和及压实温度的适宜温度　　　　　　　　　表 7.47

黏　　　度	适于拌和的沥青结合料黏度	适于压实的沥青结合料黏度	测 定 方 法
表观黏度	(0.17 ± 0.02) Pa·s	(0.28 ± 0.03) Pa·s	T 0625
运动黏度	(170 ± 20) mm^2/s	(280 ± 30) mm^2/s	T 0619
赛波特黏度	(85 ± 10) s	(140 ± 15) s	T 0623

对比室内试验所测得 50 号和 70 号的拌和碾压温度以及规范推荐温度(表 7.48),可能由于仪器、沥青取样、操作误差等原因,50 号沥青现场拌和温度和碾压温度,比室内试验测得低,但满足规范要求,且高于 90 号沥青拌和温度和碾压温度(高约 10℃);70 号沥青现场拌和温度和碾压温度,也比室内试验测得低,满足规范要求,且高于 90 号沥青拌和温度和碾压温度(高约 5℃)。

各项拌和碾压温度　　　　　　　　　表 7.48

标号		50 号	70 号	90 号
室内试验	拌和温度(℃)	165~170	168~174	—
	碾压温度(℃)	155~160	157~162	—
规范推荐	拌和温度(℃)	150~170	145~165	140~160
	碾压温度(℃)	不低于150	不低于145	不低于140

2)低标号沥青拌和时间的确定

沥青混合料的拌和时间(干拌时间和湿拌时间的总和)是修筑沥青路面的一项重要施工参数,不仅影响路面使用质量,同时制约着施工单位的生产成本和施工进度。影响拌和时间的因素有很多,诸如拌和设备、混合料种类、级配形式等,为化繁变简且具有针对性,以低标号沥青和 90 号沥青的对比进行研究。

沙庆林院士在《高速公路沥青路面早期破坏现象及预防》一书中建议,干拌时间不少于 10s,湿拌时间不少于 30s,一般应为 35s,以保证沥青混合料的均匀性。《沥青路面施工技术规范》(JTG F40)中也规定,间歇式拌和机每盘的生产周期不宜少于 45s。现场使用

90号沥青拌和混合料的原工艺拌和时间为60s,在此基础上,采用试拌的方法,以沥青均匀裹覆集料为准,确定拌和时间。与原混合料相比,低标号沥青混合料沥青用量加大,油石比由4.1%增长为4.3%,且两种沥青的拌和温度均有所提升,因此,试拌时应考虑逐渐缩短试拌时间的方法,观测所拌制混合料,直至出料仓所出料均匀、无花白料。经过几次试拌,最终确定低标号沥青混合料的拌和时间为50s(其中干拌时间为10s,湿拌时间为40s),相较于原90号沥青,拌和时间缩短了10s,一定程度上节省了燃料成本,提升了施工效率。

3)低标号沥青混合料碾压方案的设计

碾压程序分为初压、复压和终压3个阶段,为防止沥青混合料温度降低过快,碾压段的长度以30~50m为宜,3个碾压阶段应紧密衔接。压路机的碾压速度与其类型和压实阶段相适应,压路机机型及碾压速度按表7.49规定执行。

初压、复压和终压的压路机类型及行进速度(km/h)　　　　表7.49

压路机类型	初压		复压		终压	
	适宜	最大	适宜	最大	适宜	最大
钢轮压路机	2~3	4	—	—	3~6	6
轮胎压路机	—	—	3~5	6	—	—

初压采用两台CC624HF双钢轮压路机全幅碾压2遍。其中,第一遍采用前静后振,第二遍采用强振。碾压时驱动轮朝向摊铺机,匀速前进,后退时沿前进时碾压的轮迹行驶,碾压速度控制在2~3km/h,初压时温度应在145℃以上。

复压采用3台YL25C胶轮压路机在1/3宽度范围内碾压,速度控制在3.0~5.0km/h,每次重叠1/2~1/3轮宽,共碾压6遍。

终压主要目的是消除碾压中造成的轮迹,采用CC624HF双钢轮压路机,静压2遍,并以无明显轮迹为限。碾压速度控制在3~6km/h,碾压终了温度控制在100℃以上。

由于库车天环沥青的温度敏感性较强,当温度降低时,黏度降低较快,导致压实不充分,因此在施工过程中,要求压实快速完成。在摊铺完成后要求即刻初压,碾压过程中要紧跟慢压,终压温度不得低于100℃。

7.5.4　试验路的质量检测

试验路的质量检测主要测试路面的平整度、渗水性以及通过钻芯取样并测试混合料的压实度、体积指标和马歇尔试验指标。

1)渗水性检测

①渗水性检测主要测试水量从100mL降到500mL所需时间,是直观反映路面空隙率和压实度的重要指标。

②渗水系数测试在路面施工结束后进行。中面层试验段在铺筑后的第2d进行渗水性检测,结果见表7.50。

路面渗水性检测表　　　　　　　　表7.50

测试位置		次数	第一次水量（mL）	第二次水量（mL）	时间间隔（s）	渗水系数（mL/min）	平均值（mL/min）
桩号	横向距离(m)						
K1399+878	左3.39	1	100	500	223	107.6	107.8
	左4.12	2	100	500	218	110.1	
	右2.63	3	100	500	227	105.7	
K1399+954	右3.89	1	100	500	211	113.7	112.7
	右1.60	2	100	500	216	111.1	
	左2.21	3	100	500	212	113.2	
K1400+84	左1.24	1	100	500	220	109.1	108
	右2.61	2	100	500	222	108.1	
	右3.72	3	100	500	225	106.7	
K1400+245	右5.81	1	100	500	220	109.1	109.1
	右3.42	2	100	500	225	106.7	
	左1.69	3	100	500	215	111.6	
K1400+317	左2.49	1	100	500	213	112.7	112.9
	左4.02	2	100	500	207	115.9	
	右3.68	3	100	500	218	110.1	
K1400+552	右0.84	1	100	500	216	111.1	110.3
	右2.82	2	100	500	215	111.6	
	右3.14	3	100	500	222	108.1	

表7.50所测数据中,渗水最大值为115.9mL/min,满足《公路沥青路面施工技术规范》(JTG F40)中关于密集配沥青混合料渗水系数不大于120mL/min的要求。

2)平整度检测

(1)沥青混合料从拌和到铺筑的过程中都会出现离析的可能,因此必须采取各种措施(诸如装料时汽车前后挪动,摊铺时及时收摊铺机料斗,经常检查螺旋布料器等),从严控制沥青混合料的离析,否则会引起局部松铺系数的波动,或引起摊铺面的拉痕而造成纵横向局部微小的波浪,从而影响路面平整度。

(2)摊铺速度应结合拌和能力和平整度的要求,推荐速度控制在2~4m/min之内。

(3)本路段用路面平整度仪测量两幅的平整度,牵引汽车保持5~12km/h的速度匀速驶过被选中的测量路段,当路面状况不良时,应适当减缓行驶速度,测量结果见表7.51。

路段平整度检测表　　　　　　　　　　　表7.51

起始里程	起始桩号	平整度(mm)	速度(km/h)	方　向
399	800	1.070	4.44	0
399	900	1.430	10.90	0
400	000	1.180	10.58	0
400	100	2.440	10.28	0
400	200	3.130	10.28	0
400	300	0.830	12.41	1
400	400	0.860	12.00	1
400	500	0.880	11.61	1
400	600	0.860	12.00	1
400	700	1.350	5.21	1
399	800	0.940	12.00	1
399	900	1.560	11.61	1
400	000	2.280	11.61	1
400	100	0.860	12.00	1
400	200	0.970	12.00	1
400	300	1.350	10.00	0
400	400	1.000	10.28	0
400	500	0.970	10.28	0
400	600	0.870	10.28	0
400	700	0.840	10.58	0

《公路沥青路面施工技术规范》(JTG F40)对于高速公路质量控制中规定,连续测定中面层平整度的标准差不大于1.5mm,由表7.51中的数据可知,在所选取的路段内,连续式平整度仪所输出的20个标准差中,仅有4个数据超过了1.5mm,因此,可以认定该试验路段平整度满足要求。

3) 钻芯取样

钻芯取样结果见表7.52。

钻芯取样结果　　　　　　　　　　　表7.52

标号	高度 (mm)	密度 (g/cm³)	吸水率 (%)	流值 (mm)	稳定度 (kN)	沥青饱和度 (%)	压实度 (%)	孔隙率 (%)	VMA (%)
50号	50.9	2.361	1.975	3.9	15.4	61.62	98.2	5.86	15.28
	62.7	2.379	0.696	3.2	14.8	64.67	98.9	5.18	14.67
	58	2.403	0.66	2.2	14	69.52	100	4.2	13.78
70号	50.1	2.374	1.036	3.7	15	65.33	98.9	5.14	14.83
	49.8	2.427	0.381	1.6	13.1	76.6	101.1	3.03	12.93
	49.1	2.372	1.587	3.7	15.1	64.89	98.8	5.24	14.92
	66.6	2.377	0.378	2.5	14.9	65.99	99	5.0	14.71

由表 7.52 中钻芯取样数据可以看出,各项指标基本满足 50 号和 70 号沥青混合料生产配合比验证的要求。其中有两处高度不足 50mm 的芯样,差值也在设计值的 5% 以内。

7.6 本章小结

结合新疆高温地区的气候环境状况,对低标号沥青及其沥青混合料在该地区的应用与推广进行了研究,经过大量的室内试验与模拟计算以及实体工程的验证,完成了原材料的优选与性能测试,完成了低标号沥青混合料配合比设计与路用性能验证,同时完成了路面结构计算,最终依据在所研究区域铺筑的实体工程,总结了施工经验,提出低标号沥青混合料修筑的关键技术,并进行效益分析,这为低标号沥青在新疆高温地区的推广与应用奠定了重要基础。在此基础上,主要得到以下结论。

(1) 通过 BBR 试验,基于黏弹性理论计算了 4 种沥青的低温应力,并提供了完整的温度应力理论计算方法及步骤,可以应用于沥青和沥青混合料等黏弹性材料的温度应力计算。为研究低标号沥青在新疆高温地区的适用性奠定了理论基础,并为工程应用起到指导作用。

(2) 提出了在新疆高温抗车辙地区铺筑低标号沥青混合料时的高温推荐指标,车辙试验应在 70℃下进行,采用 50 号沥青动稳定度值应不小于 1500 次/mm,采用 70 号沥青动稳定度值应不小于 1000 次/mm;另外应在 70℃下进行剪切试验,采用 50 号沥青修筑的混合料其剪应力应不小于 0.14MPa,采用 70 号沥青修筑混合料其剪应力应不小于 0.17MPa。

(3) 采用 LTPP 路面温度预估模型,基于实测空气温度推算新疆高温地区路面结构中沥青层的工作温度,进而采用改进的 Witczak 模型,预估不同温度不同荷载条件下沥青混合料的动态弹性模量;最终通过 MEPDG 中的车辙预估模型对不同交通量下的不同沥青结构进行寿命预估,补充了关于车辙预估方面的不足。

(4) 提出了在新疆高温地区铺筑低标号沥青混合料的关键技术。

第 8 章

砂岩用于沥青面层的路用性能

新疆的岩石种类齐全,但分布不均,主要集中在天山山脉、昆仑山脉和阿勒泰山脉的山岭区和丘陵区,以沉积岩、岩浆岩、变质岩三大岩石为主。在中高山地带多属硬质或软质岩石,且岩浆岩以华力西期的侵入岩最为发育,变质岩以区域变质岩为主体,沉积岩厚度巨大。低山丘陵地带分布有不同地质时代的砂岩、砾岩、片岩、板岩、石英岩等硬质、软质或极软岩石。一般而言,用于高等级沥青路面面层的集料大多是优质的玄武岩、辉绿岩、安山岩等。然而,常用的玄武岩、辉绿岩等只在少数几个地方有少量储量,且很多出露不好、开采困难或者风化严重、质量不稳定。这导致新疆很多地区严重缺乏优质的面层集料,不得不花很大代价外运,加深了资金短缺与造价居高不下的矛盾。随着新疆公路建设的加快,对修筑沥青面层所需集料的需求量也越来越大,这就要求寻求其他能满足高等级公路沥青路面面层技术要求的岩石来缓解这种矛盾。砂岩是一种粒径介于 0.063~2mm 的石英、长石等陆源碎屑物质成分占 50% 以上的沉积碎屑岩,在新疆的低山丘陵地带分布广泛。因此,基于因地制宜、就地取材的原则,尽快开展砂岩用于沥青混凝土路面的技术研究,对节约建设成本、降低工程造价、增加集料品种的可选性具有重要而现实的意义。

8.1 砂岩的物理力学性质

8.1.1 砂岩的基本性质

集料在沥青混合料的总质量中占约95%的比例,集料性能的好坏对沥青路面的耐久性、抗滑性和抗变形能力有着重要影响。在国内外相关技术规范中,一般都没有对沥青路面面层集料的岩性进行规定,仅对所采用材料的各项技术指标进行规定。也就是说,只要材料的各项性能能达到规定的要求,那么该材料即可用于沥青混凝土中。而在国内很多工程实践中,选择面层材料时最先关注集料岩性,一般应用较多的是玄武岩、辉绿岩、安山岩等,而砂岩、石灰岩等较少采用。国内也有一些工程实践表明,采用砂岩、石灰岩的沥青混合料,各方面性能也都符合规范的相关要求。

砂岩属于沉积岩,是主要由砂(0.1~2mm的陆源碎屑颗粒)组成的碎屑岩。砂岩的碎屑成分较为复杂,砂级碎屑组分以石英为主,其次是长石及各种岩屑,有时含云母和绿泥石等碎屑矿物。从结构上看,砂岩由砂粒碎屑、基质和胶结物三部分组成。砂岩的化学成分由于存在胶结物而变化很大,钙质、铁质、石膏质等胶结物的加入,自然增加了CaO、Fe_2O_3的含量。对依托工程奇台至木垒高速公路白杨河碎石场进行岩矿鉴定检测分析表明,该砂岩由碎屑和胶结物组成,比例分别为75%和25%。碎屑主要由岩屑(75%)组成,分布少部分长石(25%)、石英(5%),石英为单晶粒,长石主要由斜长石组成,分布少量钾长石。碎屑由安山岩、酸性熔岩组成,碎屑和胶结物的界线已经很模糊,且胶结物已重结晶,由微晶状钠长石组成。

8.1.2 砂岩的物理性质

1)密度及吸水率

对依托工程奇台至木垒高速公路白杨河碎石场送检的砂岩试样进行了密度及吸水率检测,结果见表8.1。由检测结果可知,白杨河料厂生产的砂岩材料呈现出轻质石料的特点,4.75mm及其以上碎石的毛体积密度仅在2.6g/cm³左右。

集料密度和吸水率 表8.1

粒径(mm)	表观相对密度(g/cm³)	表干相对密度(g/cm³)	毛体相对密度(g/cm³)	吸水率(%)
16	2.6578	2.6232	2.6023	0.80%
13.2	2.6588	2.6240	2.6030	0.80%
9.5	2.6567	2.6201	2.5980	0.85%
4.75	2.6580	2.6168	2.5920	0.96%
2.36	2.6675	2.6107	2.5767	1.32%

续上表

粒径(mm)	表观相对密度(g/cm³)	表干相对密度(g/cm³)	毛体积相对密度(g/cm³)	吸水率(%)
1.18	2.6572	2.6044	2.5726	1.24%
0.6	2.6637	2.6046	2.5691	1.38%
0.3	2.6719	2.6064	2.5672	1.53%
0.15	2.6438	—	—	—
0.075	2.6570	—	—	—

2）粗集料矿料间隙率 VCA

采用《公路工程集料试验规程》(JTG E42)中的相关方法，以 SAC-16-30 级配为基础，进行了粗集料矿料间隙率(VCA)检验，VCA 检测结果为 38.51%，详细数据见表 8.2。

SAC-16-30 VCA   表 8.2

料重(g)	体积(cm³)	捣实密度(g/cm³)
16115.4	10051.9	1.6032
15997.1	10051.9	1.5915
16097.3	10051.9	1.6014
15990.3	10051.9	1.5908
VCA		38.51%

3）针片状

对送检的砂岩试样进行了针片状检测，结果见表 8.3，其中，16mm 集料的针片状为 3.96%，13.2mm 集料为 7.94%，9.5mm 集料为 6.14%，4.75mm 集料为 10.05%，均满足《公路沥青路面施工技术规范》(JTG F40)中对于高速公路粗集料针片状不大于 15%（9.5mm 及以上）和 20%（9.5mm 以下）的要求。

针 片 状   表 8.3

粒径(mm)	试样重(g)	针片状颗粒重(g)	针片状(%)
16	2072.57	82.06	3.96
13.2	2128.90	169.00	7.94
9.5	1417.00	87.00	6.14
4.75	851.60	85.60	10.05

8.1.3 砂岩的力学性质

1）压碎值

课题组对送检的砂岩试样进行了压碎值检测，结果见表 8.4。送检石料的压碎值为 9.69%，满足《公路沥青路面施工技术规范》(JTG F40)中对于高速公路中面层粗集料压碎值不大于28%的要求。

压 碎 值　　　　　　　　　　　　　　　　　　　　　　　　　表8.4

试 验 序 号	试验前试样重(g)	试验后2.36mm以上粗料重(g)	压碎值(%)
1	3000.00	2719.82	9.34
2	3000.00	2680.39	10.65
3	3000.00	2727.27	9.09
平均			9.69

2)磨耗值

课题组对送检的砂岩试样进行了磨耗值检测,结果见表8.5。送检石料的磨耗值为10.74%,满足《公路沥青路面施工技术规范》(JTG F40)中对于高速公路中面层粗集料洛杉矶磨耗损失不大于30%的要求。

磨 耗 值　　　　　　　　　　　　　　　　　　　　　　　　　表8.5

试 验 序 号	试验前试样重(g)	试验后1.7mm以上粗料重(g)	磨耗值(%)
1	5000.0	4498.6	10.03
2	5000.0	4427.2	11.46
平均			10.74

3)磨光值

课题组对送检的砂岩试样进行了磨耗值检测,结果见表8.6。送检石料的磨光值为38.30,满足《公路沥青路面施工技术规范》(JTG F40)中对于半干区高速公路表面层粗集料磨光值不小于38的要求。

磨 光 值　　　　　　　　　　　　　　　　　　　　　　　　　表8.6

试件编号		标1	标2	标3	标4	1号	2号	3号	4号
BPN	BPN1	47	47	47	47	34	36	38	37
	BPN2	48	48	47	47	37	36	38	37
	BPN3	47	47	47	46	37	35	37	37
	BPN4	47	47	47	46	36	35	37	36
	BPN5	48	47	48	46	36	35	37	36
	BPN$_{均}$	47.4	47.2	47.2	46.4	36	35.4	37.4	36.6
PSV$_{均}$磨光值		47.05				36.35			
PSV磨光值		—				38.30			

4)软石含量

课题组对送检的砂岩试样进行了软石含量检测,结果见表8.7。送检石料的软石含量为0.00,满足《公路沥青路面施工技术规范》(JTG F40)中对于高速公路中面层粗集料软石含量不大于5%的要求。

软石含量　　　　　　　　　　　　　　　　　　　表8.7

粒径（mm）	试样重（g）	试验后完好颗粒重（g）	软石含量（%）
4.75~9.5	2000.00	2000.00	0.00
9.5~16	2000.00	2000.00	0.00

5）坚固性

课题组对送检的砂岩试样进行了坚固性检测，结果见表8.8。送检石料的坚固性为3.4%，满足《公路沥青路面施工技术规范》(JTG F40)中对于高速公路中面层粗集料坚固性不大于12%的要求。

坚固性　　　　　　　　　　　　　　　　　　　　表8.8

粒径（mm）	试样重（g）	试验后下限筛孔上烘干颗粒重（g）	质量损失百分率（%）
4.75~9.5	500	488.2	0.024
9.5~16	1000	960.4	0.040
坚固性(%)			3.4

6）黏附性

课题组采用《公路工程沥青及沥青混合料试验规程》(JTG E20)中的相关方法，对粗集料的黏附性进行了检测，结果为5级，满足《公路沥青路面施工技术规范》(JTG F40)中对于半干区和干旱区高速公路中面层黏附性不小于3级的要求。

将以上各项检测结果汇总于表8.9中，由结果可知，所送检的白杨河砂岩石料属于轻质石料，4.75mm及其以上集料的毛体积密度在2.6g/cm³左右，其各项物理力学性质指标均满足现行《公路沥青路面施工技术规范》(JTG F40)中的相关要求。

检测结果汇总　　　　　　　　　　　　　　　　　表8.9

项目		单位	检测结果	现行规范要求(JTG F40)
表观相对密度	16mm	g/cm³	2.6578	表面层：≥2.60 其他层：≥2.50
	13.2mm		2.6588	
	9.5mm		2.6567	
	4.75mm		2.6580	
	2.36mm		2.6675	
	1.18mm		2.6572	
	0.6mm		2.6637	
	0.3mm		2.6719	
	0.15mm		2.6438	
	0.075mm		2.6570	

续上表

项　　目		单　位	检测结果	现行规范要求(JTG F40)
针片状	16mm	%	3.96	9.5mm 及以上：≤15 9.5mm 以下：≤20
	13.2mm		7.94	
	9.5mm		6.14	
	4.75mm		10.05	
压碎值		%	9.69	≤28
磨耗值		%	10.74	≤30
磨光值		PSV	38.30	半干旱区：≥38 干旱区：≥36
软石含量		%	0.00	≤5
坚固性		%	3.4	≤12
黏附性		级	5	≥3

8.2 砂岩沥青混凝土的配合比设计

按照理论配合比、目标配合比、生产配合比3个阶段进行混合料的配合比设计。其中,理论配合比根据砂岩石料的实际特点,确定理论上的最优级配;目标配合比在理论级配的基础上,根据各档冷料的实际特点,验证混合料的各方面性能;生产配合比在理论配比和目标配合比的基础上,确定混合料生产参数,通过拌和站试拌,进一步验证混合料的各项性能。

8.2.1 理论配合比设计

1) 理论级配

通过大量的室内试验,分别检验了SAC-16-30、16-30-35、16-30-40、16-30-45、16-30-50 5种不同级配的体积参数及高温性能,最终确定了SAC-16-30-40为中面层砂岩沥青混合料的最优级配形式,见表8.10。

理论级配　　　　　　　　　表8.10

筛孔尺寸(mm)	16	13.2	9.5	4.75	2.36	1.18	0.6	0.3	0.15	0.075
通过率(%)	100.0	85.1	65.4	40.0	30.6	23.4	17.8	13.3	9.8	7.0

2) 体积参数

采用SAC-16-30-40级配,以0.4%为步长,油石比从3.2%至5.6%,进行了7组马歇尔击实试验和最大理论密度试验。马歇尔试验的击实温度为140~145℃,击实次数为单面75次。采用精配的方式进行配料,采用蜡封法测量马歇尔试件密度。油石比与试件毛体积密度、空隙率、粗集料间隙率VCA、矿料间隙率VMA、沥青饱和度VFA的各项检测数据汇总见表8.11。

体积参数 表8.11

油石比 (%)	蜡封毛体积密度 (g/cm³)	空隙率 (%)	VMA (%)	VCA (%)	VFA (%)	理论密度 (g/cm³)
3.2	2.2168	10.97	17.39	46.23	36.90	2.4900
3.6	2.2453	9.31	16.65	45.75	44.09	2.4758
4.0	2.2688	7.83	16.10	45.39	51.35	2.4616
4.4	2.2970	6.15	15.39	44.93	60.01	2.4476
4.8	2.3123	4.98	15.15	44.77	67.11	2.4336
5.2	2.3170	4.24	15.30	44.87	72.27	2.4197
5.6	2.3292	3.18	15.18	44.79	79.02	2.4058

3）设计空隙率

根据试验结果，当油石比为5.21%时，混合料空隙率为4%；当油石比为4.83%时，混合料空隙率为5%。考虑到室内击实功与现场压实功的差异性，以及工程的技术经验效益，将设计空隙率定为5%，对应的油石比为4.8%，此时的混合料毛体积密度为2.3109g/cm³。

4）高温性能

采用4.8%的油石比成型车辙试件，进行车辙试验。试验方法参照《公路工程沥青及沥青混合料试验规程》(JTG E20)中的沥青混合料车辙试验标准，试验温度为60℃，试模尺寸为30cm×30cm×10cm，矿料重量采用马歇尔击实试验确定的毛体积密度的98%计算。高温性能的试验结果见表8.12。由结果可知，所设计的砂岩沥青混合料的高温性能满足现行《公路沥青路面施工技术规范》(JTG F40)中的相关要求。

高温性能试验结果 表8.12

试样编号	试件尺寸(mm)			时间 (min)	变形量 (mm)	动稳定度 (次/mm)	相对变形 (%)	稳定度均值 (次/mm)	变形均值 (%)
	长	宽	高						
1	300	300	50	1	0.477	1265	6.31		
				45	3.135				
				60	3.633				
2	300	300	50	1	0.683	1223	7.77	1220	7.0
				45	4.051				
				60	4.566				
3	300	300	50	1	0.718	1171	6.99		
				45	3.675				
				60	4.213				

8.2.2 目标配合比设计

1）目标级配

按照上、中、下、前、后、左、右进行随机取样,对白杨河料石生产出的冷料进行大量筛分,其中对13.2~16、9.5~13.2、4.75~9.5、2.36~4.75(单位:mm)档冷料进行了12次筛分试验,对0~2.36(mm)档冷料进行了6次筛分试验,并对工程使用的矿粉进行了3次筛分试验。根据各档冷料的筛分结果,以SAC-16-30-40级配为基础,进行混合料目标级配合成,结果见表8.13。

目标级配　　表8.13

筛孔(mm)	13.2~16	9.5~13.2	4.75~9.5	2.36~4.75	0~2.36	矿粉	合成级配	理论级配
19	98.9	100.0	100.0	100.0	100.0	100.0	99.8	100.0
16	81.1	99.3	100.0	100.0	100.0	100.0	96.3	100.0
13.2	34.4	84.7	100.0	100.0	100.0	100.0	85.1	85.1
9.5	1.5	17.3	91.6	99.9	100.0	100.0	66.2	65.4
4.75	0.0	0.0	10.8	79.8	99.8	100.0	40.9	40.0
2.36	0.0	0.0	2.2	8.1	79.6	100.0	27.1	30.6
1.18	0.0	0.0	0.0	3.2	59.6	100.0	20.8	23.4
0.6	0.0	0.0	0.0	2.4	48.5	100.0	17.8	17.8
0.3	0.0	0.0	0.0	1.7	28.4	100.0	12.4	13.3
0.15	0.0	0.0	0.0	1.4	19.2	98.6	9.9	9.8
0.075	0.0	0.0	0.0	1.2	10.3	88.8	7.0	7.0
比例	0.191	0.155	0.254	0.087	0.266	0.047	—	

2）高温性能验证

按确定的各档冷料比例,进行人工掺配,验证混合料的高温性能。试验方法参照《公路工程沥青及沥青混合料试验规程》(JTG E20)中的沥青混合料车辙试验标准,试验温度为60℃,试模尺寸为30cm×30cm×10cm,矿料重量采用击实试验确定的毛体积密度的98%计算,油石比为4.8%。高温性能的验证结果见表8.14。结果再次证明了所设计的砂岩沥青混合料的高温性能满足现行规范的相关要求。

高温性能验证　　表8.14

试样编号	试件尺寸(mm)			时间(min)	变形量(mm)	动稳定度(次/mm)	相对变形(%)	稳定度均值(次/mm)	变形均值(%)
	长	宽	高						
1	300	300	50	1	0.755	1294	7.73	1281	7.7
				45	4.133				
				60	4.62				
2	300	300	50	1	0.679	1268	7.76		
				45	4.062				
				60	4.559				

3）水稳定性验证

根据确定的油石比和矿料级配，进行混合料的水稳定性验证，结果分别见表 8.15 和表 8.16。由结果可知，设计混合料的残留稳定度为 99.4%，冻融劈裂强度比为 82.7%，均满足现行规范中的相关要求。

残 留 稳 定 度　　　　　　　　　　　　　　　　　　　　　　　表 8.15

编　号	高度（cm）			直径（cm）			稳定度（kN）	浸水 48h 后稳定度（kN）
1	6.51	6.5	6.43	10.17	10.16	10.16	8.33	7.62
2	6.45	6.53	6.47	10.16	10.16	10.18	8.76	8.63
3	6.44	6.47	6.45	10.16	10.16	10.17	7.35	8.36
残留稳定度								99.4%

冻融劈裂强度比　　　　　　　　　　　　　　　　　　　　　　表 8.16

序　号	高度（cm）			直径（cm）			冻融后稳定度(kN)	未冻融稳定度(kN)
1	6.51	6.57	6.55	10.16	10.16	10.17	—	8.98
2	6.7	6.7	6.7	10.16	10.16	10.18	—	8.8
3	6.57	6.54	6.59	10.18	10.18	10.16	—	8.96
4	6.6	6.55	6.6	10.16	10.16	10.16	—	8.96
5	6.55	6.63	6.55	10.18	10.18	10.16	—	9.21
6	6.53	6.6	6.57	10.16	10.18	10.18	7.79	—
7	6.65	6.65	6.63	10.16	10.16	10.16	7.37	—
8	6.61	6.55	6.57	10.18	10.16	10.16	7.76	—
9	6.6	6.63	6.59	10.18	10.18	10.18	6.82	—
冻融劈裂强度比								82.7%

8.2.3 生产配比设计

1）热料合成级配

课题组对各热料仓进行了大量筛分，根据各热料仓及矿粉的筛分结果，以确定的 SAC-16-30-40 级配为基础，进行拌和站热料的级配合成，确定各热料仓及矿粉的添加比例，合成结果见表 8.17。

热料仓合成级配及比例　　　　　　　　　　　　　　　　　　表 8.17

筛孔（mm）	1号仓 0~4	2号仓 4~6	3号仓 6~12	4号仓 12~20	矿　粉	合成级配	理论级配
26.5	100.0	100.0	100.0	100.0	100.0	100.0	100.0
19	100.0	100.0	100.0	98.4	100.0	99.6	100.0

续上表

筛孔(mm)	1号仓 0~4	2号仓 4~6	3号仓 6~12	4号仓 12~20	矿粉	合成级配	理论级配
16	100.0	100.0	100.0	85.6	100.0	96.5	100.0
13.2	100.0	100.0	99.4	40.2	100.0	85.4	85.1
9.5	99.8	99.8	75.6	1.4	100.0	67.5	65.4
4.75	99.4	91.1	4.6	0.0	100.0	40.9	40.0
2.36	87.4	12.1	0.0	0.0	100.0	30.3	30.6
1.18	67.3	0.8	0.0	0.0	100.0	23.9	23.4
0.6	56.3	0.2	0.0	0.0	100.0	20.8	17.8
0.3	33.2	0.2	0.0	0.0	100.0	14.3	13.3
0.15	20.5	0.2	0.0	0.0	98.1	10.7	9.8
0.075	9.4	0.2	0.0	0.0	87.1	7.0	7.0
比例	0.28	0.07	0.36	0.24	0.05	—	

2) 燃烧炉标定

为精确测定未知混合料的油石比,采用人工精配的方式,对燃烧炉进行了标定,确定了燃烧炉的修正系数为0.7%,标定结果见表8.18。

燃烧炉标定　　　　表8.18

设定油石比	4.60%	4.80%			5.00%	5.20%
		1号	2号	3号		
网重	2414.4	2525.6	2412.1	2413.6	2412.1	2526.2
网+料(燃烧前)	4223.4	4254.2	3971.8	3980.4	4299.1	4378.6
网+料(燃烧后)	4128.8	4166.3	3890.8	3897.4	4196.3	4274.4
燃烧前混合料重	1809	1728.6	1558.4	1566.8	1887	1852.4
燃烧后干料重	1714.4	1640.7	1478.7	1483.8	1784.2	1748.2
燃烧前干料重	1729.4	1649.4	1487.0	1495.0	1797.1	1760.8
矿料损失	15.0	8.7	8.3	11.2	12.9	12.6
总损失	94.6	87.9	81	83	102.8	104.2
沥青重	79.6	79.2	72.7	71.8	89.9	91.6
油石比	0.046	0.048	0.049	0.048	0.05	0.052
粗算油石比	5.52%	5.36%	5.48%	5.59%	5.76%	5.96%
修正系数	0.92%	0.56%	0.68%	0.79%	0.76%	0.76%

将以上各项检测结果汇总于表8.19中,由结果可知,所设计的SAC-16-30-40沥青混合料,在油石比为4.8%的情况下,各项技术指标均满足现行《公路沥青路面施工技术规范》(JTG F40)的相关要求。以确定的混合料级配和油石比为基础,根据白杨河料场生产碎石以及沥青混凝土拌和站的实际情况,确定了中面层SAC-16砂岩沥青混合料的拌和楼

生产参数,汇总见表8.20。

SAC-16砂岩沥青混合料性能指标　　　　　　表8.19

项 目		单 位	检 测 结 果	现行规范要求(JTG F40)
体积参数	油石比	%	4.8	—
	毛体积密度	g/cm³	2.3123	—
	空隙率	%	5	4~6
	矿料间隙率	%	15.15	≥14.5
	沥青饱和度	%	67.11	65~75
水稳定性	残留稳定度	%	99.4	≥75
	冻融劈裂强度比		82.7	≥70
高温性能动稳定度		次/mm	1281	≥800

混合料生产参数　　　　　　表8.20

项 目	1号仓	2号仓	3号仓	4号仓	矿 粉
	0~4	4~6	6~12	12~20	
比例	0.28	0.07	0.36	0.24	0.05

8.3　砂岩沥青混凝土试验段铺筑

根据上述确定的混合料配合比及生产参数,课题组于2013年6月30日在奇台至木垒高速公路进行了混合料试拌,并铺筑了长40m左右的试铺段。试铺段的各项检测指标合格后,于2013年7月2日正式铺筑了长600m左右的试验段,并进行了各项试验检测工作。

8.3.1　室内检测结果

1)级配及油石比

在6月30日的混合料试拌试铺以及7月2日的试验段铺筑过程中,均在摊铺现场随机进行了取样,通过燃烧筛分试验,检验了混合料的级配和油石比,结果分别见表8.21~表8.24。

6月30日试铺段油石比检验结果　　　　　　表8.21

项 目	1号试样	2号试样	平 均
网重	2413.1	2527.5	—
料重	1606.3	1692.3	
网+料(燃烧前)	4019.6	4219.5	
网+料(燃烧后)	3939.3	4139.3	
燃烧后的油石比(%)	5.3	5.0	5.1
修正后的油石比(%)	4.6	4.3	4.4

6月30日试铺段级配检验结果　　　　　　　　　表8.22

筛孔(mm)	质量(g)	通过率(%)	质量(g)	通过率(%)	通过率平均值(%)	目标级配(%)
	1号试样		2号试样			
16	62.7	95.9	65.1	95.9	95.9	96.5
13.2	129.5	87.3	168.4	85.4	86.4	85.4
9.5	218.3	72.9	340.5	64.2	68.6	67.5
4.75	459.2	42.7	426.8	37.6	40.2	40.9
2.36	175.4	31.1	152.2	28.1	29.6	30.3
1.18	130.2	22.5	114.3	21.0	21.8	23.9
0.6	61.3	18.5	60.3	17.3	17.9	20.8
0.3	103	11.7	101.7	10.9	11.3	14.3
0.15	53.7	8.2	51.9	7.7	7.9	10.7
0.075	46.4	5.1	44.6	4.9	5.0	7.0
筛前	1522.8		1610.3			
筛底	77.4	—	78.9		—	
筛后	1517.1		1604.7			

7月2日试验段油石比检验结果　　　　　　　　　表8.23

项目	1号试样	2号试样	3号试样	4号试样	平均
网重(g)	2413.7	2414.9	2527.5	2527.1	
料重(g)	2191.7	1966.9	1413	1818.5	—
网+料(燃烧前)(g)	4605.2	4381.6	3940.5	4345.3	
网+料(燃烧后)(g)	4504.9	4293.6	3878.3	4258.9	
燃烧后的油石比(%)	4.80	4.70	4.60	5.00	4.8
修正后的油石比(%)	4.1	4.0	3.9	4.3	4.1

7月2日试验段级配检验结果　　　　　　　　　表8.24

筛孔(mm)	通过率(%)				通过率平均值(%)	目标级配(%)
	1号试样	2号试样	3号试样	4号试样		
16	96.2	97.3	91.8	90.9	94.1	96.5
13.2	83.5	85.9	79.0	83.2	82.9	85.4
9.5	62.8	67.6	52.5	65.9	62.2	67.5
4.75	34.7	37.3	30.2	37.6	35.0	40.9
2.36	25.1	26.4	22.5	25.7	24.9	30.3
1.18	18.6	19.2	17.4	18.5	18.4	23.9
0.6	15.5	15.9	14.5	15.3	15.3	20.8
0.3	10.5	10.7	9.3	9.7	10.1	14.3
0.15	8.2	7.8	6.6	7.0	7.4	10.7
0.075	5.0	4.8	4.0	4.4	4.6	7.0

从表 8.21～表 8.24 的检测结果可以看出,对于油石比而言,6 月 30 日混合料的油石比为 4.4%,7 月 2 日混合料的油石比为 4.1%,均低于设计所要求的 4.8%的油石比;对于混合料级配而言,6 月 30 日混合料的级配与设计级配基本一致,而 7 月 2 日混合料级配明显偏粗。当然,混合料油石比和级配的差异性也可能与取样误差有关。但仍然通过检测数据可以判断,7 月 2 日试验段铺筑中所生产的混合料严重不符合设计要求。

2) 体积参数

在 6 月 30 日的混合料试拌试铺以及 7 月 2 日的试验段铺筑过程中,均在摊铺现场随机取样,进行了马歇尔击实试验,检验了混合料的体积参数,结果分别见表 8.25、表 8.26。

6 月 30 日试铺段室内击实结果 表 8.25

序号	空重 (g)	蜡封重 (g)	水中重 (g)	蜡封密度 (g/cm³)	理论密度 (g/cm³)	空隙率 (%)
1	1182.2	1231.9	653.6	—		
2	1182.7	1233.7	658.1	2.2931	2.4476	5.71
3	1181.7	1231.2	663.5	2.3188		
4	1180.9	1234.7	660.7	2.3115		
	平均值			2.3078		—

7 月 2 日试验段击实结果 表 8.26

序号	空重 (g)	蜡封重 (g)	水中重 (g)	蜡封密度 (g/cm³)	理论密度 (g/cm³)	空隙率 (%)
1	1181.8	1224.7	642.5	2.2251		
2	1182.0	1230.3	645.4	2.2412	2.4707	9.61
3	1180.6	1239.8	638.3	2.2233		
4	1180.0	1226.7	645.1	2.2433		
	平均值			2.2332		—

由表 8.25 的检测结果可看出,6 月 30 日试铺段混合料的毛体积密度为 2.3078g/cm³,略低于设计的 2.3123g/cm³,空隙率为 5.71%,略大于设计空隙率 5%的要求,即 6 月 30 日生产混合料的油石比略低。

由表 8.26 的检测结果可以看出,7 月 2 日试铺段混合料的毛体积密度为 2.2332g/cm³,远低于设计的 2.3123g/cm³,空隙率为 9.61%,远大于设计空隙率 5%的要求,即 7 月 2 日生产的混合料严重偏离了设计要求。

3) 高温性能

在 6 月 30 日的混合料试拌试铺以及 7 月 2 日的试验段铺筑过程中,均在摊铺现场随机进行了取样,进行了车辙试验,检验了混合料的高温性能,结果分别见表 8.27、表 8.28。由结果可知,两批次混合料的动稳定度分别为 1498 次/mm 和 1364 次/mm,均满足设计要求。

6月30日试铺段混合料高温性能 表8.27

试样编号	试件尺寸(mm)			时间(min)	变形量(mm)	动稳定度(次/mm)	相对变形(%)	稳定度均值(次/mm)	变形均值(%)
	长	宽	高						
1	300	300	50	1	0.583	1226	7.32	1498	6.9
				45	3.73				
				60	4.244				
2	300	300	50	1	0.726	1409	7.28		
				45	3.918				
				60	4.365				
3	300	300	50	1	1.178	1858	6.04	—	—
				45	3.86				
				60	4.199				

7月2日试验段混合料高温性能 表8.28

试样编号	试件尺寸(mm)			时间(min)	变形量(mm)	动稳定度(次/mm)	相对变形(%)	稳定度均值(次/mm)	变形均值(%)
	长	宽	高						
1	300	300	50	1	1.425	1416	8.59	1364	8.0
				45	5.275				
				60	5.72				
2	300	300	50	1	1.456	1432	8.42		
				45	5.227				
				60	5.667				
3	300	300	50	1	1.387	1245	6.95		
				45	4.611				
				60	4.864				

8.3.2 室外检测结果

1)渗水试验

对于6月30日的试铺段以及7月2日的试验段,均在铺筑完成后的第二天进行了渗水试验。其中对于6月30日的试铺段,随机选取了2个测点,第一个测点的渗水系数为110mL/min,第二个测点为不渗。这说明6月30日试铺段的实际空隙率较小,具有较好的密实性。

对于7月2日的试验段,随机选取了3个测点,所有测点的渗水系数均在1000mL/min以上,这说明7月2日试验段的实际空隙率很大。

2）芯样空隙率

对于6月30日的试铺段以及7月2日的试验段,均在铺筑完成后的第二天进行了现场钻芯,并采用蜡封法检测了芯样密度,测定了芯样空隙率,结果分别见表8.29、表8.30。

6月30日试铺段芯样检测结果　　　　　　　　　　　　　表8.29

序号	空重(g)	蜡封重(g)	水中重(g)	蜡封密度(g/cm³)	理论密度(g/cm³)	空隙率(%)
1	927.0	955.1	522.9	2.3220	2.4476	4.67
2	1067.8	1094.0	604.7	2.3286		
3	959.8	987.2	542.6	2.3271		
4	943.3	985.2	534.7	2.3504		
5	1072.3	1102.4	608.5	2.3383		
平均值				2.3333		—

7月2日试验段芯样检测结果　　　　　　　　　　　　　表8.30

序号	空重(g)	蜡封重(g)	水中重(g)	蜡封密度(g/cm³)	理论密度(g/cm³)	空隙率(%)
1	764.1	793.4	421.4	2.2666	2.4707	8.42
2	937.3	974.9	503.5	2.1969		
3	889.7	921	500.4	2.3209		
4	894.1	932.2	487.8	2.2406		
5	878.0	912.1	487.9	2.2888	—	—
平均值				2.2628		

结果可见,对于6月30日的试铺段,现场芯样的密度高达2.3333g/cm³,大于设计的2.3123g/cm³;现场芯样空隙率为4.67%,低于设计的5%。这说明6月30日生产的混合料具有较好的密实性,也与现场采取了胶轮初压、现场压实功大于室内击实功有很大关系。

对于7月2日的试验段,现场芯样的密度仅为2.2628g/cm³,远小于设计的2.3123g/cm³;现场芯样空隙率为8.42%,远大于设计的5%。这也与之前各项检测结果保持了高度的一致性,说明7月2日生产的混合料严重偏离设计级配,即使在与6月30日碾压工艺相同的情况下,现场混合料也难以压实,呈现出较大的空隙率。

8.4　本章小结

(1)通过对奇台至木垒高速公路木磊白杨河料厂生产的砂岩材料进行调研与取样,进行了系统的砂岩材料的物理力学性质试验。原材料性能试验结果表明,砂岩的各项物理力学性质技术指标均符合现行《公路沥青路面施工技术规范》(JTG F40)的相关要求。

(2)采用最紧密状态法进行了砂岩沥青混凝土的理论配合比、目标配合比、生产配合比设计,研究了砂岩沥青混凝土的技术性能。配合比设计结果表明,所选用的 SAC-16-30-40 级配,在油石比为 4.8% 的情况下,砂岩沥青混合料各项性能均满足现行《公路沥青路面施工技术规范》(JTG F40)的相关要求。

(3)在奇台至木垒高速公路铺筑了砂岩沥青混凝土试验路,评价了铺筑效果。砂岩沥青混合料的试拌试铺结果表明,满足配合比设计要求的混合料,具有较好的技术性能,各项性能指标均符合沥青面层的使用要求。

第 9 章

荒漠区高速公路运营安全控制技术

9.1 道路安全性评价

干旱荒漠区高速公路路线走廊处于戈壁荒漠的地理环境中,地势平坦,线形指标较高,长直线路段较多,即使设置了平曲线其半径值也较大,车辆容易超速行驶。干旱荒漠区同类高速公路事故原因分析表明,无论是事故率还是事故的严重程度,超速行驶引发的事故都远远高于其他原因引发的事故。同时,由于沿线景观较单调,驾驶员易疲劳驾驶,更加重了交通事故的发生概率和严重程度。

根据干旱荒漠区单调、枯燥的道路环境特点,夏季高温炎热,春夏交替季节浮尘天气及沙尘暴较多的气候特点,以及项目建成后,运营期交通组成中重型车多、长途客货车辆多的交通特点,为保障公路行车安全和降低交通事故,开展了公路项目安全性评价工作,将安全的理念和技术措施融入设计,事先预防可能产生的事故隐患。通过对公路技术指标、结构物、交通安全设施进行评价,发现和甄别公路事故多发(点)段,利用国内外成熟的公路安全研究成果,对公路安全性进行系统、深入的分析,提出针对性的安全改善措施和建议,切断事故链,防患于未然,最大限度保障道路使用者的安全出行需求,提升公路安全水平,降低事故率及事故严重程度,减少直接和间接经济损失。

9.1.1 安全分析

由于交通事故的形成是由人、车、路及环境共同作用的结果,为了探求干旱荒漠区高速公路的事故规律,特选取与阿克苏至喀什高速公路处于同一走廊带内 G314 线的二级公路和一级公路路段,进行交通事故数据的收集、整理和分析,作为阿克苏至喀什高速公路安全分析的依据。G314 线在位置上直接与本项目相接或相邻,其车辆构成、驾驶员、交通环境等条件几乎一致,所不同的是,当高速公路封闭后,道路条件会发生变化,部分事故类型,如侧向碰撞、对向碰撞等事故可以避免,但由于高速公路的修建将使得道路线形、道路设施及交通组成等条件极大的改善,使得原来车辆发生的超速、疲劳驾驶等现象进一步加剧,因此,G314 线的交通事故规律对于阿喀高速公路安全隐患的消除具有重要的参考价值和借鉴作用。特别是阿喀高速公路终点为完全利用原有一级公路封闭改造升级的路段,运营的一级公路的道路线形、车辆特性、驾驶员特性等与改建的高速公路基本一致,仅在道路交叉及路侧干扰上与高速公路存在差异,原有一级公路交通事故数据通过剔除平面交叉口、路侧干扰等因素导致的事故外,基本上与后期运营高速公路事故相一致,因此,该项目的原有一级路交通事故数据的分析,将为旧路利用段改扩建高速公路安全分析提供重要的依据。

鉴于此,特选取既有 G314 线二级公路及一级公路进行交通事故数据的收集、整理和分析工作。经过事故数据整理,得出事故的如下分布规律。

1)事故时间分布

(1)小时分布

由于公路出行规律的周期性变化,公路的交通量在一天 24h 中各不相同。一天中交通量常有高峰期和低峰期之分,而交通事故的分布也随时间的变化有明显的区别。图 9.1 为调研路段的事故时间分布情况。

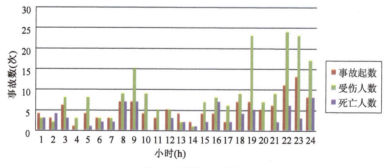

图 9.1 事故 24h 分布

从图 9.1 中可以看出,事故集中在傍晚 19 点至夜间 24 点,同时上午 8 点至 10 点事故发生率也较高,这两个时段为事故的高发期。由于项目区上午 8 点至 10 点正是出行的高峰期,因此,该时段的事故率也较高。傍晚 19 点至夜间 24 点光线逐渐变暗,且更多车辆选择进城或赶路,容易超速,在光线条件较差的夜间,加上驾驶员的疲劳,易因注意力不集中而引发事故。

(2)月分布

研究公路交通事故的月分布情况,可以根据不同月份的事故特点,有针对性地采取不同的安全对策,以实现对公路的有效管理和控制,从而预防和减少事故的发生。通过对事故资料的统计分析,发现寒冷地区事故月分布具有明显的季节特点。图 9.2 为调研路段的事故月份分布情况。

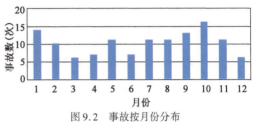

图 9.2 事故按月份分布

从图 9.2 中可以看出,事故多发生在春初和夏季以及由秋入冬的季节。春初与秋冬交替季节由于出行多,而此时气温仍较低,能见度不佳,路面摩擦因数较低,直接或间接引发交通事故。夏季气温最高达到 40℃左右,路面温度更高,易因驾驶员疲劳或车辆爆胎引发严重的交通事故。

2)事故原因分布

事故原因主要有超速行驶、疲劳驾驶、不按规定让行、违法占道行驶、未保持安全距离、酒后驾车、违法超车、其他操作不当、因非机动车和行人引发事故等。图 9.3 为调研路段的事故原因情况。

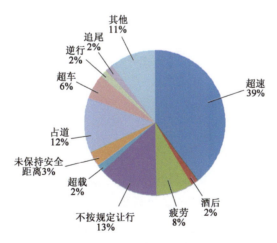

图 9.3 事故原因分布

从图 9.3 中可以发现,所调研路段发生交通事故的主要原因是超速行驶,超速远远高于其他事故原因。当新建的高速公路通车后,由于道路线形、交通组成、交通运行环境等的极大改善,因此,在高速公路上超速行驶行为进一步加剧,超速是安全最大的隐患,必须采取强有力的限速措施加强管理,否则事故率及事故的严重程度都将加重。

以上事故原因对于高速公路具有比较重要参考价值的还包括疲劳驾驶、未保持安全距离、超载、追尾等事故原因,这些事故原因也是在高速公路上发生事故的普遍原因,特别是高速公路运营初期,由于管理不完善,驾驶员对道路情况不熟悉,这些原因都将加剧事故的发生。阿喀高速公路由于处于荒漠戈壁滩上,环境单调,路线线形指标高,长直线较多,疲劳驾驶及追尾等引发的事故必定多发。基于以上事故原因,荒漠区高速公路有必要进行车辆限速管理,预防驾驶疲劳、保证车辆安全间距等方面要采取有效的措施。同时,推荐更符合容错理念的设计和提供必要的交通安全措施,如根据地形放缓边坡,防止失控车辆冲下边坡后翻车,避免造成较大的人员伤亡等。

3)事故形态分布

按照我国道路交通管理的有关规定,道路交通事故主要分为碰撞、翻车、侧面相撞、尾随相撞、正面相撞等。道路交通事故发生时,相同的事故形态往往具有相同或相近的起因。图9.4为调研路段的事故形态分布情况。

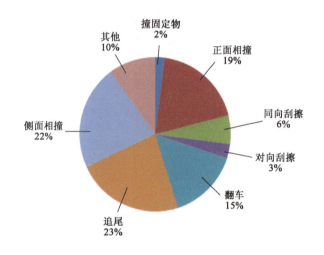

图9.4 事故形态分布

从图9.4中可以看出,追尾事故所占比例最大,其次是侧面相撞,驶下路基翻车所占比例也较大。追尾事故主要是由于道路线形良好,参照物少,驾驶员不知不觉超速行驶,一旦前方道路出现状况,易操作不当或制动不及,导致追尾事故。应在易超速路段设置速度反馈设施,提醒驾驶员当前速度状况,尤其对超速驾驶车辆提出警示。驶下路基翻车所占比例也较高,若路侧危险度高,车辆一旦驶下路基,翻车就会成为必然,高速公路运营后,道路环境得以改善,使车辆行驶速度进一步提升,特别是长直线与不合理半径相接的路段,这类事故会进一步加剧,因此在道路改造工程中应着重对路侧安全性进行分析,改善路侧安全状况,降低路侧事故的发生。

4）事故车型分布

肇事车辆主要分为小型客车、大型客车、小型货车和重型货车。图9.5为调研路段的事故车型分布情况。

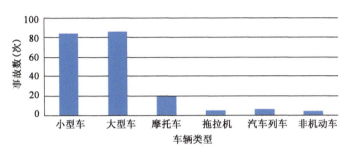

图9.5　交通方式分布图

从图9.5中可以看出,小型客车与大型车发生事故的比例远远超过其他车型,这主要是由于其他类型的车辆所占比例较低的缘故。比较符合后期高速公路开通后的车辆事故分布类型。因此,安全保障措施的重点对象应为小客车和大型货车。

5）事故的空间分布

事故的空间分布反映了事故在道路条件下的空间特性,将事故的发生与具体道路段落结合在一起,更加容易建立起事故的发生与道路线形、道路状况的关系。从事故空间分布的特性分析,可以确定事故多发点段,有针对性地提出具体的道路路段改善情况,对采取主动性的安全措施具有重大的参考价值。图9.6为调研路段的事故空间分布情况。

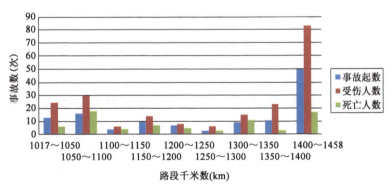

图9.6　事故空间分布

由图9.6事故的空间分布情况可以看出,在K1400～K1458路段,无论从事故发生数、事故严重程度等都远高于其他路段,基本上为其他路段的5倍以上,即该路段为事故多发路段。由于阿喀高速公路K1420到终点为一级路封闭改造升级为高速公路,将重点针对该路段进行分析,总结事故发生的规律,为改造升级后高速公路事故隐患消除提供依据。

6）既有一级路路段

既有一级路路段主要为一级路，未来将通过封闭改造升级为高速公路，将该路段事故进行详细分析，剔除高速公路上不可能发生的事故，并对其分布特性、道路线形的关联性及事故形态进行分析。

(1) 事故空间分布

调研路段中事故路段分布情况如图9.7所示。

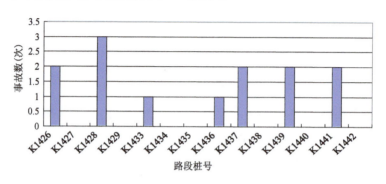

图9.7 事故路段分布情况

通过对事故数据分析处理得出，事故主要集中在 K1426~K1442 段。

(2) 事故的道路线形分布

事故路段线形分布见表9.1。

事故路段线形分布　　　　　　　　　　表9.1

起点桩号	终点桩号	直线长度(m)	接曲线半径(m)	事故率(%)
K1426+535.183	K1429+135.229	2600.046	1670	38
K1429+829.559	K1434+813.935	4984.375	1720	8
K1435+248.345	K1441+370.342	6121.979	1500	54

由表9.1可以看出，事故多发生在长直线接小半径的路段，由以上事故规律可以界定认为在该道路环境条件下，2000m半径可作为临界值。同时，当直线长度大于6km时，也易导致事故多发。因此，对此类线形的高速公路，进行车辆速度控制，抑制超速，改变运行环境，改善疲劳等将对安全运营至关重要。

(3) 事故原因分布

事故原因分布情况如图9.8所示。

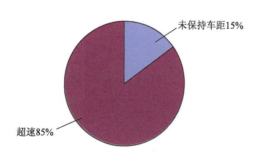

图9.8 事故原因分布

通过以上分析，该路段事故主要原因为超速及未保持车距两种，即长直线是导致车辆超速、未保持车距的关键，小半径加剧了事故的发生。从事故原因可以看出,该路段超速及未保持车距对今后高速公路的运营将是最大的安全隐患。

通过对既有314国道的事故资料分析,可以得出该项目通车运营后的事故特点与安全水平:

(1)由事故多发段事故特性分析可以看出,2000m可作为小半径的阈值,同时直线长度大于6km也会导致事故高发。

(2)不论是按照现有技术标准,还是根据具体的安全分析,本项目长直线与小半径相接的路段将导致事故的高发。该高速公路通车后,若不采取针对性的交通安全保障措施,道路条件、车辆性能、不良驾驶行为共同作用,会加剧事故风险。

(3)超速行驶是交通事故发生的主要原因。由于本项目线形指标较高,长直线路段多,又地处戈壁荒漠区,路侧参照物较少,因此,运营期间对车辆速度的控制与管理是保证行车安全的关键。

(4)车辆追尾与驶下路基翻车是事故的主要形态。车辆间动力性能与速度差异大是诱发追尾和侧面刮蹭的主要原因;而路堤偏高造成因疲劳驾驶或酒后驾车驶出路外的翻车事故也不容忽视。因此,建议完善路侧"宽容"设计,通过优化过水涵洞与通道降低路堤高度、放缓边坡,防止失控车辆翻车造成人员伤亡。

9.1.2 长直线路段安全

长直线由于单调容易导致驾驶疲劳,易导致事故多发,特别是当长直线与小半径的平曲线相连接时,事故率将进一步增加,因此路线规范规定,直线长度不宜大于设计速度的20倍。对于长直线路段不仅要从长直线本身的长度上分析,而且应该考虑与其所接的平曲线半径的采用情况,即线形组合方面给出其优化的思路,基于以上分析,检查本项目直线指标以及与其相接的平曲线指标的采用情况。

1)驾驶行为分析

根据国内外研究,驾驶员的眨眼频率与驾驶疲劳有很好的相关性。当驾驶员保持较为清醒的状态时,眨眼频率较稳定,波动范围较小。随着环境的单调性,驾驶时间增加,驾驶疲劳的积累,眨眼频率出现较大的波动,开始出现高频,当连续的高频出现时,表明驾驶员已经处于驾驶疲劳状态。

课题组在干旱荒漠区选择了一条长直线路段,采用试车试验对驾驶员在干旱荒漠区的驾驶行为进行分析,研究直线长度与驾驶疲劳之间的相互关系。首先对驾驶员的眨眼频率进行了研究,图9.9是眨眼频率随驾驶时间的变化情况图,从图中可见,眨眼频率呈现一定的波动特性。前40min内,眨眼频率较稳定,波动范围较小,处于0.5~1.0次/s区间内。随着驾驶时间的延长,从40min开始,眨眼频率出现较大的波动,范围扩展到

0.4~1.6次/s。45min 时,出现第一次高频,达到 1.43 次/s,随后下降至正常范围,表明这时戈壁长直线的影响开始显现,驾驶疲劳开始累积。至 55min 时,出现高频,达到 1.53 次/s,并在随后的 8min 内连续出现 3 次高频,表明驾驶疲劳的影响较为显著。根据以上分析,综合确定驾驶疲劳状态阈值为 1.0 次/s。

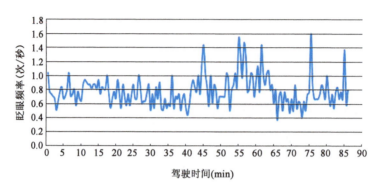

图 9.9 眨眼频率变化

从试验车辆通过的道路交通运行状况看,前 40min 内道路交通量相对较多,路线途经乡镇,路侧开发程度相对较高,支路交叉影响较大,车辆需不断加减速,因此,驾驶员保持较为清醒的状态,此时速度平均值为 46.6km/h,标准差较大为 12.7,如图 9.10 所示。

a)　　　　　　　　　　　　　b)

图 9.10 试验车通过乡镇路段录像

40min 时,车辆驶离乡镇范围,路况为线形指标较高、交通量小、路侧干扰小,路侧有部分抽油机与管道的设施,对驾驶员有一定吸引,但驾驶疲劳已经开始累积。此时,速度有所提高,平均值达到 57.9km/h,标准差为 9.9,如图 9.11 所示。

45min 时,车辆驶入戈壁长直线路段,路侧开发程度为 0,驾驶员开始出现打哈欠、短暂闭眼睛等疲劳状况,这些情况通过眨眼持续时间、眨眼频率清晰反映出来。随后驾驶员开始通过调整坐姿、不断地快速眨眼、触摸面部等行为,抵抗疲劳的影响。56min 时,实际录像表明驾驶员开始打瞌睡,此时驾驶疲劳突破阈值。这一阶段,车辆运行更加平稳,速度平均值为 68.7km/h,标准差仅为 0.22,如图 9.12 所示。

图 9.11　试验车通过城外过渡路段录像

图 9.12　试验车通过戈壁长直线路段录像

根据驾驶员反应指标的特性分析和确定的驾驶疲劳阈值,可认为 40min 之前的时段为疲劳形成的第一阶段,注意消耗加快;40～45min 为第二阶段,神经感官疲劳;45～50min 为第三阶段,轻度疲劳累积;50～55min 为第四阶段,疲劳阈值突破。

由于实际驾驶过程中应避免驾驶员突破疲劳阈值,故界定 40～50min 时段内车辆行驶的路段长度为戈壁长直线的阈值,达到这一阈值后应采取必要的措施,缓解驾驶疲劳状况。此时,车辆在这一时段平均速度为 65.1km/h,故确定基于眼动特性的戈壁地区公路长直线安全阈值为 10km。

2)安全保障措施

长直线路段安全保障措施的实施目的主要是进行针对性的心理干预。心理干预其实就是人们用来与本能进行抗争或协调的手段。针对长直线驾驶疲劳的心理干预可分为预防性干预策略和直接性干预策略。预防性干预策略,是指设计出特定的行为干预程序,在"程序"中加入调整注意资源的步骤,这样能有效延缓驾驶疲劳的发生,如主动安全措施中的标志、标线、彩色护栏与防眩板、路侧景观等。直接性干预策略,是指任何一个可重新调整注意资源的刺激,如幽默、微笑、香水味、旋律、被动安全措施中的振荡标线、路肩隆声带等。

基于驾驶疲劳研究结论,具体的安全措施如下:

(1)直线长度大于10km的长直线

对于超过10km的长直线路段可从限制车辆速度和防止驾驶疲劳两个方面来保证安全。

①限制车辆速度。设置限速标志与速度反馈标志,在路面上施画限速标线。设置距离确认标志与标线,保持车辆间距,每隔3km重复施画间距确认标线。

②防止驾驶疲劳。通过多组振荡标线以唤醒驾驶员,再在其后适当位置改变道路环境,如通过图形标志或设置雕塑等引起驾驶员注意。设置太阳能式频闪警示灯,用于夜间对驾驶员形成视觉刺激,使其保持谨慎驾驶。

(2)长直线接小半径(2000m以下)路段

在小半径曲线前设置急弯警告和限速标志,并在进入小半径前施画振动减速标线,提示驾驶员按规定速度谨慎驾驶。

(3)长直线与容易造成反超高平曲线(半径在5500~6500m)

当设计速度为120km/h,超高小于≤2%时,平曲线半径大于5500m时不需要设置超高,但由于干旱荒漠区道路线形高,容易导致车辆超速运行,特别是长直线路段,当行车速度超过120km/h进入半径圆曲线时,不设超高路段由于路拱的存在就会出现反超高现象,易导致事故的发生,对于以上长直线与半径为5500~6500m平曲线相连接的路段,在该半径范围内的圆曲线设置超高,提升道路的安全宽容性。同时,在直线段路段上设置车距确认标志、振动减速标线,控制车辆的速度,在进入曲线前设置限速标志,曲线段设置线形诱导标志,保证安全行车。

9.1.3 路侧宽容性设计

干旱荒漠区高速公路所处区域气候条件为大陆性干旱气候,降水稀少,蒸发量大,气候干燥,沿公路路基边缘雨水汇集量一般不大,为了增加行车安全,将填方路基段边沟设计为浅碟形边沟。在戈壁荒漠区通过降低填方路堤高度、设置平缓路堤边坡,在不增加工程占地面积的情况下不仅利于安全,而且在视觉上淡化了路基高度,减少施工痕迹,使公路与周围景观更为融洽。挖方路段采用浅碟形边沟设计,满足侧向安全净空的路段,可以不设置护栏,但道路边缘设有道路交通标志,需考虑将标志位置改在路侧安全净空区以外。如标志位置无法外移,则标志结构设置为解体消能形式,或对标志附近道路做局部护栏防护,同时在附近增加反光警示设置。

对于填方路段,边坡坡度陡于1:3.5的边坡上不能行车,不能作为有效安全净空区。

当填方边坡在1:3.5和1:5.5之间时,驾驶员有较多的机会控制车辆下坡,故可以利用1/2宽度的边坡作为安全净空区。当填方边坡采用1:1.5时,边坡坡度陡于1:3.5,故边坡上不能行车,不能作为有效安全净空区,填方段所能提供的净空区宽度为4.25m(路缘带0.5m,硬路肩3.0m,土路肩0.75m),不能满足路侧安全净空区的要求。在不满足路侧安全净空区要求的路段,尽量减少路侧障碍物,从保证行车安全角度出发,在不满足路侧安全净空区要求段落应设置防撞护栏。

9.2 运营期安全保障

干旱荒漠区夏季炎热,高温少雨,蒸发量大,区域的气候特点对公路安全运营影响较大。春夏交替季节是沙尘暴多发的季节,区域的沙尘暴天气对公路安全行车造成极大的威胁,夏季高温对车辆的长距离安全运行提出了更高的要求。因此,如何为该道路上的行驶车辆提供安全保障,必须解决好以上问题,设计考虑是否足够全面,安全评价中必须给予严格的审核,并完善其相关措施。

根据工可报告,本段车型构成中大型以上客货车比例为49.93%,中小型以下客货车比例为50.07%,小客车比例占41.77%。交通组成对公路的安全性要求高,长途客货车辆多,夏季高温炎热,春夏交替季节浮尘天气及沙尘暴较多,应适当考虑停车休息,并完善沿线的安全设施。

9.2.1 干旱荒漠区不利气候对行车安全的影响

风沙天气按能见度划分为浮尘、扬沙、沙尘暴和强沙尘暴4类。浮尘天气能见度大于10km,扬沙天气能见度为1~10km,沙尘暴天气能见度小于1km,能见度小于500m时为强沙尘暴天气。风沙天气可造成项目沿线出现路面过沙现象,此现象严重影响路面附着力,从而导致车辆制动距离、制动稳定性等性能大幅下降,威胁车辆行驶安全。风沙天气同样会对驾驶员视觉、呼吸系统功能以及心理产生影响,该影响尤以沙尘暴、浮尘天气最为明显。夏季高温对轮胎温度变化有重要影响,气温越高,轮胎滚动时与周围空气的对流热交换越困难,滚动产生的热量也不易散失。轮胎温度随日最高气温的升高基本呈线性增加,容易造成爆胎导致发生交通事故。

9.2.2 安全保障措施

沙尘暴频发的浮尘天气条件下,可综合运用服务区、道路进出口、收费站附近LED可变信息板,及时通知驾驶员做必要准备工作,同时设置气象自动监测装置,自动发布实时气象信息。搭配沿线交通广播、移动信息发布手段通知在途驾驶员注意行车安全,并提示注意休息及沿线服务区、停车带位置。沿线各服务区、交通管理单位配备适合此种天气条件运行的车辆,准备相关救援工具,以便第一时间救助事故车辆。同时,项目风沙天气频发路段沿线波形梁柱帽,可每间隔40m采用LED自发光频闪型柱帽,以提高风沙天气及夜间条件下路线诱导效果,保障驾驶员行车安全。

高温天气下,对于危险品运输车运行,如不能得到良好处置,有可能发生较大的安全事故。在该项目处设置危险品运输专用停车位,并配备相关专用防护设施,以保障人民生命财产安全。

在停车区设置饮水、休息、厕所等人性化配套设置,可保障在沙尘暴、浮尘等恶劣气候条件下,驾驶员在停车区躲避时所需生存条件。同时,可为驾驶员在夏季炎热高温条件下及时提供适宜停车休息场所,降低疲劳驾驶现象发生。

9.3 本章小结

干旱荒漠区高速公路环境和气候特点特殊,为保证项目建成通车后运营期的安全,坚持将安全理念贯穿设计和施工的始终,坚持"安全至上"的原则,利用国内外成熟的道路安全研究成果,引入驾驶疲劳特性分析,并借鉴高速公路设计、运营阶段取得的经验、教训,对长直线路段、路侧宽容性设计进行了综合分析和评价,对干旱荒漠区不利气候对行车安全的影响进行了分析,并提出了行之有效的安保措施,有效提升干旱荒漠区高速公路的运营安全。

第 10 章

干旱荒漠生态脆弱区公路工程环境保护技术

10.1 干旱荒漠生态脆弱区水土保持综合治理技术

干旱荒漠区自然降水少,植被稀疏,水土流失严重,生态环境十分脆弱,水土保持是区域可持续发展的基础工程。在公路建设中不可避免地对生态环境造成一定的影响,应注意生态环境保护与项目建设之间的协调。以阿克苏至喀什高速公路为例,探求干旱荒漠区公路建设水土流失的特点及防治重点,为生态环境脆弱地区交通建设中水土保持措施和方案的确定提供依据。

10.1.1 区域特征分析

阿克苏至喀什高速公路位于天山南坡,区域地貌以山前洪积扇为主,生态环境基本特征为干旱、风速大、植被稀疏,土壤石质化强,极其贫瘠,地表植被稀疏,以荒漠为主,洪水频发,水土流失严重,生态系统较为脆弱。

1)气象特征

项目区属暖温带大陆性干旱气候,四季分明,降水稀少,蒸发量大,无霜期长,气候干燥,气温日振幅大,春季升温快,多风沙。夏季炎热,高温少雨,蒸发强盛。秋季秋高气爽,冬季寒冷多晴日。项目区风季多集中在每年的3~5月,雨季多集中在每年的6~9月。

2）地貌特征

项目所在区域属塔里木盆地与天山山脉之间的天山南麓山前冲积、洪积平原地带,微地貌单元有山前洪积扇、冲沟、风积沙丘、冲洪积平原等地貌。沿线地形开阔,地势变化较小,高程一般变化在1100~1400m之间。总的地势为北高南低,由北向南倾斜,属平原微丘地区。沿线大部分路段为戈壁荒漠,地表自然横坡占0.5%~3%,局部靠山较近,地表横坡占5%~10%,如图10.1所示。

图10.1　项目地形地貌图

3）植被特征

项目所在区域植被分区属暖温带荒漠区中的荒漠、裸露荒漠带。除有大面积的流动沙丘、裸露戈壁和裸露盐壳外,温带荒漠植被广泛分布于项目区,具有群落结构简单、植物种类稀少、耐旱、耐盐等特点。项目所在区域主要物种有骆驼蓬、雅葱、盐生草、甘草、苦豆子等草本植物;合头草、戈壁藜、琵琶柴、盐爪爪、盐穗木、盐节木等半灌木;柽柳、骆驼刺、沙拐枣、梭梭、麻黄、锦鸡儿、木霸王、泡泡刺等灌木为代表的旱生和盐生植物。在地下水较高的河流两岸分布有胡杨林。大部分路段植被覆盖率小于5%,局部路段可达10%~30%。

10.1.2　项目区水土流失的影响分析

1）水土流失成因分析

项目区水土流失成因可概括为自然因素和人为因素两方面。自然因素对项目区水土流失起主导作用的因子为风速、植被、地形、地貌;人为因素主要表现为在路基、站场、桥梁、取弃土场、施工场地便道。

2）水土流失影响途径、方式及强度

项目区水土流失影响主要以人为扰动地表,改变局部地形地貌的方式,通过重点工程

(路基、桥涵、互通)和重点部位(取弃土、渣场)等主要途径来体现的,其影响强度随工程类型和工程部位不同而异。

公路建设对水土流失的影响分析如图10.2所示。

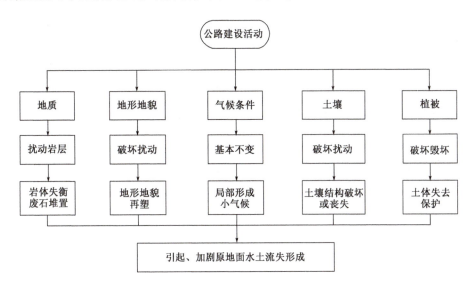

图10.2 公路建设对水土流失的影响分析图

10.1.3 水土保持综合治理技术

根据《关于划分国家级水土流失重点区的公告》及《新疆维吾尔自治区人民政府关于全疆水土流失重点预防保护区、重点监督区、重点治理区划分的公告》,公路沿线所经阿克苏市属水利部划定的国家级水土流失重点监督区中的新疆石油天然气开发监督区,柯坪县、巴楚县、伽师县、阿图什市和喀什市属新疆维吾尔自治区人民政府划定的水土保持重点治理区。按照《开发建设项目水土流失防治标准》(GB 50434)的规定,该项目所经阿克苏市路段水土流失防治标准应执行建设类项目水土流失防治一级标准,该项目所经柯坪县、巴楚县、伽师县、阿图什市和喀什市路段水土流失防治标准应执行建设类项目水土流失防治二级标准。

1)主体工程中水保措施实施效果评价

(1)路基边坡防护工程

路基防护工程主要设置有方格网防护、预制砼块坡面防护等,对于填方边坡高度 $H > 5m$ 路段,采用方格网骨架防护。对于填方高度 $H > 3m$ 的桥头两侧各20m范围内采用方格网骨架防护。互通范围内,当填土高度 $H > 3m$ 时采用方格网骨架防护。

(2)路基排水工程

路基排水工程主要由导流坝、排水沟等组成。该项目根据沿线特点以及在受水侵蚀地段的具体情况结合当地防洪体系设置护坡、导流坝、"人"字形导流坝等防护构造物。

2）补充设计水土保持措施

（1）水土保持措施配置原则

①体现"预防为主"的基本原则。生态环境十分脆弱，一旦破坏就很难恢复，所以应遵循"预防为主"的基本原则。生态保护措施首先应避免扰动，如集中取土，渣土集中堆放，尽量避免扰动地表，合理规划施工道路，尽量利用已有施工便道和已使用地作为施工场地。另外，结合主体工程施工工艺，在取土弃土过程中，注意压实苫盖，对施工过程实行全过程管理，防止施工中偶发性、无意或非必要的破坏，体现"预防为主"的基本原则。②体现"因害设防"的基本原则。根据工程分析，项目水土流失重点为路基、桥梁、互通工程，重点部位为取（弃）土场，水土保持措施要有针对性，根据工程特点，工程位置合理布设水土保持措施。③体现工程措施与植物措施相结合，永久措施与临时措施相结合的原则。建设过程中的水土流失，应根据地形、地貌、气候特点、水土流失特点及危害、防治目标，按水土流失防治分区分别采取适当的防治措施。

（2）各分区水土保持防治措施

路基工程防治区：根据水土保持措施布设原则（充分预防为主，保护优先）对于工程征地内原土地类别为耕地的原始表土层，在工程施工前应预先进行剥离，就近堆放在路基两侧征地范围内，并采取表土机械拍实的临时防护措施。临时堆土应尽快运送到附近的互通区内进行临时存放，以备工程后期用作互通区及附属设施区绿化用土。主体设计的路基坡面防护工程，主要为方格网护坡工程（图 10.3）。路基排水工程主要包括排水沟、边沟、导流坝等，施工结束后，对路基工程防治区施工迹地采取土地平整措施。在风沙区，为了消减风速、固定沙表面，采取机械沙障固沙措施（图 10.4）。

a)   b)

图 10.3　路基防护工程（机械沙障、方格网护坡）

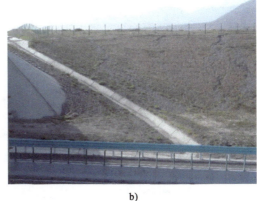

a)   b)

图 10.4 路基排水工程

桥梁工程防治区：桥梁工程区包含旱桥及跨越季节性沟道的大桥。施工前，对桥梁工程的原始表土层，应在工程施工前预先对其进行剥离，并在施工迹地范围内进行临时存放，堆土结束后进行表土夯实，以防风蚀。为防止雨季天山来水，在桥基周围设置土质围堰，临时施工围堰采用梯形断面，上底宽 0.5m，下底宽 3.5m，高 1m。施工过程中对于绿洲农田区跨越季节性河流或沟道的大桥及灌注桩基础的桥梁施工，临时措施主要是桥梁基础施工中设置的沉沙池和桥基出渣的转运。施工结束后，拆除施工围堰运送至取土场占地内。绿洲农田区互通绿化设计平面图如图 10.5 所示。

互通工程防治区：互通工程防治区工程措施主要包括边坡防护和路基排水工程，防护措施同路基工程防治区。施工后对互通工程区临时堆放的表土采取表土回覆措施，并对互通工程区施工迹地进行土地平整。植物措施布局是在服从运行、保障安全、保持水土、改善环境的基础上，优先考虑当地生物环境特点，做到"适地适树"。互通工程防治区灌溉方式拟采用喷灌，灌溉用水利用周边自然水源或城市灌溉管网作为灌溉水源。

附属设施区：对于附属设施等节点，施工前对绿化区域的原始表土层预先进行剥离，并在施工迹地范围内进行临时存放，堆土结束后进行表土夯实，以防风蚀。施工结束后，进行土地整治，并对临时堆放的表土回覆。选取植物措施方式同互通工程区。

施工生产生活区：施工前，对位于绿洲农田区的施工生产生活区，有原始表土层条件的在工程施工前预先对其进行剥离，并在施工迹地范围内进行临时防护，以防风蚀。表土剥离厚度按 30cm 计算。施工期间对施工场地采用彩钢板临时围挡，严格控制扰动面积，对位于绿洲农田区的施工生产生活区，为了防止施工生产生活区受天山洪水带来的威胁，在施工生产生活区周边设置了土质拦水坝。施工结束后将地表垃圾运往指定地点处理。施工过程中，对施工生产生活区表面洒水，使其减少扬尘，并且形成地表结皮，施工完毕后需通过对临时占地采取土地平整措施。施工生产生活区措施布局如图 10.6 所示。

图 10.5 绿洲农田区互通绿化设计平面图

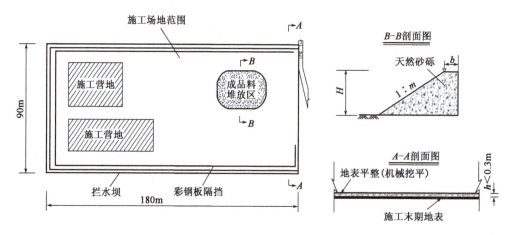

图 10.6 施工生产生活区措施布局图

施工便道区：施工前，对位于绿洲农田区的原始表土层预先进行剥离，集中就近堆放于施工便道两侧，表土剥离完成后进行表土夯实。施工期间为严格控制和管理运输车辆及重型机械的行走范围，以防破坏周边耕地，在施工便道两侧拉彩条旗作为车辆行驶边界。施工期间，对施工便道路面进行洒水降尘。施工结束后，对施工便道施工迹地进行土地整治，对有临时堆放的表土回覆。施工便道水土保持措施布置如图10.7所示。

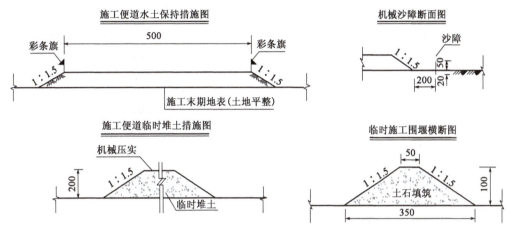

图 10.7　施工便道水土保持措施布置图(尺寸单位：cm)

取土(料)场(含弃渣场)防治区：项目区取土场为山前倾斜平原，均为戈壁滩平地取土。施工前，对取土场进行清表处理，集中堆放于取土场占地范围内。施工完毕后，将临时堆放的清表土回填取土坑内。为防止临时堆放的清表土及工程弃渣在施工期间发生水土流失，施工期间对清表土和工程弃渣渣面采取拍实措施。施工中，在取土场上游布设排水沟，排水沟断面形式为梯形，底宽50cm、顶部200cm、深50cm、边坡比1:1.5，排水沟开挖的土方堆在排水沟内侧形成底宽200cm、顶宽50cm、边坡1:1.5挡水埝，可有效减少洪水对取土场造成的水力侵蚀。为避免施工期流失的泥沙随截排水沟中的径流直接排入地表水体，影响下游水质，并造成大量的水土流失，在取土场排水沟出口需设置沉砂池1座，将取土场排水沟出水沉淀后再排入原有排水系统。全线为节约用地，实行取、弃结合，弃渣全部利用本工程设计取土场进行，先将弃渣同取土场表土临时堆置于取土场占地内，施工完毕后将弃渣同取土场表土回填料坑。施工结束后，对沿线取土场边坡及底部进行土地平整，土地平整后，对取土场边坡及底部进行洒水，形成结皮。

10.2　干旱荒漠生态脆弱区水土保持监测技术

高速公路建设引起的水土流失是一种典型的人为加速侵蚀现象，它是自然条件和项目工程扰动综合作用的结果，具有突发性、变化大、强度高、危害大的特点，对其展开水土流失及其治理动态实施监测，并分析评价水土流失危害及其治理成效的过程，是近年来水土保持的一大热点,较常规水土保持监测更为复杂。

干旱荒漠生态脆弱区高速公路水土保持监测内容包括水土流失影响因子监测、水土流失状况监测、水土流失危害监测、水土保持措施及效益监测等方面。水土流失影响因子是指发生水土流失的动力和环境条件,影响因子监测能够阐明水土流失发生发展的机理、变化和规律,明确水土保持的治理方向。水土流失状况是指水土流失类型、方式、分布区域、面积规模、强度大小以及水土流失发生、运移、堆积的数量特征和趋势。水土流失危害是指水土流失带来的生态、经济和社会灾难,涉及人类生存及环境多方面。既反映水土流失灾害地域分布和危害特征,又可检验水土保持治理效果。当前监测的主要方面有水土资源破坏,泥沙(风沙、滑坡等)淤积危害等。水土保持措施监测主要包括实施治理措施的类型、名称、规模、区域分布及保存数量和质量等级等。效益监测主要有水土保持效益、生态效益、经济效益和社会效益等。监测水土保持措施和效益,既是对已往工作的检验和评价,也是对未来工作开展及部署的重要提示和指导。

10.2.1　Google earth/GPS/ARCGIS 平台在水土保持监测中的应用

1)基于空间数据分布的水土保持监测布局

水土保持监测布局指的是监测点的布设位置和监测点数量的确定。建设项目水土保持监测布局一般按照监测分区进行布设,监测分区一般是直接采用水土保持方案中确定的水土流失防治分区,或者结合具体情况稍做调整。监测分区确定后,在每一个监测分区都要布设监测点位,以保证监测的全面性。同时监测点的布设要侧重于监测重点地段,以便准确掌握项目的水土流失状况。公路水土流失的重点部位是路基工程区、施工便道、取(弃)土场等部位,而施工生产生活区、附属设施区、供电及通信设施区的水土流失量只占很小的一部分。

2)监测布局特征层空间分布特征

监测分区划分方法采用侵蚀驱动因子分析,公路工程水土流失影响因子包括风速、植被、土壤、坡度、坡长、土地利用类型、水土保持措施等。

(1)侵蚀驱动因子空间分布特征及提取

以阿喀高速公路为例,项目跨越区域降水量稀少,侵蚀驱动因子主要为风力,由于跨越路线长,侵蚀驱动因子存在空间分布特征,选取平均风速进行空间化分布处理。平均风速按 0.1m/s 梯度划分,全线平均风速分布为 1.3~2.5m/s,沿线跨越 10 个梯度,平均风速空间分布数据如图 10.8 所示。

(2)下垫面侵蚀条件空间分布特征及提取

①DEM。该项目位于塔里木盆地与天山山脉之间的天山南麓山前冲积、洪积平原地带。路线总的走向由东向西,公路沿线地形比较平缓,总的地势为北高南低,由北向南倾斜,地表多为砾石土。地表自然横坡占 0.5%~3%,局部靠山较近,地表横坡占 5%~10%,

地表植被较少,夏季暴雨引起的洪水挟带大量的砂石由北向南流下,容易阻塞桥涵和冲毁路基。项目区由起点阿克苏建化厂至喀什市地形地貌依次为山前冲积平原区、山前倾斜戈壁平原区、山前冲洪积扇前平原区,主要由阿克苏市中部冲积平原区、柯坪县阿恰勒平原区、巴楚及伽师冲洪积扇前平原区、阿图什市洪积扇平原区组成。沿线地形开阔,地势变化较小,黄海高程一般变化在1100~1400m之间。项目沿线数字高程分布如图10.9所示。

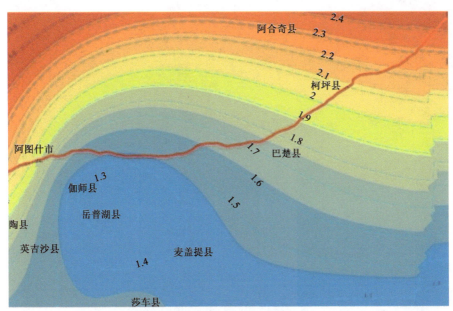

图10.8 研究项目区平均风速空间分布

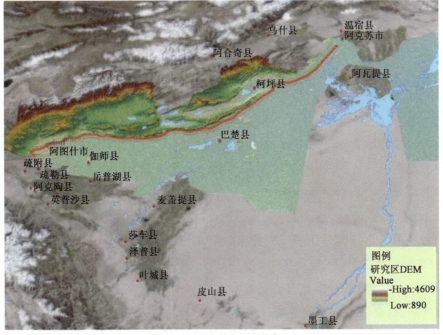

图10.9 项目沿线数字高程分布示意图

②土地利用。经过在 ARCGIS 平台分类,得出项目沿线跨越土地利用类型主要为戈壁、裸岩石砾地、旱地、盐碱地、疏林地、裸土地 6 类,如图 10.10 所示。

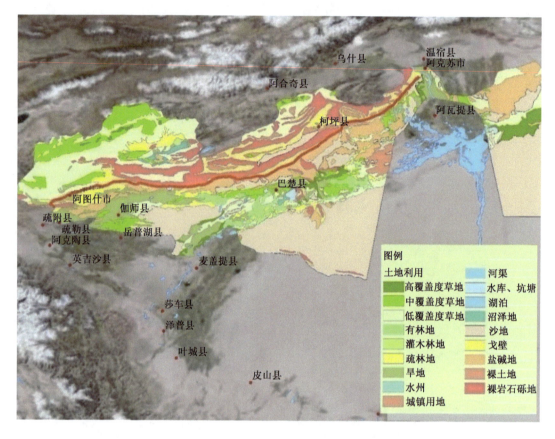

图 10.10 项目沿线土地利用类型分布示意图

③土壤类型。根据提供中国 1:100 万土壤类型分布,经过在 ARCGIS 平台分类提取,得出项目沿线跨越土壤类型主要为荒漠风沙土、盐化草甸土、石膏棕漠土、结壳盐土等类型,如图 10.11 所示。

④土壤侵蚀背景提取。根据水利部水土保持第二次土壤侵蚀空间数据,由 ARCGIS 平台上叠加地理边界数据及路线数据,得出项目沿线土壤侵蚀背景数据空间分布。沿线土壤侵蚀类型分别为风力微度~强度,水力微度~轻度,如图 10.12 所示。

3)基于侵蚀条件空间分布特征及公路建设特征分层抽样监测布局

对于公路工程,项目空间跨度较大,自然条件差异显著,其涉及的侵蚀力驱动因子、下垫面条件,包括地形地貌、土壤类型、土地利用类型、水土流失类型都存在空间分布变化,在进行监测点布局时,不仅要考虑工程的功能单元分区,还要考虑自然分区。监测点布局确定监测分区后,在分区内选择具有代表性的典型地段布设监测点。监测点分类布设,包括植被监测点、水土流失量监测点、土壤监测点、水土流失危害监测点、水土保持措施监测点等。一般选择能全面反映开发建设项目过程中水土流失因子变化、水土流失动态、水土保持措施及其防治效果的典型地段,根据实际需要布设相关监测设施设备,实施连续动态监测,以掌握项目建设过程中水土流失变化规律、水土保持措施实施状况。监测点的监测结果即代表所在分区的状况,并由此类推掌握和了解整个监测范围的状况。同时,监测点位置应具有较好的实施监测条件,如人为干扰少,交通方便,相对稳定,以便实施连续监测。

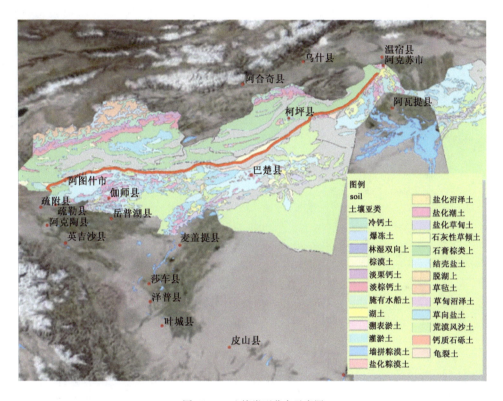

图10.11 土壤类型分布示意图

公路建设项目空间跨度大,自然条件差异大,涉及气象条件、地形地貌、土壤类型等条件,采用ARCGIS平台及聚类分析法来进行水土保持监测布局,监测点布局采用地理信息系统(GIS)的空间分析功能,将各影响因素分布空间叠加,既考虑了多因素对监测点布局的影响,又采用了科学的计算方法进行场站布局计算,定性与定量相结合,使水土保持监测点布局更具合理性、科学性和可操作性。监测布局流程如图10.13所示。

监测点布局思路是:首先根据公路建设规模,综合考虑影响该区的气象条件、土壤类型、土地利用类型、地形地貌等水土流失驱动因子,然后在ARCGIS平台中根据影响水土流失驱动因子最大密集处,设置监测点位,并且基于ARCGIS提取监测点特征值。运用聚类分析法进行分类,计算最适宜水土保持的监测点位。

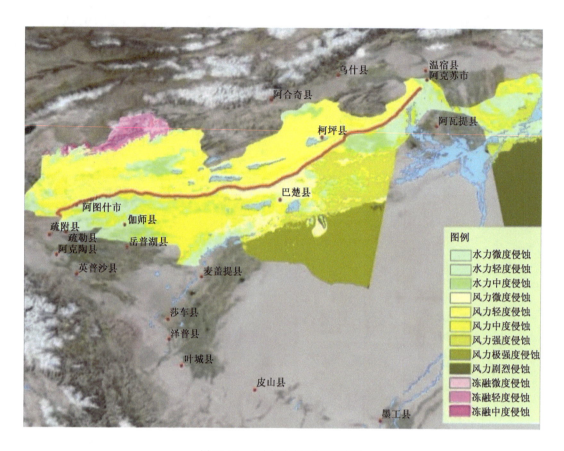

图 10.12　土壤侵蚀背景分布示意图

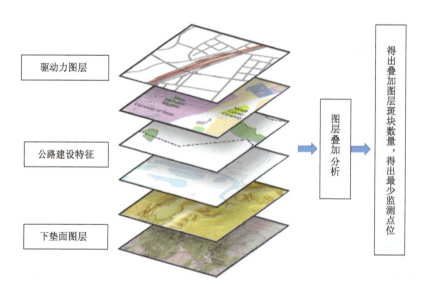

图 10.13　监测布局流程示意图

4) 监测布局结果——以阿喀高速公路为例

监测分区划分的方法主要从水土流失主导因子着手分析，对于公路工程，水土流失影响因子包括降雨、植被、土壤、坡度、坡长、土地利用类型、水土保持措施等。综合考虑公路水土保持监测的特点，采用空间分布叠加获取最小斑块的基本思想，提出利用水土流失类型、地形地貌类型、土地利用类型和工程功能单元类型进行4级分区控制的开发建设项目水土保持监测点布局方法，构建了项目区—监测分区—监测点逐层细化的监测点布局方法，旨在解决因自然条件、工程特性的差异而导致监测点布局困难的问题。以阿克苏至喀什高速公路为例，划分得出的水土保持监测点位分布见表10.1。

水土保持监测点位　　　　　表10.1

序号	监测分区	监测部位	对应桩号	监测点类型
1	路基工程防治区	填方段路基(1:1.5)	K1025+500	插钎小区
2		填方段路基(1:4)	K1051+500	调查样点
3		填方段路基(1:2)	K1153+200	观测样点
4		填方段路基(左1:1.5,右1:4)	K1271+300	观测样点
5		挖方段路基(1:2)	K1127+000	调查样点
6		挖方段路基(1:2)	K1430+000	观测样点
7		左侧铺道辅道	K1452+500	调查样点
8	桥梁工程防治区	大桥	K1050+880	观测样点
9		大桥	K1121+500	观测样点
10	互通工程防治区	启浪乡互通	K1080+285.07	调查样点
11		阿恰互通式立交	K1119+919.97	调查样点
12		三道班互通式立交(巴楚监狱)	K1247+700.18	观测样点
13	附属设施工程防治区	阿恰服务区	K1123+190	调查样点
14		阿图什服务区	K1433+150	调查样点
15	取土(料)场防治区	取土场	K1037+800	扦插小区
16		取土场	K1210+500	观测样点
17		取土场	K1267+000	扦插小区
18		取土场(弃土场)	K1342+576	调查样点
19		取土场	K1362+700	调查样点
20		取土场(弃土场)	K1434+550	观测样点
21	施工便道防治区	通往K1434+550取土场施工便道	—	调查样点
22		通往K1377+820拌和站施工便道	—	观测样点
23	施工生产生活防治区	二标一分部施工驻地	K1186+500	观测样点
24	原地貌	取土场附近原地貌	K1160+100	调查样点
25		取土场附近原地貌	K1362+700	观测样点

10.2.2　建设期扰动面积动态调查方法

公路工程水土流失量的计算是根据重点部位水土流失强度监测数据及其在项目中占地面积的乘积计算得到。通过布设水土流失监测设施得到水土流失强度数据的同时,还应对相应工程单元水土流失面积进行测定。

公路工程扰动面积包括永久占地面积和临时用地面积,永久用地面积包括路基工程、互通工程、桥梁工程、隧道工程及附属设施工程占地。公路工程建设区永久占地面积一般与征地红线内的面积一致,因此,可通过查阅施工图设计资料结合现场调查获得。临时用地包括取(弃)土场、施工场地、施工便道。公路工程临时占地由于受到勘探深度和征地情况的影响,施工过程中变化较大,可通过现场调查结合遥感资料获得。

1) 工程永久占地面积监测

以阿喀高速公路为例,在水土保持监测过程中,公路永久占地相对比较固定,根据公路用地表获取项目建设区永久占地面积后,再经实地水土流失调查,结合施工监理月报的施工进度,便可以确定永久占地扰动面积动态变化情况。

2) 临时占地面积监测

公路工程建设过程中的取弃土场、施工便道、施工生产生活区等临时占地,在施工图设计中虽然临时用地表中估算了其占地面积,但实际工程中,由于征地问题、料场试验结果等原因,其位置和占地数量会有一定的变化,因此,需要采用现场调查、测距仪测距、GPS定位结合地理信息技术等方法对其占地面积进行确定,并根据水土流失调查结果确定临时占地的水土流失面积。

10.3　干旱荒漠生态脆弱区水土保持对策

10.3.1　设计阶段对策

1) 建立水土保持方案与公路工程设计的互动

水土保持方案作为公路工程设计的重要组成部分,从预防水土流失、保护生态环境的角度对公路工程设计进行修正、补充和完善。干旱荒漠生态脆弱区由于其特殊的气候及地形地貌条件,生态环境极为脆弱,生态恢复能力差,公路工程设计从可行性研究阶段就应把水土流失防治作为重点进行考虑,如公路工程设计中的推荐方案存在水土保持制约因素,应根据水土保持方案中主体工程水土保持分析与评价意见及替代方案对公路选线进行部分或全线调整,合理修改设计方案。

2)优化水土保持防治措施布局

根据干旱荒漠生态脆弱区公路工程水土流失总体呈线性分布、侵蚀量大且具有明显时段性的特点,结合水土流失类型、分布及水土保持现状,水土保持防治措施布局应本着"因地制宜、因害设防""重点治理与一般防护相结合"的原则,采用以工程、防风固沙等措施为主,辅之以必要的植物措施及管理措施,建立集预防监督、工程措施、植物措施、临时措施、监测监理等为一体的水土保持防治措施体系。

10.3.2 施工阶段对策

1)完善施工组织

公路工程施工组织包括施工工艺和施工时序两个方面。公路工程施工过程中,路堑开挖应做到分层开挖,路基填筑做到填筑、推平、碾压一次完成,避免堆土长期裸露,桥梁和隧道在施工前应先建立完善的防护措施。另外,在施工过程中,应严格控制施工场地和施工道路的扰动范围,尽量保护原有植被。水土保持措施应与公路工程同步实施,先工程措施后植物措施,先临时措施后永久措施。遵循"先拦后弃"的原则,先期安排水土保持措施。结合干旱荒漠生态脆弱区自然特点和公路工程建设水土流失类型,避免在大风或暴雨季节进行最易引发水土流失的路基工程。

2)加强水土保持监测

水土保持监测是防治公路工程水土流失的一项基础性工作,对贯彻水土保持法规,搞好水土保持工作具有十分重要的意义。通过开展公路工程建设过程的水土保持监测工作,全面、有效地监测工程区水土流失状况、危害以及各类措施的防治效果,掌握公路工程建设过程中的水土流失形成过程和演变规律,对水土保持方案拟定的防治措施进行评价并提出水土保持补充措施。公路工程建设单位应通过协调施工单位、监理单位、设计单位、质检单位,根据水土保持监测过程中发现的实际问题,对水土保持方案的实施做出必要的调整。通过水土保持监测,科学、有序地积累公路工程建设及试运营阶段的水土流失数据和资料,为水土保持专项验收提供坚实依据。

3)实施水土保持监理

公路工程监理侧重于公路建设本身,对公路建设引起的水土流失问题关注较少。由于干旱荒漠生态脆弱区的生态环境,公路工程建设中临时占地、料场开挖、弃渣堆放等生产活动造成的水土流失现象十分突出。为有效预防和减轻公路工程建设过程中引起的水土流失现象,公路工程建设过程中必须强制推行水土保持监理制度。设置专职、专业的水土保持监理,跟水土保持监测单位联动,将监测结果与监理工作紧密结合起来,从专业的角度监督水土保持工作的开展,提高公路建设项目水土保持工作的科学性。在公路建设过程中,水土保持监理办公室应设置成总监理办公室的一个职能部门,设立专门的水土保持监理工程师,严格区分水土保持监理与工程监理的职权范围,实现工程效益与水土保持效益的双赢。

10.3.3 试运营阶段对策

公路试运营阶段其路面经沥青、水泥固化后,不再产生水土流失。此时应重视施工便道、临时施工场地、取弃土场等被破坏土地的水土保持生态治理,恢复公路工程建设过程中受损的自然生态系统及其生态功能,将水土流失危害降至最低限度,确保公路安全运营,使公路建设实现可持续发展的目标。

10.4 本章小结

从干旱荒漠生态脆弱区生态环境保护技术出发,依托阿克苏至喀什高速公路,通过分析适宜该区的水土保持综合治理技术,探讨水土保持监测关键技术,并且总结适宜该区的水土保持对策。针对发生水土流失的特点,分析水土流失特征及影响途径,总结适宜的水土保持综合治理技术。针对干旱荒漠生态脆弱区公路特点,以该区气象条件、土壤类型、土地利用类型、地形地貌等水土流失驱动因子空间分布特征为基础,提出了适宜该区的水土保持监测布局原则、方法及形式。

参 考 文 献

[1] 陈晓光,罗俊宝,张生辉.沙漠地区公路建设成套技术[M].北京:人民交通出版社,2006.

[2] 李志农,等.新疆沙漠地区公路修筑技术[R].新疆交通科学研究所,1993.

[3] 金昌宁,董治宝,李吉均,等.高立式沙障处的风沙沉积及其表征的风沙运动规律[J].中国沙漠,2005(05).

[4] 陈忠达,张登良.风积砂路基压实技术的研究[J].中国公路学报,1999(02).

[5] 陈忠达,张登良.塔克拉玛干风积砂工程特性[J].西安公路交通大学学报,2001(03).

[6] 陈忠达,李万鹏.风积砂震动参数及震动压实机理[J].长安大学学报(自然科学版),2007(01):1-6.

[7] 袁玉卿,王选仓.风积沙压实特性试验研究[J].岩土工程学报,2007(03).

[8] 李志勇,梁乃兴,梅迎军.风积沙路基压实度检测方法研究[J].重庆交通学院学报,2005,24(2):73-761.

[9] 张生辉,王新民,陈忠明.沙漠地区高速公路风积沙路基压实方法研究[J].公路交通科技,2004,21(8):29-331.

[10] 李志勇,等.风积沙的压实机理[J].中国公路学报,2006,19(5):6-11.

[11] 曹源文,李志勇,梁乃兴.风积砂砂基压实工艺和方法分析[J].重庆交通学院学报,2004,23(4):64-67.

[12] 张宏,王智远,刘润星.科尔沁沙漠区风积沙动力压实特性研究[J].岩土力学,2013,34(10):100-104.

[13] 苏跃宏,等.风积砂路用性能试验研究[J].内蒙古工业大学学报,2005,24(1):57-61.

[14] 蒋鑫,邱延峻,魏永幸.基于强度折减法的斜坡软弱地基填方工程特性分析[J].岩土工程学报,2007(04).

[15] 张海霞.细砂路堤边坡稳定性分析[J].公路,2011(10).

[16] 王琨,董秀坤,杜占军.风积沙路基边坡静力荷载破坏室内试验模拟研究[J].工程勘察,2009(08).

[17] 胡江碧,赵伯建,孙守有.天然含水量风积沙修筑路堤的稳定性分析[J].辽宁工程技术大学学报,2007(04).

[18] 宋炎勋,等.毛乌素沙漠风积砂力学特性室内试验研究[J].工程地质学报,2010,18(6):894-899.

[19] 邓亚虹,等.毛乌素沙漠风积砂动强度特性试验研究[J].工程力学,2012,29(12):281-286.

[20] 杨振茂,等.风积沙的压实特性与循环荷载下变形性状的试验研究[J].中国公路学报,2002,15(2):8-10.

[21] 张生辉,等.风积沙作为路基填料的静力特性研究[J].岩土力学,2007,28(12):2511-2516.

[22] 舒斌,等.颗粒物质对风积沙压实特性影响研究[J].工程地质学报,2010,18(5):692-697.

[23] 徐攸在,等.盐渍土地基[M].北京:中国建筑工业出版社,1993.

[24] 包卫星,李志农,罗炳芳.公路工程粗粒盐渍土易溶盐试验方法研究[J].岩土工程学报,2010,32(5):792-797.

[25] 高江平,吴家惠.硫酸盐渍土盐胀特性的单因素影响规律研究[J].岩土工程学报,1997,19(1):37-42.

[26] 高江平,吴家惠,杨尚荣.硫酸盐渍土盐胀特性各影响因素间交互作用规律的分析[J].中国公路学报.1997,10(1):10-15.

[27] 吴青柏,等.恒温下含硫酸钠盐粗颗粒土盐胀特性及过程研究[J].冰川冻土.2001,9(3):238-243.

[28] 王俊臣,李劲松,王常明.硫酸(亚硫酸)盐渍土单次盐胀和冻胀发育规律研究[J].吉林大学学报(地球科学版),2006,36(3):410-416.

[29] 张莎莎,杨晓华,戴志仁.基于均匀设计的砾类硫酸盐渍土盐胀特性试验研究[J].公路交通科技,2009,26(5):29-34.

[30] 张莎莎,杨晓华,谢永利,等.路用粗粒盐渍土盐胀特性[J].长安大学学报(自然科学版),2009,29(1):20-25.

[31] 屈波,顾强康,李强,等.硫酸盐渍土盐胀的抑制措施[J].长安大学学报(自然科学版),2013,33(3):32-36.

[32] 顾强康,等.硫酸盐渍土定量增湿盐胀特性试验[J].长安大学学报(自然科学版),2015,35(3):53-58.

[33] 包卫星,杨晓华,谢永利.典型天然盐渍土多次冻融循环盐胀试验研究[J].岩土工程学报,2006,28(11):1991-1995.

[34] 包卫星,谢永利,杨晓华.天然盐渍土冻融循环时水盐迁移规律及强度变化试验研究[J].工程地质学报,2006,14(3):380-385.

[35] 陈炜韬,等.冻融循环对盐渍土黏聚力影响的试验研究[J],岩土力学,2007,28(11):2343-2347.

[36] 张莎莎,杨晓华,戴志仁.天然粗颗粒盐渍土多次冻融循环盐胀试验[J].中国公路学报,2009,22(4):28-32.

[37] 邴慧,何平.冻融循环对含盐土的物理力学性质影响的试验研究[J].岩土工程学报,2009,31(12):1958-1962.

[38] 张莎莎,等.典型天然粗颗粒盐渍土盐胀微观机制分析[J].岩土力学,2010,31(1):123-127.

[39] 黄晓波,等.浸水预溶强夯法处理盐渍土地基试验研究[J].岩土力学,2006,27(11):2080-2084.

[40] 耿鹤良,杨成斌.盐渍土化学潜蚀溶陷过程阶段化模型分析[J].岩土力学,2009,30(2):232-234.

[41] 杨晓华,张志萍,张莎莎.高速公路盐渍土地基溶陷特性离心模型试验[J].长安大学学报(自然科学版),2010,30(2).

[42] 冯忠居,等.板块状盐渍土的盐溶和盐胀特性研究[J].岩土工程学报,2010,32(9):1439-1442.

[43] 魏进,杜秦文,冯成祥.滨海氯盐渍土溶陷及盐胀特性[J].长安大学学报(自然科学版),2014,34(4):13-19.

[44] 包卫星.内陆盐渍土工程性质与公路工程分类研究[D].西安:长安大学,2009.

[45] 张莎莎,杨晓华,王龙.单因素对粗粒盐渍土的盐胀规律影响效果研究[J].水利学报,2015,6(1):129-134.

[46] 张莎莎,王永威,杨晓华.砾类亚硫酸盐渍土盐胀率的简化预测模型[J].中国公路学报,2015,11(11):1-7.

[47] 阮永芬,刘岳东.昆明盆地粉土的特性研究与利用[J].岩土力学,2003,24(增):199-202.

[48] 袁灿勤,韩爱民,严三保.南京地区漫滩相浅层粉土的承载力[J].南京建筑工程学院学报,1999(2):34-38.

[49] 黄博.粉土和粉砂的动力特性试验研究[D].杭州:浙江大学,2000.

[50] 叶银灿,来向华.杭州湾粉质土动强度特性研究[J].海洋科学,2003,27(2):56-59.

[51] 胡建敏.卸荷条件下粉质黏土变形性状研究[J].工程地质学报,2008(03).

[52] 杨秀竹,忘星华,雷金山.地震时饱和砂土液化机理及统计判别法[J].长沙铁道学院学报,2001,19(1):34-37.

[53] 王明洋,国胜兵,赵跃堂,等.饱和砂土动力液化研究进展[J].解放军理工大学学报,2002,3(1):13-18.

[54] 阮永芬,侯克鹏.粉土地震液化判别方法研究的现状和实际存在的问题[J].昆明理

工大学学报,2000,25(1):64-67.

[55] 张崇文,赵剑明,毕政根.粉土地基液化分析[J].天津大学学报,1997,30(4):459-464.

[56] 叶东升,等.商开高速公路粉性土路基填筑技术研究[J].公路,2001,(9):114-118.

[57] 申爱琴,等.含砂低液限粉土填筑路基压实机理及施工技术研究[J].中国公路学报,2000,13(4):12-15.

[58] 申爱琴,马昆.含砂低液限粉土基层加固技术试验研究[J].华东公路,2001,5:42-46.

[59] 张平,王法武.关于粉土分类及性质的探讨[J].沈阳大学学报(自然科学版),2000,2:42-45.

[60] 申爱琴,等.含砂低液限粉土底基层加固技术研究[J].东北公路,2002:36-38.

[61] 马巍,徐学祖,张立新.冻融循环对石灰粉土剪切强度特性的影响[J].岩土工程学报,1999,21(2):158-160.

[62] 李建,张松宏,刘宝举.水泥土力学性能试验研究[J].铁道建筑,2001,8:31-32.

[63] 申爱琴,马昆,李耕俭,等.含砂低液限粉土底基层加固技术研究[J].东北公路,2002:36-38.

[64] 马巍,徐学祖,张立新.冻融循环对石灰粉土剪切强度特性的影响[J].岩土工程学报,1999,21(2):158-160.

[65] 王银梅,张咸恭.水泥对黄土湿陷灾害防治的机理分析[J].中国地质灾害与防治学报,1995,6(2):50-54.

[66] 李建,张松宏,刘宝举.水泥土力学性能试验研究[J].铁道建筑,2001,8:31-32.

[67] 梁向前.碎石土振动压实特性研究[D].北京:中国地质大学.2004.

[68] 刘宏.砂砾石土料的压实特性[J].三峡大学学报(自然科学版),2002,40(4).

[69] 刘丽萍,折学森.土石混合料压实特性试验研究[J].岩石力学与工程学报,2006,25(1).

[70] 孙耀东.土石混合料最佳工艺参数的确定[J].北华大学学报(自然科学版),2000,14(6).

[71] 马松林,王龙,王哲人.土石混合料室内振动压实研究[J].中国公路学报,2001,14(1).

[72] 冯瑞玲.粗粒土振动压实特性试验[J].中国公路学报,2007,20(5).

[73] 孙进忠.强夯振动的频域分析[J].岩土工程学报,2000,22(4).

[74] 徐平,等.FWD和BB在路基检测中的对比分析[J].公路,2007,(10).

[75] 查旭东.PFWD快速检测路基模量研究[J].公路交通科技,2008,26(1).

[76] 段丹军,查旭东,张起森.应用便携式落锤弯沉仪测定路基回弹模量[J].交通运输工程学报,2004,4(4).

[77] 何兆益,等.万州五桥机场高填方碾压施工控制试验研究[J].重庆交通学院学报,2001,20(3).

[78] 周志军.土石混填路基压实质量控制方法研究[D].西安:长安大学,2006.

[79] 黄大维.戈壁地区高速铁路路基填料控制标准及检测技术研究[D].兰州:兰州交通大学,2011.

[80] 孔祥臣,王加龙,刘晓佳.土石混合料振动击实特性的试验研究[J].地下空间与工程学报.2007,3.

[81] 兰超.粗粒土路基压实度的评定[J].重庆交通学院学报,2001,20(3).

[82] 黄拓,钱国平,李辉忠.30号硬质沥青及其混合料低温性能试验研究[J].中外公路,2008,128(6).

[83] 曹江.AH-50硬质沥青路面材料性能研究[D].西安:长安大学,2006.

[84] 罗立.硬质沥青及其混合料路用性能的试验研究[D].长沙:长沙理工大学,2009.

[85] 胡曾兰.硬质沥青技术指标及其混合料路用性能研究[D].广州:华南理工大学,2011.

[86] 朱春阳,杨毅,刘学建.不同标号沥青的弯曲梁流变试验对比分析研究[J].中外公路,2007,127(4).

[87] 吴健,钱国平.低标号硬质沥青及其混合料高温性能试验研究[J].中外公路,2009,129(3).

[88] Project Final Pr EN 12591. European Standard . Bitumen and Bituminous Binders Specifications for Paving Grade Bitumen Final Draft[S]. CEN. 1998.

[89] Anderson D. A, Christensen D. W, Bahia H. Physical Properties of Asphalt Cement andthe Development of Performance-Related Specifications[J]. Assoc Asphalt PavingTechnologists 1991, Vol60: 437-451.

[90] P. Serfass, P. Bense, P. Pellevoisin. Properties Modulus Asphalt and NewDevelopments of High Modulus Asphalt Concrete[R]. The Lecture series EighthInternational Conference on Asphalt Pavements, Held at University of Washington, Seattle, 1997.

[91] Hyun Jong Lee ,Jung Hun Lee, HeeMun Park. Performance evaluation of highmodulus asphalt mixtures for long life asphalt pavements[J]. Construction and Building Materials 1 (2006) :1-9.

[92] Corte Jean-Francois. Development and uses of hard grade asphalt and of high modulusasphalt mixes in France[J]. Transportation Research Circular No. 503 Washington (DC):

TRB, National Research Council, 2003.

[93] 朱浩然,杨军.硬质沥青抗车辙性能的比较分析[J].中外公路,2006,126(6).

[94] 韩青英.硬质抗水损沥青及其沥青混合料性能研究[D].广州:华南理工大学,2010.

[95] 潘友强.国产硬质沥青在浇筑式沥青混凝土中的应用[D].南京:东南大学,2006.

[96] 梁春雨.30号硬质沥青用于沥青路面中下面层的试验研究[D].长春:吉林大学,2007.

[97] 吉增辉,关永胜,韩超.50号沥青在平交道口车辙处治中的应用研究[J].石油沥青,2014,128.

[98] 黄卫东.沥青针入度指数的研究[J].同济大学学报(自然科学版),2005,133(3).

[99] Christensen, R. M. Theory of viscoelasticity[M],2nd ed., Academic, New York,1982.

[100] Artamendi,I., Allen,B., Ward,C.,et al., Differential Thermal Contraction of Asphalt Components[C]. 7th RILEM International Conference on Cracking in Pavements, RILEM Bookseries, 2012,Volume 4, 953-962.

[101] ARA, Inc. Guide for Mechanistic-Empirical Design of New and Rehabilitated Pavement Structures, Appendix HH: Field Calibration of The Thermal Cracking Model. [R]. NCHRP Report No. A-37A, Washington, D. C.: Transportation Research Board, 2000.

[102] Huang, Y. H., Pavement analysis and design[M]. Upper Saddle River, NJ.: Pearson Education, Inc., 2004.

[103] Soules, T. F., Busbey, R. F., Rekhson, S. M., et al. "Finite Element Calculation of Stress in Glass Parts Undergoing Viscous Relaxation"[J]. Journal of the American Ceramic Society, 1987, Vol.70,(No.2):90-95.

[104] Liu, J. and Li, P. "Low Temperature Performance of Sasobit-modified Warm Mix Asphalt"[J]. ASCE Journal of Materials in Civil Engineering, 2012, Vol.24, Issue.1, 57-63.

[105] 冯师蓉.沥青玛蹄脂粘弹特性的DSR试验研究[D].郑州:郑州大学,2007.

[106] 刘新利.新疆高等级公路沥青路面及混合料车辙指标对应关系研究[D].西安:长安大学,2009.

[107] 孙己龙.高速公路沥青混合料配合比优化设计方法研究[D].西安:长安大学,2010.

[108] 马正军.基于表面裂缝的沥青路面疲劳断裂分析[D].湖南:湖南大学,2005.

[109] 李晓娟.基于弯曲试验的沥青混合料低温抗裂性研究[J].山东大学学报(工学版),2010,40(6).

[110] 毕林昌.重冰冻区长寿命沥青路面设计研究[D].西安:长安大学,2011.

[111] 李静.沥青混合料温度稳定性与路面设计[D].西安:长安大学,2001.

[112] 张美坤.采用弯曲应变能评价沥青混合料的低温性能[J].石油沥青,2008.10.

[113] 方守恩,邬洪波,廖军洪,等.山区高速公路隧道群路段安全评价[J].同济大学学报(自然科学版),2013,(05).

[114] 黄勇,方靖,张元才.高寒高海拔地区道路安全运营管理应用技术[J].公路交通科技,2012,(06).

[115] 邬洪波,甄东晓,周荣贵.山区高速公路桥隧连接段安全评价技术[J].公路交通科技,2012,(12).

[116] 汪双杰,方靖,韩艳.青藏公路运行速度特性研究[J].中国公路学报,2010,(01).